MICHAEL MAIER

DIE PLÜNDERUNG DER WELT

MICHAEL MAIER

DIE PLÜNDERUNG DER WELT

Wie die Finanz-Eliten
unsere Enteignung planen

FBV

Bibliografische Information der Deutschen Nationalbibliothek
Die Deutsche Nationalbibliothek verzeichnet diese Publikation in der Deutschen Nationalbi-
bliografie; detaillierte bibliografische Daten sind im Internet über **http://d-nb.de** abrufbar.

Für Fragen und Anregungen:
maier@finanzbuchverlag.de

3. Auflage 2014

© 2014 FinanzBuch Verlag, ein Imprint der Münchner Verlagsgruppe GmbH
Nymphenburger Straße 86
D-80636 München
Tel.: 089 651285-0
Fax: 089 652096

Redaktion: Werner Wahls, Tübingen
Korrektorat: Desirée Šimeg, Gersthofen
Umschlaggestaltung: Maria Wittek, München
Umschlagabbildung: unter Verwendung von iStock-Bildern
Foto dritte Umschlagseite: Laurence Chaperon
Satz: Carsten Klein, München
Druck: CPI – Ebner & Spiegel, Ulm
Printed in Germany

ISBN Print 978-3-89879-853-2
ISBN E-Book (PDF) 978-3-86248-588-8
ISBN E-Book (EPUB, Mobi) 978-3-86248-589-5

Weitere Informationen zum Verlag finden Sie unter
www.finanzbuchverlag.de
Beachten Sie auch unsere weiteren Verlage unter
www.muenchner-verlagsgruppe.de

Für Ilka

INHALT

Einleitung

New York, Park Avenue, Herbst 2007: Mittags stürmen die Mitarbeiter der Investmentbanken aus ihren Büros auf die Straße. Hastig holen sie sich von fahrenden Händlern Snacks in Plastikbehältern und verzehren sie, sobald sie wieder vor ihren Bildschirmen sitzen. Hier arbeitet John Cunningham.[1] Er ist Chef einer großen Abteilung einer Investmentbank und bringt seiner Bank Milliarden-Profite. An seiner Bürotür steht nur sein Name. Öffnet man sie, ist man überrascht: In einem Großraum sitzen etwa 100 junge Männer in höchster Konzentration vor ihren Computern. Sie sprechen nicht miteinander. Auf ihren Bildschirmen flimmern Charts, Formeln, Grafiken.

Die Atmosphäre ist angespannt. Ganz in der Ecke hat Cunningham seinen Schreibtisch: Zehn Quadratmeter hinter Glaswänden. Cunningham ist ein bescheidener Mann. Trinkt nicht, engagiert sich in sozialen Projekten. Die Trader, die für ihn arbeiten, sind Informatiker und Mathematiker. Die meisten von ihnen kamen direkt von der Universität zur Bank. Ihr Job besteht darin, bestimmte Waren gleichzeitig an verschiedenen Orten der Welt zu kaufen und zu verkaufen: Lebensmittel, Rohstoffe, Firmenwerte. Sie spekulieren mit Formeln. Sie rechnen Tag und Nacht. Die Trader nutzen die Globalisierung und setzen Milliarden um. Das Geld für ihre Geschäfte kommt von den Kunden der Bank: Es sind die Vermögen der Superreichen und die Pensionsfonds der kleinen Rentner. Cunningham ist unruhig: Er wittert die ersten Anzeichen der Finanzkrise. Der Druck ist groß: »Wir hoffen, dass die Zentralbanken die Zinsen weiter senken. Sonst wird es schwierig.«

Zwei Jahre später ist Cunningham nicht mehr bei der Investmentbank. Seine Abteilung wurde dezimiert. Die Bank musste Mitarbeiter entlassen, um die Profite so hoch zu halten, wie die Eigentümer es erwarten. Cunningham nimmt 20 seiner besten Leute und startet sein eigenes Unternehmen. Er legt einen Fonds für Investoren auf. Sein vormaliger Arbeitgeber hat sich mit

5 Prozent an Cunninghams neuer Firma beteiligt, 20 Prozent hält eine Milliardärsfamilie. Die Bank hat einige große Vermögen an Cunningham weitergereicht, damit er sie verwaltet: Sie will die risikoreichen Geschäfte nicht in der Bilanz haben. Cunningham soll Hunderte Millionen Dollar investieren. Er mehrt das Vermögen seiner Anleger mit Wetten. Die Zentralbanken haben die Zinsen gesenkt. Vier Jahre später häufen sich die Verluste. Cunningham schließt seinen Fonds und zahlt den Anlegern das Geld zurück – bevor es zu spät ist.

Im Herbst 2013 kündigt Cunningham die Gründung einer neuen Firma an. Diesmal will er sich nur noch um sein eigenes Vermögen und das seiner Mitarbeiter kümmern. Cunningham dürfte etwa 100 Millionen Dollar verdient haben.

Mit mathematischen Formeln.

Mit Wetten, die er rund um den Globus platziert.

Wenn er keine großen Fehler macht, wird er sein Vermögen in den nächsten fünf Jahren verdoppeln.

Dann ist er 55 Jahre alt und will sich zur Ruhe setzen.

Szenenwechsel.

Januar 2012. Über Frankfurt am Main hängen dunkle Wolken. Man sieht die Bankentürme kaum, wenn man aus einem Fenster in der Deutschen Bundesbank auf die Skyline der Stadt blickt. Im Museum der Bundesbank sind D-Mark-Scheine ausgestellt. Auch Goldbarren kann man bewundern und eine Kuriertasche, mit der früher vertrauliche Nachrichten an wichtige Entscheider in Berlin überbracht wurden.

In den Büros der Bundesbank herrscht Nervosität. Die Staatsschuldenkrise ist auf ihrem Höhepunkt. Obwohl Milliarden für die »Rettung« Griechenlands aufgebracht wurden, müssen Italiener und Spanier plötzlich höhere Zinsen für ihre Schulden zahlen. Der Bundesbankmanager will zwar nicht von Panik sprechen. Trotz all der nächtlichen Krisensitzungen in Frankfurt, Berlin oder Brüssel. Dax-Chefs sprechen vom Euroaustritt Deutschlands.

Der Bundesbankmanager trägt einen dunkelblauen Anzug und wirkt fast wie ein Beamter.[2] Sieht er das Ende des Euro kommen? »Wir sehen vor allem eines: dass die Anleger ihr Geld wiederhaben wollen. Denn sie fragen sich mittlerweile: Was nützt mir die beste Rendite, wenn ich am Ende mein Geld verliere? Es gibt jede Menge anlagesuchendes Kapital. Früher hatte man den Eindruck: Wenn ich in ein Unternehmen investiere, habe ich höhere Risiken als wenn ich in eine Staatsanleihe investiere. Denn ein Staat kann niemals insolvent werden. Das ist ein mündelsicheres Papier. Die Glaubwürdigkeit von Staaten war über jeden Zweifel erhaben. Das ist heute nicht mehr so.«

Der Bundesbankmanager ist ein besonnener Mann. Er stammt aus einer mittelgroßen Stadt in Nordrhein-Westfalen. Bevor er zur Bundesbank kam, war er in der Politik. Hat sich mit Haushaltsthemen beschäftigt. Er ist seriös wie ein Controller, dem man ohne Bedenken sein Geld anvertrauen würde. Doch nun muss er an weitreichenden Entscheidungen mitwirken. Die deutschen Sparer verlieren jedes Jahr Millionen, weil die Zentralbanken sich darauf verständigt haben, die Zinsen zu drücken. Der Bundesbanker sagt: »Alles, was in Europa passiert, hat Folgen für die Welt.«

Er will nicht namentlich genannt werden. Die Lage sei sehr unübersichtlich: Was wird die Europäische Zentralbank tun? Was denkt die Bundesbank? Wie wird sich die Bundesregierung entscheiden? Wird man die Schuldenkrise in den Griff bekommen? Zu viele reden, und keiner ist sich sicher, was zu tun ist.

Der Bundesbanker setzt auf kleine Schritte.

In welche Richtung man gehen soll, weiß er auch nicht.

Szenenwechsel.

In Berlin sagt ein staatlicher Investmentbanker, dessen Aufgabe es ist, Steuergelder ertragreich zu investieren, dass man die Dissonanzen zwischen Staaten, Banken und Zentralbanken nicht überinterpretieren solle:[3] Er ist ungefähr in demselben Alter wie John Cunningham aus New York. Früher hätte man ihn einen »Bankier« genannt. Hohes Ethos, größte Diskretion. Auf die Frage, wem man denn nun trauen könne – Merkel, Draghi, Weidmann, Schäuble? – sagt der Bankier: »Jeder spielt seine Rolle.« Der Bankier will nicht sagen, ob das Stück gut ausgehen wird oder nicht. Nach der Arbeit spielt er Violine. Am liebsten Johann Sebastian Bach.

Jeder spielt seine Rolle.

Doch in welchem Stück?

Der Antwort gibt uns der Ökonom Roland Baader: »Was sich seit 2008 in der Welt der Banken und Finanzen, der Staatsbudgets und der Unternehmensbilanzen abspielt, ist … eine Verschuldungskrise von welthistorischen Ausmaßen. Mit Ozeanen aus Papiergeld und Krediten aus heißer Luft wurde eine globale und inflationäre Konsumorgie angeheizt, die nun zusammenbricht. Schulden müssen irgendwann zurückgezahlt werden, wenn nicht freiwillig, so durch zwanghafte Umstände.«[4]

Das Stück, mit dem wir uns in diesem Buch beschäftigen wollen, heißt: »Die Plünderung der Welt«.

Dieses Buch möchte eine Antwort auf die Frage finden, warum in Politik, Wirtschaft und Finanzwelt »eine Zeitenwende« zu beobachten ist, wie Baader das nennt.

Die Staaten haben mit ihrem Schuldensystem aus künstlichem Geld die Konzentration des Reichtums bei einer kleinen Elite beschleunigt. Doch sie haben überzogen. Um die Schulden abzubauen, wollen die Staaten nun die privaten Vermögen plündern. Sie werden den wirklich Bedürftigen die Solidarität aufkündigen. Mithilfe von internationalen Organisationen wie dem IWF und den Zentralbanken wollen sich die Staaten holen, was ihnen nicht gehört. Demokratie, Rechtsstaat und Moral werden Luxusgüter. Die Staaten rechnen mit Widerstand. Sie werden ihn zu brechen versuchen. Autoritäre Tendenzen sind zu erkennen. Soziale Verwerfungen sind unausweichlich. Die Freiheit wird zum raren Gut.

Die Schulden, die gemacht wurden, um alle Probleme der Menschheit zu lösen, sind die Ursache für einen brutalen Verteilungskampf. Baader schreibt: »Wohlstand kann nur durch Arbeit und Sparen entstehen – und übermäßiger Konsum und Verschuldung zerstören ihn.«[5]

Die »zwanghaften Umstände« werden Generationen belasten. Sie führen zu großer Ungerechtigkeit. Trotz der gigantisch aufgeblasenen Kredite sind nämlich nicht alle Menschen auf der Welt wohlhabend geworden, im Gegenteil: Wie wir in diesem Buch sehen werden, sind die Armen ärmer geworden. Gleichzeitig werden die Superreichen noch reicher. Das gilt für Deutschland, es gilt für die ganze Welt.

Eine sehr kleine Elite kontrolliert den Großteil der Vermögen weltweit.

Wir werden später eine erstaunliche Zahl näher untersuchen: Eine Computersimulation hat ergeben, dass das komplexe Netzwerk des globalen Finanzsystems dazu geführt hat, dass eine extrem kleine Gruppe das Vermögen der Welt beherrscht: 0,123 Prozent der Eigentümer von 43.000 internationalen Konzernen kontrollieren 80 Prozent dieser Konzerne.

Wie wir sehen werden, ist die Konzentration des Reichtums in den Händen einiger weniger und die große globale Umverteilung kein Zufall. Sie sind nicht unvorhergesehene Nebenwirkungen einer gut gemeinten Politik.

In einem System der hemmungslosen Flutung der Welt durch wertlose Versprechen wird die Ungerechtigkeit zum Stabilitätsanker einer globalen Feudalherrschaft.

Dieses System muss aufgebrochen werden.

Die Plünderung ist nämlich »alternativlos« in einer Welt, in der die natürlichen Gegensätze von Zwang und Freiheit, von Fürsorge und Verantwortung, von Staat und privat aufgehoben wurden zugunsten der Herrschaft einer kleinen Elite über die Mehrheit der Bürger.

Die Plünderung der Welt ist eine Auseinandersetzung, die mit ungleichen Waffen geführt wird. Der Wohlstand der Welt wird umverteilt, »weg von den privaten Sparern und hin zum verschwenderischen Staat und zu einer ausufernden Finanzindustrie«.[6] Wie das geht, zeigt das Beispiel Amerikas: Die amerikanischen Privathaushalte hatten im Jahr 1962 um 37 Prozent weniger Schulden als Einkommen. Im Jahr 2009 hatten sie um 39 Prozent mehr Schulden als Einkommen. Die Deutschen waren im Vergleich zurückhaltend – die Spareinlagen der Deutschen betrugen Ende 2012 immerhin 4,94 Billionen Euro.[7] 70 Prozent der deutschen Haushalte bedienen regelmäßig ihre Schulden so, dass ihnen immer noch Geld zum Sparen bleibt.[8]

Genau deshalb sind Deutschland und die anderen Wohlstandsstaaten Europas in das Visier der Plünderer geraten.

Um nun festzustellen, wer eigentlich die Plünderer sind, die es auf die Sparguthaben, Werte und Ressourcen der Welt abgesehen haben, muss man sich eine gewisse Chronologie vor Augen halten: Durch die Einrichtung von Zentralbanken haben sich die Staaten das Monopol verschafft, Geld zu drucken – ohne dass es für dieses Geld eine Leistung gibt. Das war ein verhängnisvoller Fehler, wie Goethe in seinem *Faust* erklärt.

Das Interesse der Staaten an der grenzenlosen Geldvermehrung ist offenkundig: Der Staat kann sich auf diese Weise beliebig verschulden, ohne an eine Rückzahlung denken zu müssen. Die prinzipielle Legitimität von Steuern wird im Rahmen des Gesellschaftsvertrages von niemandem bezweifelt. Der Staat hat darüber hinaus das Recht, Gebühren und Abgaben zu erheben. Und eigentlich, so möchte man denken, müsste er mit all diesen Möglichkeiten auskommen.

Die modernen Regierungen sind jedoch unersättlich: Es ist heute selbstverständlich, dass die Staaten nach Belieben Geld drucken, um ihre Ausgaben zu finanzieren. Für die politischen Eliten ist dies der sicherste Weg, so lange wie möglich an der Macht zu bleiben. Es ist unerheblich, welche Parteien an der Regierung sind. Alle haben sich dem System des künstlichen Geldes unterworfen, weil es ihrem Zweck perfekt dient – zumindest für die überschaubare Zeit von einer oder zwei Wahlperioden. Schuldenkrisen sind eine Selbstverständlichkeit in der Geschichte. Sie laufen immer nach demselben Muster ab: Am Ende kollabieren überschuldete Staaten und Imperien und zwingen jene, die noch etwas haben, für den Schaden aufzukommen.

Die Öffnung der Schleusen des billigen Geldes hat auf all jene elektrisierend gewirkt, die daraus wirtschaftliche Vorteile ziehen. Für die Finanzindustrie wirkte das geschenkte Geld wie eine ewige Subvention. Die Unternehmen profitierten davon, wenn die Bürger auf Kredit einkaufen. Und die Bürger waren glücklich, wenn sie sich Dinge kaufen konnten, auf die sie eigentlich jahrelang sparen müssten oder die sie sich niemals leisten könnten. Eine ganze Industrie ist entstanden, die aus dem wertlosen Geld neue kreative Finanzprodukte geformt hat. Diese Produkte werden in den globalen Geldkreislauf gejagt. Doch diese »Finanzprodukte« sind brandgefährlich. Sie bringen die Welt aus dem Gleichgewicht. Sie tragen die leeren Versprechungen in die hintersten Winkel der Erde. Der Investor Warren Buffet hat diese Produkte als »Massenvernichtungswaffen der Finanzindustrie« bezeichnet.

Das sind kriegerische Töne.

Wir vernehmen den Kanonendonner einer nahenden Schlacht.

Die Maschine, die so lange scheinbar so gut funktioniert hat, richtet sich gegen ihre Erfinder.

Denn am Ende jedes Exzesses mit dem Geld steht, wie der Narr bei Goethes Faust als Einziger bemerkt, die Geldentwertung. Je stärker die Blase zuvor aufgebläht wurde, umso mehr wird am Ende entwertet. Der Narr, der immer die Wahrheit spricht, erkennt, dass er sich mit dem Geld Sachwerte kaufen muss, um der Inflation zu entgehen.

Die Plünderung der Welt hat begonnen, weil der Wettlauf um diese globalen Sachwerte eingesetzt hat.

Durch die Hyperglobalisierung kommt ein Prozess des ungebremsten globalen Lohndumpings in Gang. Arbeit ist nicht mehr an den Menschen gekoppelt, sondern ausschließlich an das Kapital. Supranationale Institutionen wie der IWF, die Weltbank oder die Bank für Internationale Zusammenarbeit werden in diesem Zusammenhang kritisch zu beleuchten sein.

Die Ausbeutung der Arbeiter auf der Welt ist Teil der Plünderung der Welt. Baader: »Mehrkonsum erfordert Mehrproduktion – nicht wertlose und verlogene Papierversprechen auf Mehrproduktion. Wenn eine Volkswirtschaft aufgrund der papierenen Illusion mehr konsumiert als produziert, dann betreibt sie Kapitalverzehr. Und das bedeutet Verarmung und Elend.«[9] Die Arbeiter auf aller Welt sind die ersten Opfer der Plünderung. Der Einsatz von Sklaven beim Bau der Sportanlagen für die Fußball-WM in Katar zeigt die gravierenden Folgen der Plünderung.[10]

Die Illusion des Papiergeldes verzehrt auch die Menschen.

Die Menschen sind nur noch Mittel zum Zweck. Sie haben keine Würde mehr. Sie haben kaum noch Wert. Die Menschen haben nur noch einen Preis. Jungs lernen heute auf Spielkarten, wie hoch der »Marktwert« eines Fußballstars ist. Die Arbeit der Trader, die für John Cunningham arbeiten, besteht nicht mehr darin, mit anderen Händlern in Hongkong, Sidney oder Paris zu telefonieren. Sie steuern Computerprogramme, die automatisch auf Preisunterschiede reagieren. Ihre Arbeit hat eigentlich mit dem klassischen Banking nichts mehr zu tun: Informatiker gleichen Daten ab und machen den »Markt« zu einer virtuellen Angelegenheit. Das gilt auch für die Börsen und erst recht für riskante Wetten. Obwohl sie nichts Reales produzieren, verdienen die Computerexperten, die die Roboter der globalen Geldmaschine programmieren und steuern, ein Vielfaches der Löhne von Arbeitern in Indien oder in Deutschland.

Die Händler bestimmen die Preise. Man nennt sie daher auch »Market Maker«. Sie wissen alles über den Preis von Waren, Gütern und Unternehmen. Sie interessieren sich nicht für den Wert der Objekte, mit denen sie handeln.

Was zählt, ist der Preis.

Erst wenn alle Preise durch das wertlose Papiergeld aufgeblasen sind bis zum Platzen, wird der Wert wieder interessant.

In einem hochkomplexen, global vernetzten Umfeld haben alle den Überblick verloren, wann dieser Punkt erreicht ist. Dies erklärt, warum weder unser Trader aus New York noch unser Bundesbanker oder unser anständiger Bankier auch nur die leiseste Ahnung haben, wie man die Schuldenmaschine wieder stoppen könnte. Selbst die Zentralbanken, die die Macht über die Druckerpresse haben, wissen es nicht: Das Leitungsgremium der US-Notenbank (Federal Reserve oder Fed) beschäftigt 220 Wirtschaftsexperten. Im Jahr 2009 hatte die Fed 433 Millionen Dollar budgetiert, um bei Ökonomen Expertisen in »Geld- und Wirtschaftspolitik« anfordern zu können.[11] Trotzdem hat sich die Fed beim jüngsten Stresstest für die US-Banken verrechnet, wie sie peinlicherweise nur einen Tag nach der Bekanntgabe der Ergebnisse einräumen musste.[12] Der österreichische Steuerzahler musste bereits 300 Millionen Euro allein für Gutachten bezahlen, um der Regierung einen ersten Überblick über die staatliche Skandalbank HGAA zu ermöglichen.[13]

In diesem Buch geht es nicht um die Schuldzuweisung an einzelne Gruppen. Weder »die Banken« noch »die Regierungen« oder »die Konzerne« sind ja über Nacht verrückt oder kriminell geworden. Doch wurden »Fehlverhalten, Leichtsinn, Betrug, Maßlosigkeit, mangelnde Vorsicht« vieler Einzelpersonen durch das System begünstigt.[14] Tatsache ist, dass trotz massiver Schäden kaum jemand für sein Fehlverhalten persönlich zur Verantwortung gezogen wurde. Einige kleine Sündenböcke, die das System zur Beruhigung der Öffentlichkeit geopfert hat, wurden als »Einzelfälle« aussortiert.[15] All jene jedoch, die bisher aktiv an der Plünderung der Welt mitgewirkt und massiv von ihr profitiert haben, sind mit steuerfinanzierten Pensionen oder vom Anleger zu berappenden Bonuszahlungen nach Hause gegangen.

Deshalb werden wir in diesem Buch zeigen, dass am Ende gravierende Veränderungen im systemischen Bereich stehen müssen. Diese Veränderungen sind nicht besonders kompliziert. Es bedarf nur der Konzentration von »Politikern und Behörden auf das öffentliche Interesse«, wie die Finanzwissenschaftler Anat Admati und Martin Hellwig nüchtern erklären.[16] Es bedarf allerdings der vollständigen Wiederherstellung von Recht und Gesetz, und zwar für alle Beteiligten gleichermaßen.

Damit sich das System ändert, muss sich vor allem die Rolle des Staates ändern. Dies kann nur durch ein Paradox geschehen: Der Staat muss gleichzeitig stark und schlank sein. Der Staat muss streng kontrollieren und die Einhaltung der Gesetze auch durch Strafen erzwingen. Der Staat muss, notfalls auch durch hohe Steuern für die Reichen, dafür sorgen, dass ein sozialer Ausgleich entsteht. Er muss ein Regelwerk vorlegen, das Betrug, Missbrauch und Exzesse verhindert. Das gelingt nicht durch immer komplexere Regulierungsversuche, sondern allein durch die Wiederherstellung des Prinzips der persönlichen Haftung für Banker, wenn sie ihre Kunden in riskante Geschäfte treiben oder sie gar betrügen. In Schottland gab es 130 Jahre lang das System des »free banking«. Es gab keine Zentralbank. Es gab keine Bankenrettung. Bei einer Bank haftete jeder einzelne Bankier mit seinem gesamten persönlichen Vermögen. Ein solch einfaches Prinzip führt dazu, dass 99 Prozent aller Schurken niemals Banker werden wollen.

Die scharfe Kontrolle durch eine Regierung wird auf diese Weise sehr leicht durchführbar.

Der Staat seinerseits muss lediglich die Einhaltung der Gesetze und Spielregeln kontrollieren – das allerdings streng und gerecht. Er darf keinesfalls wertloses Papiergeld unters Volk bringen.

Doch genau das machen heute alle Regierungen der Welt. Mit niedrigen Zinsen und anderen Waffen, auf die wir später blicken werden, wird Geld in den Markt gepumpt und Vermögen umverteilt.

Das hoheitlich verordnete Drucken von Falschgeld durch die Zentralbanken ist der Kontrolle durch die nationalen Parlamente vollständig entzogen. In vielen Staaten sind die Banken Eigentümer der Zentralbanken. Gleichzeitig üben die Zentralbanken, wie in Europa in Kürze die EZB, die Bankenaufsicht aus. Die Falschgeld-Drucker kontrollieren sich also selbst. Mario Draghi und Mark Carney von der Bank of England sind ehemalige Investmentbanker von Goldman Sachs. Die meisten anderen Führungskräfte in den Zentralbanken kommen aus der Politik, dem Finanzwesen und der – meist staatlich finanzierten – Wissenschaft.

Staaten, Zentralbanken, Banken – das ist die Troika, die am Steuer sitzt. Eine kleine, niemandem verantwortliche Finanz-Elite gängelt im Auftrag der sich immer weiter verschuldenden Staaten die gesamte Wirtschaft der Welt.

Das kann nicht gutgehen.

Dies ist nämlich eine Konstellation, von der Schurken nur träumen können: Welche Branche kann schon von sich behaupten, dass sie vom Staat unbegrenzte Subventionen ohne Verwendungsnachweis bekommt, sich selbst kontrollieren kann, und die, wenn alles zusammenbricht, auf jeden Fall vom Steuerzahler gerettet wird – und sei es durch Inflation?

Was in jeder anderen Industrie als unfair empfunden würde, ist im Fall des Geldes jedoch höchst gefährlich. Denn mit dem ungedeckten Papiergeld bringt der Staat, wie Roland Baader es bezeichnet, tatsächlich Falschgeld in Umlauf: Das Geld ist nichts wert, weil ihm keine Leistung oder kein Wert entspricht.

Wenn dieses Falschgeldsystem schließlich an sein Ende kommt, beginnt die weltweite Schnitzeljagd auf die realen Werte. Die Plünderung der Welt ist die zwingende Konsequenz eines solchen Systems.

Denn plötzlich gilt der Wert mehr als der Preis.

Das viele falsche Geld ist nichts anderes als Zettel, auf denen viele falsche Versprechungen stehen. Wenn sie alle gleichzeitig auffliegen, wird es ungemütlich: Recht und Gesetz werden gebrochen, der soziale Friede wird von oben zerstört.

Die Auflösung der Demokratie ist in diesem Fall die logische Folge. Die Alternativen sind allesamt nicht wünschenswert. Niemand kann ein weltweites Feudalsystem der Finanz-Eliten wünschen, wie es heute in Ansätzen zu erkennen ist. Totalitäre Tendenzen – seien sie bürokratisch oder ideologisch – müssen verhindert werden. Erste Vorboten davon sehen wir in den Krisenstaaten der Eurozone und in Fehlentwicklungen in der Europäischen Union.

Die Zeit drängt.

Carl Friedrich von Weizsäcker schrieb 1981 über das richtige Verhalten in Krisensituationen: »Der Bergsteiger, der eilen muß, um die Hütte vor Einbruch der Nacht zu erreichen, muß eben darum Karte und Kompaß in aller Konzentration zu Rate ziehen; sonst rennt er ins Unheil.«[17]

Genau das soll mit diesem Buch versucht werden: Wir müssen »Karte und Kompass« zu Rate ziehen, um zu wissen, was wir der Plünderung der Welt entgegensetzen können.

Die entscheidende Frage muss sich jeder Einzelne stellen: Welche Rolle will ich spielen? Wie sichere ich meine Ersparnisse? Wie entziehe ich mich der finanziellen Repression? Wie bleibe ich solidarisch und gleichzeitig realistisch? Wo kann ich von meiner Freiheit Gebrauch machen, um eine Veränderung anzustoßen? Vor allem aber: Wo kann und muss ich widersprechen oder wenigstens kritische Fragen stellen, wenn mir Märchen, Ideologien oder manipulative Propaganda verkauft werden? Wo kann ich meine Landtags- oder Bundestagsabgeordneten mit unangenehmen Fragen zum Denken und zum Handeln zwingen? Wie kann ich mich selbst engagieren, um die Plünderung der Welt zu stoppen? Was können wir gemeinsam tun, um das System aufzubrechen – in unserem eigenen Interesse, vor allem aber aus Verantwortung für die nächste Generation?

Für alle gilt im Grunde ein Imperativ: Frage nicht, was der Staat für dich tun kann. Frage, was der Staat unterlassen muss. »Der Staat« ist nicht der gütige Vater, der für seine Kinder sorgt. Der Staat ist eine Organisationsform der Gesellschaft. Nicht die Parteien oder Regierungen sind »der Staat«. »Der Staat« ist Ausdruck des Bürgerwillens. Die Gesellschaft entscheidet, in welchem Ausmaß sie ihren Vertretern das Recht überträgt, in legitimer Form Gewalt gegen ein Individuum auszuüben.

Die größte Illusion unserer Tage ist die Vorstellung, dass mehr Staat automatisch mehr Gerechtigkeit bedeutet.

Wir werden im Folgenden sehen, dass wir uns auf einem gefährlichen Weg befinden: Unsere Demokratien werden von einem globalen Feudalismus bedroht.

Der Kaiser ist nackt.

Die Plünderer sind schwer bewaffnet.

KAPITEL 1: DAS ENDE EINER EPOCHE

Die Menschheit verfügt im 21. Jahrhundert über eine Fülle an technologischen Möglichkeiten: Computer, Smartphones, Gentechnik, Biotechnologie, weltweite Kommunikation über das Internet, billige Flüge. Diese Epoche des Fortschritts und der Annehmlichkeiten ist für die meisten Menschen in Mitteleuropa und vor allem in Deutschland mit einem bisher unbekannten Maß an Wohlstand, Sicherheit, Konsum und Freizeit verbunden gewesen.

Doch die Ära geht zu Ende. Der Fortschritt kann nicht finanziert werden.

Wir sind pleite.

Die Daimler Bank gab im Frühjahr 2014 bekannt, dass jedes zweite Auto aus seiner Produktion auf Kredit oder Leasing gekauft wurde.[18] Jeder zweite Mercedes-Stern auf unseren Straßen gehört nicht den stolzen Autofahrern, sondern der Daimler Bank. Das Geld kam aus dem Nichts. Der mit Schulden finanzierte Wohlstand wurde möglich, weil die Regierungen in den meisten Staaten der Welt die Staatsausgaben kontinuierlich erhöht haben.[19] Die *FAZ* dazu: »Schulden sind die Wohlstandsillusion des Wohlfahrtsstaates, die Politiker und Bürger symbiotisch aneinander binden. Die einen teilen aus, die anderen sacken ein, und der Wettbewerb der Politik geht darum, wer mehr soziale Nettigkeiten im Angebot hat, um im Gegenzug dafür mehr Wählerstimmen auf sich zu vereinen.«[20]

Möglich wurde die Geldvermehrung durch die Zentralbanken, die die Leitzinsen in den vergangenen zehn Jahren auf ein Rekordniveau gesenkt haben. Und daher begleiten uns, trotz aller technologischen Fortschritte, in seltsamer Monotonie düstere Klänge.

Schuldenkrise, Eurokrise, Wirtschaftskrise, Währungskrieg.

Unbehagen beschleicht uns, eine diffuse Angst.

Angela Merkel hat den Europäern vorgeworfen, dass sie »über ihre Verhältnisse gelebt hätten«.[21] König Willem der Niederlande hat seinem Volk gesagt, dass die fetten Jahre vorüber sind: »Unsere Wirtschaft schwächelt und das schon seit langem. Durch die Finanzkrise haben sich unsere wirtschaftlichen Probleme noch verschärft. Ein Teil unseres Wohlstands wird über Schulden finanziert. Nun ist es (…) an der Zeit, dass die Bürger, die Unternehmen und die Banken ihre Bilanzen in Ordnung bringen.«[22]

Neue Namen tauchen in den Schlagzeilen auf – oft in Form verstörender Abkürzungen von chinesischer Schönheit und sowjetischer Distanz: IWF, ESM, Troika, EZB, Europäische Finanzstabilisierungsfazilität, Derivate, Konsolidierung.

Wir fragen uns: Was bedeutet das? Wer steht hinter diesen uns unbekannten Gremien und Einrichtungen? Welche Absicht verfolgen sie? Was wollen sie von mir? Was habe ich mit ihnen zu tun?

Wir fühlen uns bedroht – auch im reichen Deutschland. Die Bürger in Europa diskutieren über den Verlust der Souveränität, Kontrolle, Ausbeutung, Raubzüge, Plünderungen, Leiharbeit, Zweitjobs, Arbeitslosigkeit. Die Mittelschicht in Europa – Akademiker, Selbstständige, Freiberufler – beginnt plötzlich, sich Sorgen zu machen und fürchtet den Absturz in die Armut.[23]

Die Schuldenkrise, dieser Ozean aus wertlosem Papier, schlägt an unserer Haustür an: Viele müssen zusehen, wie ihre Ersparnisse dahinschmelzen. Sie brauchen zwei Jobs, um über die Runden zu kommen.[24] Auch wenn die offiziellen Inflationszahlen niedrig sind, rechnen die Bürger nach und sagen: Wir haben zwei Mark für einen Euro bezahlt. Müsste dann nicht alles um die Hälfte billiger sein?

Viel Geld, viel Wohlstand auf Kredit und viel mehr globale Vernetzung haben jedoch die Lage der Menschheit in drei wesentlichen Bereichen nicht verbessert:

1. Die Verteilung der Einkommen ist nicht gerecht.
2. Die Mitwirkung der Bürger ist nicht gestiegen.
3. Wir haben keinen Plan für die Verwendung der Ressourcen.

Die Spaltung der Welt verläuft in verschiedenen Dimensionen. Zum einen gibt es immer noch das Nord-Süd-Gefälle. Hier der reiche Norden, dort die armen Entwicklungsländer. Noch gravierender ist jedoch eine andere Spaltung: Die Reichen werden immer reicher, die Armen immer ärmer – und zwar überall auf der Welt.[25] Die Schnelligkeit des globalen Geldkreislaufs beschleunigt die Ungerechtigkeit. Aldous Huxley warnte schon 1946 vor der »Wohlstandstyrannei Utopias« und einem daraus folgenden »übernationalen Totalitarismus, hervorgerufen durch das soziale Chaos, das sich aus raschem technischem Fortschritt« ergeben kann.[26]

Wir ahnen, wenn wir die Seiten in den Wirtschaftszeitungen aufmerksam lesen, dass das Schlimmste möglicherweise noch vor uns liegt. Marc Friedrich und Matthias Weik haben mit ihrem Buch *Der größte Raubzug der Geschichte* einen Bestseller mit einem Thema gelandet, für das sich bisher eher nur die Insider interessiert haben: Sie befassen sich mit der Frage, wie die große Umverteilung vor sich geht und was sie bedeutet.[27]

Friedrich und Weik sind der Auffassung, dass es sich bei den kommenden wirtschaftlichen Umwälzungen nicht um eine Reihe von Zufällen, sondern um ein systemisches Problem handelt. Eine kleine Finanz-Elite treibt die Weltwirtschaft vor sich her. Die Autoren glauben, dass es zu einem großen »Crash« kommt und dass wir am Tag danach aufwachen, uns die Augen reiben, und uns dann, mehr oder weniger zuversichtlich, an die Arbeit machen müssen, um die Trümmer beiseitezuschaffen und von vorn zu beginnen – wie schon so oft in der Geschichte.

Es ist jedoch wahrscheinlicher, dass die wirtschaftliche Entwicklung der Welt, wenn sie ungebremst so weiterläuft wie bisher, zu einer Folge von vielen kleinen Crashs führen wird. Diese Crashs mögen weniger dramatisch sein als die Lehman-Pleite oder das Platzen der US-Immobilienblase. Doch sie werden in schneller Folge kommen. Die Opfer dieser Crashs werden die Bürger sein: Die Sparer, weil ihr Erspartes geplündert wird. Die sozial Bedürftigen, weil der Wohlfahrtsstaat nicht aufrechterhalten werden kann. Die kommende Generation, weil die Unternehmen ihr Kapital nicht mehr in Innovationen stecken werden, sondern in den Schuldendienst. Die Arbeiter, weil es irgendwo auf dem Globus immer Leute geben wird, die aus Not dieselbe Arbeit für noch weniger Lohn verrichten werden.

Aber wie wird das alles ablaufen? Worauf müssen wir uns einstellen?

In den vergangenen Jahren hat sich die Welt zwar unmerklich, aber doch dramatisch verändert: Die Globalisierung ist zu einer Hyperglobalisierung geworden. Alle Prozesse haben sich ungemein beschleunigt. Sie sind komplexer geworden. Niemand kann Ursache und Wirkung unterscheiden. Die Grenzen zwischen Freund und Feind verschwimmen.[28]

Formal leben wir in einem System, das für alle gut sein sollte. Die »soziale Markwirtschaft« sollte die wilden Kräfte der Wirtschaft in geordnete Bahnen lenken. Sie erhob zugleich den Anspruch, die Lebensbedingungen der Bedürftigen erträglich zu gestalten.

Doch dieses System ist korrumpiert.[29]

Das Attribut »sozial« ist ein Etikett: Es soll dem Bürger den Eindruck vermitteln, dass der Staat für ihn sorgen wird. Doch tatsächlich treibt die Schuldenmacherei des Staates die Bürger in die Arme der Plünderer. Man braucht sich nur in einer beliebigen Kommune den Zustand von Schwimmbädern, Schulen oder Kindergärten anzusehen. An der polnischen Grenze haben die Bürger bereits freiwillige Sicherheitsdienste eingerichtet, weil die

Polizei wegen der Einsparungen nachts nicht mehr präsent sein kann. In anderen Städten gibt es eine »Billigpolizei« in Form von bezahlten Bürgerwehren. Bei einer Anhörung im Brandenburger Landtag protestierte ein Bürgermeister gegen diese Entwicklung: »Das kann nicht Aufgabe der Kommune sein, sondern dafür steht das Land in der Pflicht, dessen staatliche Kernaufgabe es ist, Sicherheit und Ordnung zu gewährleisten.«[30]

Kleine und mittlere Unternehmen haben Schwierigkeiten, trotz guter Produkte und engagierter Mitarbeiter im globalen Wettbewerb zu bestehen. Das billige Geld – an welches mittelständische Unternehmen niemals herankommen – bewirkt, dass große, global tätige Konzerne ihre Marktmacht weltweit ausbreiten. Diese Konzerne schaffen einen globalen Arbeitsmarkt, der durch einen schleichenden Prozess des globalen Lohndumpings gekennzeichnet und stabilisiert wird. Die Konzerne werden nicht mehr von Inhabern geführt, sondern von angestellten Managern. Die Eigentümer der Konzerne sind nicht mehr verantwortungsbewusste Unternehmer, sondern anonyme Aktionäre, deren Renditeansprüche an die Unternehmen wegen der niedrigen Zinsen steigen.

»Freie« Märkte gibt es immer seltener. Aufgrund der vielen Manipulationen, die in der Vergangenheit bekannt geworden sind, kann man Waren kaum noch unter fairen, transparenten Bedingungen kaufen und verkaufen. Die Preise sind nicht mehr das Ergebnis von Angebot und Nachfrage, sondern sind oft das Ergebnis von Willkür, Verdrängungsabsicht oder Verzweiflung.

Der Turbo, der diese Wirtschaft antreibt, ist das sogenannte »staatenlose Kapital«: Der Wirtschaftsjournalist Steven Solomon hat bereits vor 20 Jahren aufgezeigt, wie die Politik des unkontrollierten Gelddruckens durch die Zentralbanken zwangsläufig zu Chaos und Zerstörung der wirtschaftlichen Ordnung führt.[31]

In seinem Buch *The Confidence Game: How Unelected Central Bankers are Governing the Changed Global Economy* (»Das Vertrauensspiel. Wie nicht gewählte Zentralbanker die veränderte Weltwirtschaft regieren«) spricht Solomon vom »staatenlosen Geld«, welches keine Zuordnung mehr zu Nationalstaaten hat und von niemand anderem mehr kontrolliert wird als von den Zentralbankern: »Wenn es uns gelingt, das staatenlose Geld zu zivilisieren, dann können Kapitalismus und Demokratie für lange Zeit blühen und gedeihen. Aber wenn wir unser wirtschaftliches und politisches Schicksal weiter apathisch der ungezügelten weltweiten Mobilität und Volatilität des staatenlosen Geldes anvertrauen, dann wird es noch viele Ereignisse wie den Schwarzen Montag oder den Schrecklichen Dienstag geben – und eines dieser Ereignisse kann in einer Katastrophe enden, die auch die Zentralbanker nicht mehr verhindern werden.«[32] Wie von den Ökonomen Mises und Hayek vorhergesehen, haben in einer extrem komplex gewordenen globalen Wirtschaft Zins, Geld und Kredit eine entscheidende Bedeutung.[33][34] Künstlich niedrig gehaltene Zinsen lenken Konsum und Produktionsprozesse in die falsche Richtung.

Die Regierungen haben nicht das getan, was sie eigentlich müssten: nämlich die Finanzindustrie so zu regulieren, dass Auswüchse verhindert werden. Krise und Übertreibungen gehören zur Wirtschaft. Blasen dagegen sind, wie wir später noch sehen werden, kein Naturgesetz. Sie sind die Folge des billigen Geldes. Eine Krise wird daher »nur verlängert und verschlimmert, wenn die planwirtschaftlich agierende Notenbank sie mit denselben Mitteln bekämpfen will, mit denen sie das Desaster herbeigeführt hat, nämlich mit noch niedrigeren Zinsen und einem noch größeren Angebot von Geld und Kredit«.[35] Im Zuge der gleichzeitigen Hyperglobalisierung gibt es auch keine wirkungsvolle Mitbestimmung der Arbeiter mehr. Die Gewerkschaften sind erpressbar geworden. Sie haben ihre wirkungsvollste Waffe verloren – den Kampf um höhere Löhne in Form von Streiks.[36] Es ist bezeichnend, dass die großen Streiks etwa in Deutschland im öffentlichen Dienst stattfinden. Der Staat als Arbeitgeber kann vor seinen Mitarbeitern nicht davonlaufen. Die Arbeiter von internationalen Konzernen gehen meist erst auf die Straße, wenn es bereits zu spät ist.

Die hohe Verschuldung hat die Plünderung der Welt fast unausweichlich gemacht.[37] Das ganze System beruht auf der Abhängigkeit von billigem Geld. Doch zu viele falsche Versprechungen zerstören alle Illusionen.

Jeder Kredit muss bedient werden. Irgendwann wird er fällig. Und wenn man nicht mehr zahlen kann, wird die Lage unangenehm – für Gläubiger und Schuldner. Der Verteilungskampf beginnt.

Genau an diesem Punkt stehen wir heute.

Gibt es einen Fluchtweg?

Manche, wie etwa David Graeber, der Anarchist und Vordenker von »Occupy Wall Street«, der ersten Widerstandsbewegung gegen die Finanz-Eliten, glauben, dass das Problem der Schuldenexplosion durch einen einfachen Trick aus der Welt geschafft werden könne: indem nämlich die Schuldner einfach ihre Schulden nicht zahlen, und sich, wenn es hart auf hart kommt, mit Gewalt und Demonstrationen zur Wehr setzen.[38]

Doch der Anarchist Graeber unterschätzt die Möglichkeiten des Staates, das Problem mit Zwang zu lösen. Diejenigen, die die Misere mit ihren Falschgeld-Fluten verursacht haben, werden entscheiden, wer am Ende bezahlt. Sie haben sich starke Verbündete an Bord geholt. Schulden sind für Banken immer ein lukratives Geschäft.[39] In den vergangenen Jahren haben Regierungen und Zentralbanken – von der Öffentlichkeit weitgehend unbemerkt – ein feinmaschiges, globales Inkasso- und Umverteilungssystem zum Eintreiben der Schulden etabliert: Sparprogramme, Enteignungen, Zwangsabgaben, höhere Steuern gehören heute zum Alltagsvokabular der Plünderung der Welt. In einer Demokratie vom Volk in der Erwartung gewählt, dass die Politiker seine Interessen vertreten werden, wird der Staat zum Gegenspieler des Bürgers. Eigentlich sollte sich der Staat auf seine wichtigsten Aufgaben konzentrieren, nämlich die Verteidigung und den Schutz der Individuen und ihres Eigentums. Er müsste alle Entwicklungen im Finanzsektor

durch eine effiziente Verwaltung und eine unbestechliche Justiz wirkungsvoll kontrollieren. Doch wider besseres Wissen haben die Regierungen ihren Wählern immer neue »Leistungen« versprochen. Sie haben die Illusion
geweckt, dass der Staat nicht bloß den Ordnungsrahmen setzt, sondern von
oben herab für Glück und Reichtum für alle sorgen kann. Die Bezahlung der
Geschenke haben die Regierungen klammheimlich an die nächste Generation weitergereicht.

Nun ist die Zeitenwende gekommen.

Staaten, Zentralbanken und Banken gehen gemeinsam gegen die Bürger vor.
Sie sind entschlossen, sich das Geld nach all den Exzessen von den kommenden Generationen und jenen, die gespart haben, zu holen. Sie rücken
ihren eigenen Bürgern zu Leibe, um die Schulden, die über Jahrzehnte angewachsen sind, abzutragen. Das Pfand für die Staatsschulden sind die Ersparnisse und Vermögen der Bürger. Mit niedrigen Zinsen entschulden sich
die Staaten, während die Sparer dadurch ihre Ersparnisse verlieren. Banken
werden mit Steuermitteln gerettet. Die Steuern werden erhöht. Die Sozialleistungen gekürzt.

Die modernen Staaten haben sich – wie alle Herrschaftssysteme in der
Geschichte – zwei Monopole gesichert: das Gewaltmonopol und das
Geldmonopol. Graebers Idee, dass die Schuldner nicht zahlen sollten,
weil in Wahrheit viele der »Kredite« keine Darlehen unter Gleichrangi-
gen sind, sondern oft auf Verführung und Erpressung beruhen, ist nicht
zu Ende gedacht. Wenn die Schuldner nicht zahlen, werden sich die Staaten das Geld bei anderen holen. Mit dem Monopol des Gelddruckens im
Rücken können Staaten und Banken gemeinsam eines sicherstellen: Die
Unbeteiligten werden für die Party zahlen – nicht die größten Profiteure.
Die Regierungen haben in den vergangenen Jahren die Rechtsgrundlagen
geschaffen, die den Zugriff auf die Bürger ermöglichen. Wir werden dazu im Folgenden sehen: Die Plünderung der Welt erfolgt zielgerichtet, ef-
fizient und legal.

Die rechtliche Grundlage bilden komplizierte Gesetze, undurchschaubare Zuständigkeiten und kryptische Ausnahmeregelungen. Die Manipulation der Staaten durch den Einsatz von Falschgeld hat die meisten notwendigen Kontrollfunktionen außer Kraft gesetzt. Ganze Bereiche wie etwa der europäische »Rettungsschirm« ESM (Europäischer Stabilitätsmechanismus) werden von jeglicher Jurisdiktion ausgenommen.[40] Wichtige Finanzinstitutionen genießen bevorzugten Gläubigerschutz.[41] Die Wirtschaftsprüfer prüfen im Rahmen eines Systems, in dem die Grenze zwischen Recht und Unrecht nicht mehr zu erkennen ist. Der Versuch der EU-Kommission, die enge Zusammenarbeit zwischen den Wirtschaftsprüfern und den Unternehmen zu einer echten »Prüfung« aufzubrechen, ist nicht ausreichend, um Bilanzmanipulationen wirkungsvoll zu unterbinden.[42]

Ratingagenturen – also Organisationen, die eigentlich dazu da sind, die Qualität von Finanzprodukten objektiv zu bewerten – bewerten Staaten und Banken, also ihre Kunden. Die kleine, unabhängige US-Ratingagentur Egan Jones wurde vor einiger Zeit beinahe aus dem Markt gedrängt: Die Agentur hatte vor der Schieflage vieler Banken gewarnt, als diese vom Kartell der großen Agenturen noch die Bestnoten erhielten.[43] Die enge internationale Zusammenarbeit der Staaten soll die Zwangsmaßnahmen harmonisieren. Dem Bürger werden alle Fluchtwege abgeschnitten. Die internationale Staatsmacht begegnet ihm unnahbar und kafkaesk. Alle Beschlüsse und Verhandlungen erfolgen in englischer Sprache. Wir werden darauf später noch ausführlich zu sprechen kommen. Die Bürger werden benachteiligt, weil sie in ihrer großen Mehrheit die Nuancen der Sprache der Eliten nicht verstehen. In Kombination mit den verschachtelten Gesetzes- und Gutachtentexten ist eine demokratische Kontrolle nicht mehr möglich.

Die Verlagerung der politischen Entscheidungen auf unkontrollierte, englischsprachige Technokratenapparate führt naturgemäß zu einem weitreichenden Demokratieabbau, zur Zerstörung einer sinnvollen Rechtsstaatlichkeit und zur schleichenden Aufgabe der nationalen Souveränität. Die kritische US-Investorin Janet Tavakoli sagt, dass das Krebsgeschwür aus Manipulation, Täuschung und Betrug nur besiegt werden könne, wenn die Menschheit zum unangreifbaren Prinzip von »Recht und Gesetz« zurückkehrt.[44] Dazu muss der Bürger jedoch auch verstehen, worum es geht. Nur so kann er kontrollieren, ob sich die Staaten und internationalen Organisationen an die Gesetze halten.

Die Rückkehr zu Recht und Ordnung zu erzwingen, ist für die Bürger der Welt von entscheidender Bedeutung. Sie müssen zu allen Mitteln greifen, die ihnen innerhalb des Rechtsstaats zur Verfügung stehen: Radikales demokratisches Engagement, ziviler Widerstand, intensive Unterstützung von echten Whistleblowern, finanzielle Solidarität der Widerstandsgruppen. Konsumverweigerung, Ausstieg aus dem Schulden- und Geldsystem, Tauschgeschäfte, Bankruns, Proteste auf den Straßen, Einsatz des Internets als Kommunikationsmedium, Aufbau von Hightech-Know-how durch Zusammenarbeit mit Softwareentwicklern, Peer-to-Peer-Aktionen – also alles in allem eine massive, unbeugsame und mutig-zornige, gewaltfreie Revolution. Nur so kann die Plünderung gestoppt werden.

Diese Maßnahmen des zivilen und intelligenten Widerstands sind allerdings nur Bremsfaktoren: Sie schaffen noch keine Alternative.

Die Alternative ist eine andere Weltwirtschaftsordnung. Ökonomen wie Dani Rodrik können belegen, dass die heute zur Ideologie der Eliten erhobene »Hyperglobalisierung« volkswirtschaftlich kein Erfolgsmodell ist. Rodrik schreibt, dass Hyperglobalisierung, Nationalstaat und Demokratie nicht zu einer friedlichen Koexistenz gebracht werden können. Der in Istanbul geborene Amerikaner erläutert, dass die Lösung eine »dünne Schicht internationaler Regeln« sein müsse, »die den nationalen Regierungen einen erheblichen Gestaltungsspielraum« gewährt. Rodrik: »Ein solches Modell vermag die bösartigen Potenziale der Globalisierung in Schach zu halten, während es gleichzeitig deren nicht geringe wirtschaftliche Vorteile kultiviert.«[45]

Darüber hinaus muss der Grundfehler des Systems behoben werden, wenn die Plünderung der Welt abgewendet werden soll. Wohlstand wird durch Arbeit und Sparen geschaffen. Die Flutung der Erde mit wertlosem Papiergeld kann nur in einem Desaster enden. Die Voraussetzungen für eine Verhinderung der Plünderung sind nicht besonders günstig. Es wird viel Moral, Zivilcourage, Verzicht und Einsicht erfordern, um die globale Wende noch zu schaffen.

Wir werden im Folgenden im Zeitraffer erklären, wie wir uns Befund, Diagnose und Therapie jener globalen Krankheit vorstellen, an der die ganze Welt wegen einer Überdosis leerer Versprechen heute leidet.

KAPITEL 2: NEUE VERFÜHRER WITTERN MORGENLUFT

Drohende Wirtschaftskrisen müssten im Zeitalter von Computertechnologie und Internet eigentlich rechtzeitig zu erkennen sein. Die Verarbeitung von großen Datenmengen ist bei vielen Unternehmen mittlerweile eine Selbstverständlichkeit. Und doch überraschen uns spektakuläre Ereignisse in der Wirtschaft auch heute noch wie Naturereignisse.

Ausgerechnet in wichtigen gesellschaftlichen Prozessen, wenn es ums Ganze geht, versagen alle Frühwarnsysteme.

Zufall?

Die gigantischen Netzwerke globaler Beziehungen und Abhängigkeiten sind kaum mehr zu durchschauen.

Das ist das Ziel der Plünderer. Dinge, die öffentlich kontrolliert werden müssten, werden so komplex dargestellt, dass eine kritische Beurteilung von hoheitlichen Akten nur noch schwer möglich ist. Staatlich-bürokratische Systeme sind ohnehin natürliche Feinde von Aufklärung und Transparenz. Würde der Staat nichts anderes tun, als kompetent und gesetzestreu eine faire Rahmenordnung für alle Bürger verwalten – etwa im Bereich der Steuererhebung – niemand würde an der »Amtsverschwiegenheit« Anstoß nehmen. Erstaunlicherweise dringen jedoch vor allem Details der Steuervergehen von Privatpersonen immer wieder an die Öffentlichkeit. Gezielt versuchen Behörden und Politiker, eine Umkehr der Beweislast zu erzwingen. Der Bürger soll das schlechte Gewissen haben. Wenn es jedoch darum geht, die eigenen Verfehlungen zu verschleiern, berufen sich die Regierungen geradezu exzessiv auf ihr Recht zur umfassenden Geheimhaltung. In einem solchen Klima degeneriert jede Kommunikation zur Desinformation, verkommt das politische Statement zur sinnent-leerten Sprechblase.

Die Plünderer wollen, dass ihre Pläne im Dunklen bleiben. Sie behaupten, dass bestimmte Informationen, würden sie bekannt, den Feinden von Demokratie und Rechtsstaat – kriminellen Hackern, Datendieben und Terroristen – in die Hände spielen. Daher erleben Propaganda, Einschüchterung und Zensur eine regelrechte Renaissance.[46]

Wichtige Verträge werden hinter verschlossenen Türen verhandelt. Die Öffentlichkeit erfährt nichts. Am 18. Oktober 2013 verkündeten EU-Kommissionspräsident José Manuel Barroso und der kanadische Premierminister Stephen Harper feierlich den Abschluss eines umfassenden Freihandelsabkommens zwischen der EU und Kanada.[47] In einem solchen Abkommen geht es meist um weitreichende Rechte, die Staaten einander gewähren. Es beschneidet in der Regel die Rechte der Konsumenten und begünstigt internationale Konzerne. Selbst einen Monat später wollte die EU-Kommission nicht sagen, was nun eigentlich beschlossen wurde.[48] Gleichzeitig bekamen die großen Anwaltskanzleien, die die Interessen der Unternehmen vertreten, ausreichend Zeit, um die Vereinbarungen gegen möglichen Widerstand aus der Bevölkerung abzusichern.

Die Verhandlungen über das noch weitreichendere Freihandelsabkommen mit den USA (TTIP) werden unter strengster Geheimhaltung geführt. Die Bürger sollen nicht erfahren, welche ihrer Werte geschützt bleiben und welche verhökert werden. Ein im November 2013 bekannt gewordenes Strategiepapier belegt, dass die EU die Verhandlungen unter der Decke halten will.[49] Sie forderte die Mitgliedstaaten auf, für positive Berichte in den Medien zu sorgen. Die EU will Kritiker »einem Monitoring unterziehen, um rechtzeitig und proaktiv auf allen Kanälen inklusive Internet und soziale Medien reagieren zu können«.[50]

Die Plünderer im Zeitalter der Hyperglobalisierung arbeiten sehr gezielt an der Verschleierung ihrer Absichten. Sie lassen die Welt so komplex erscheinen, um die Bürger zu täuschen. Weil sich der Staat in Bereiche einmischt, von denen er nichts versteht und die auch nicht zu seinen Kernaufgaben gehören, geraten die Politiker in die Abhängigkeit von »Experten«. Doch die »Experten« sind keine unabhängigen Fachleute. Sie verdienen mit ihren Ratschlägen viel Geld. Je komplexer eine Lösung, umso besser für die Berater. Sie verwirren Politik und Öffentlichkeit gleichermaßen mit vielen Kunstbegriffen und Fremdworten. Ihr Ziel ist es, die Politiker von sich abhängig zu machen. Sie profitieren von der Oberflächlichkeit der Politiker, die glauben, sich zu jedem Thema äußern zu müssen – gleichgültig, ob sie etwas davon verstehen. Vor der Abstimmung über den Europäischen Stabilitätsmechanismus (ESM), mit dem der deutsche Steuerzahler für knapp 200 Milliarden Euro Garantien abgeben musste, schilderte eine hochrangige Abgeordnete des Deutschen Bundestages das Dilemma: »Wir müssen uns mit solch komplexen ethischen Fragen wie der pränatalen Implantationsdiagnostik beschäftigen – wie wollen wir da die Zeit finden, uns auch noch in Wirtschaftsfragen einzulesen? Das ist schließlich eine sehr komplizierte Materie.«[51]

Die Materie ist nur deshalb so kompliziert, weil die Staaten in Bereichen wildern, in denen sie nichts verloren haben. Wer einmal versucht hat, mit einem der vielen Berufspolitiker über die Folgen von Zentralbankentscheidungen zu diskutieren, weiß: Die Unwissenheit wird nur noch vom Unwillen übertroffen, sich sachkundig zu machen. So fällen komplett Ahnungslose, die auf die Einflüsterungen jener angewiesen sind, die der Staat eigentlich zu kontrollieren hätte, gesellschaftliche Entscheidungen mit weitreichenden Folgen. Die Mitwirkung der Bevölkerung wird auf einen Formalakt reduziert.

Die Bürger tappen auch deshalb im Dunklen, weil sich viele Medien entweder mit taktischen Wortspenden abspeisen lassen, oder von den neuen Technologien intellektuell überfordert sind. Ein gutes Beispiel sind die Börsenberichte der meisten TV- und Radiosender. Obwohl 80 Prozent aller

Aktien heute über Computer gehandelt werden, halten die Sender die Fiktion vom menschlichen »Händler« aufrecht. Sie erwecken den Eindruck, als säßen in der Frankfurter oder der New Yorker Börse viele smarte junge Trader, die auf Meldungen warten – etwa die neuesten Konjunkturzahlen – um diese zu interpretieren und zu bewerten.[52]

Die Realität ist ganz anders: Vielfach sind es ausgefeilte Algorithmen, die auf abstrakte Formeln reagieren. Wie wir eingangs gesehen haben, sind es Mathematiker und Informatiker, die die Märkte bewegen. Es sind die »Algos«, wie die Algorithmen genannt werden, die »handeln«. Menschen spielen hier nur noch insoweit eine Rolle, als sie die Computer programmieren, die dann die Arbeit erledigen. Es geht um Sekundenbruchteile, in denen sich entscheidet, ob man mit einem Aktienkauf – man müsste eigentlich eher Wette sagen – Gewinn oder Verlust macht.[53] Händler zahlen an den Börsenplätzen viel Geld, damit ihre Server möglichst nahe an den Börsen-Servern stehen können. Jede Tausendstelsekunde zählt.

Der kleine Anleger wundert sich, dass er selbst mit gutem Sachwissen nicht zu den Siegern gehört. Er bittet Vermögensberater und Anlageexperten um Rat. Oft ist man geneigt, die Beteiligung der »kleinen Leute« bei bestimmten Anlageformen wie etwa den berüchtigten Schiffsfonds als schlichte Gier zu interpretieren. Den Anlegern wird vorgeworfen, sie seien selbst schuld, wenn sie ihr Vermögen in riskante Produkte gesteckt hätten. Doch das ist nur die halbe Wahrheit: Wegen der niedrigen Zinsen suchen die Anleger Hilfe bei Experten und werden direkt in die Arme der Plünderer getrieben. Den Weg dazu hat die Politik der Finanzindustrie geebnet.[54]

Tatsächlich ergeht es den einfachen Anlegern nicht anders als den Regierungen. Sie werden von jenen »beraten«, die an ihnen verdienen wollen. Selbst die kleinen Verkäufer der gefährlichen Produkte wissen nicht, was sie ihren Kunden da eigentlich andrehen. Wer kann sich schon etwas unter einem »zweifach gesicherten Dreifach-Hybrid« vorstellen?[55]

Wegen der maroden Staatsfinanzen wurde den Bürgern erklärt, dass sie künftig zu einem großen Teil selbst für das Alter Vorsorge tragen müssten: Die sogenannte Riester-Rente wurde zu einem Modell, von dem vor allem die Versicherungskonzerne und Finanzdienstleister profitierten. Für die meisten Bürger ist das Geschenk an die Finanzwirtschaft, das sogar den Namen eines ehemaligen Bundesarbeitsministers trägt, ein Flop.[56] 15,6 Prozent aller Deutschen haben sich von einer unheiligen Allianz von Politik und Finanzindustrie in die Falle locken lassen.[57] Aber irgendwann kommt das böse Erwachen. Die Vermögen und Anlagen sind verschwunden oder geschrumpft. Die Faust in der Tasche geballt, suchen die enttäuschten Kleinanleger nach einer »simplen Erklärung« für den Betrug, dem sie aufgesessen sind. Anleger, die den Verlust ihres Investments nicht der eigenen Sorglosigkeit oder gar Zockermentalität zuschreiben wollen, sind auf der Suche nach dem Schuldigen. Keiner will sich eingestehen, dass er bei seiner Geldanlage weniger Sorgfalt angewandt hat als beim Kauf eines neuen Staubsaugers oder eines Smartphones. Jeder Verlierer sucht einen Sündenbock.

An dieser Stelle erodiert die Demokratie auch von unten. Die Anleger wurden um ihre Ersparnisse geprellt, während die Regierenden mit dem Geld der Steuerzahler jongliert haben. Die doppelt betrogenen Bürger begehren auf.

Und so sehen wir erste politische Bewegungen, die auf ihre Chance gelauert haben.

Die italienische Bewegung der »Forconi« (»Mistgabeln«) wurde von sizilianischen Bauern gegründet, um gegen die Regierung in Rom zu protestieren. Als die Demonstrationen in Italien im Dezember 2013 ihren Höhepunkt erreichten, sagte einer der Anführer in einem Interview: »Italien muss wieder frei werden. Wir müssen uns von jenen befreien, die uns unterjochen. Ist es nicht seltsam, dass alle großen Unternehmen der Welt in der Hand einiger weniger jüdischer Familien sind?«[58]

Als der türkische Premierminister Recep Tayyip Erdogan im Sommer 2013 durch die Gezi-Park-Proteste unter Druck geriet und die türkische Lira abstürzte, sagte er, die wirtschaftlichen Turbulenzen seien das Werk der internationalen »Zins-Mafia«.[59] Die antisemitischen Klischees sind nicht zu verkennen.

In Griechenland treibt eine echte rechtsradikale Partei, die »Goldene Morgenröte«, ihr Unwesen. Die Parteimitglieder tragen Nazi-Uniformen, tyrannisieren Migranten.[60] Im slowakischen Banska Bystrica gewann im November 2013 der erklärte Roma-Hasser Marian Kotleba mit seiner »Volkspartei – Unsere Slowakei«, deren politisches Programm im Wesentlichen aus menschenverachtender Ideologie besteht, die Wahl zum Regionspräsidenten.[61] Bei der Parlamentswahl in Ungarn errang die antisemitische Jobbik-Partei Anfang April einen spektakulären Wahlerfolg.[62]

Auch die Nazis schafften ihren Durchbruch in einer Zeit, in der eine Volkswirtschaft durch Schulden und Inflation an den Rand der zivilisierten Existenz getrieben wurde. Götz Aly hat beschrieben, wie sehr die rassistischen Nazi-Eliten und Helfer in Wirtschaft und Gesellschaft davon profitiert haben, dass die Deutschen wirtschaftlich am Boden lagen und daher nur zu bereit zur Jagd auf einen Sündenbock waren.[63][64]

Diese gefährliche Entwicklung wird von den Anhängern der Hyperglobalisierung nicht erkannt. Harold James hat in einem interessanten Vergleich der Weltwirtschaftskrise von 1930 mit der Gegenwart festgehalten, dass es keine Alternativen zur Globalisierung gebe: »Das Ressentiment (gegen die Globalisierung, Anmerkung des Autors) speist sich aus einem kohärenten theoretischen Entwurf. Die Kritik bleibt inkohärentes Stückwerk – kurz: postmodern.« Lediglich in Malaysia sei ein Modell zu erkennen, das scheinbar einen dritten Weg darstelle, »der auf staatlicher Lenkung, Kapitalverkehrskontrollen und antiamerikanischer Rhetorik basiert. Aber anders als Hitler und (besonders) Stalin in den dreißiger Jahren findet er keine globale Resonanz«.[65]

Es mag sein, dass Malaysia nicht allzu vielen Ländern als Vorbild dient. Doch die radikalen Methoden, die die neuen Extremisten praktizieren, sind alles andere als »postmodern«: In der Ukraine, deren Zerfall selbstverständlich auch durch die Schuldenpolitik aller Regime beschleunigt wurde, forderte ein Rabbiner während der Unruhen im Februar 2014 seine Gemeindemitglieder auf, Kiew und das Land zu verlassen. Er befürchte eine Jagd auf die Juden durch eine neue, rechtsextreme Partei.[66]

Radikale politische Bewegungen werden dann stark, wenn demokratisch gewählte Regierungen die ihnen verliehene Macht zum Schaden der Bürger missbrauchen. Die Lage wird kritisch, wenn sich die Staaten nicht mehr als Garant von Freiheit und Gerechtigkeit verstehen, sondern über die hemmungslose Verteilung von leeren Versprechungen (Fiatgeld) die absolute Herrschaft über die Wirtschaft an sich reißen.[67] Die Regierungen werden immer restriktiver in der Herausgabe von Daten, obwohl mehr Transparenz mithilfe von neuen Technologien möglich wäre. So wird das in Norwegen bereits sehr erfolgreiche Konzept von »Open Data« in Deutschland äußerst beliebig umgesetzt. Die Berliner Bezirke stellen zwar die Liste der beliebtesten Vornamen als Originaldateien ins Netz.[68] Die Veröffentlichung der Parteispenden unter 50.000 Euro hat der Bundestag dagegen abgelehnt.[69] Max Webers Definition des »Amtsgeheimnisses« als Instrument der Machtausübung funktioniert in den komplexen Systemen, derer sich die Plünderer bedienen, perfekt: »Die bureaukratische Verwaltung bedeutet: Herrschaft kraft Wissen. Dies ist ihr spezifisch rationaler Grundcharakter.«[70] Diese Rationalität durch Verschwiegenheit treibt enttäuschte Bürger den politischen Extremisten in die Arme.

Während die Finanzwirtschaft die neuesten Technologien perfekt einsetzt, um das von den Staaten bereitgestellte virtuelle Geld zu mehren, verharren jene, die wegen ihres basisdemokratischen Charakters die große Plünderung eigentlich verhindern könnten – Gewerkschaften, Grüne, Öko-Soziale und andere Alternativbewegungen – in einer ideologischen Starre. Sie lehnen »den Fortschritt« einfach ab. Die Ratlosigkeit angesichts eines technologiegetriebenen, globalen Umverteilungstsunamis führte bei der Bundesgeschäftsführerin der Grünen Liga, Katrin Kusche, im Jahr 2007 zu der Erkenntnis, »dass es eigentlich zwei entgegengesetzte Pole sind: einerseits die Erde als gesamtes Ökosystem und andererseits der Computer als Symbol technischen Fortschritts und als Meilenstein der Entwicklung einer menschlichen Gesellschaft, die wiederum ersteres – ihre natürlichen Lebensgrundlagen – mit großen Schritten zerstört. Und nun wollen wir antreten, mit dem einen das andere zu retten?«[71]

Eigentlich bräuchte man die widerspenstigen Grünen heute mehr denn je. Doch ihre Systemkritik verkennt, dass nicht der Antagonismus von Natur und Technik das Problem ist, sondern deren unerbittliche Verzahnung. In einer technologisch getriebenen Finanzwirtschaft wird die Natur zum Faustpfand der Plünderer. Die Zerstörung der Umwelt ist die logische Folge eines scheinbar rationalen Systems, in dem der Preis alles, der Wert jedoch nichts ist.

Mit Idealismus allein kann die Plünderung der Welt nicht gestoppt werden: »Revolution rückwärts! Fantasie an die Macht! Seien wir realistisch, fordern wir das Unmögliche!«, so der Vordenker der OWS-Bewegung David Graeber, und er fordert »Begriffe wie Realismus, Fantasie, Entfremdung, Bürokratie und auch Revolution selbst neu zu denken«, weil »allgemein akzeptierte Definitionen ihre Gültigkeit verloren haben«.[72]

Dieser Ausruf ist Ausdruck eines asymmetrischen Krieges: Die Philosophen treten gegen die Mathematiker und die Quantenphysiker an.

Wir werden allerdings im Folgenden sehen, dass das System mithilfe der Technologie entzaubert werden kann. Die massive Konzentration der Kontrolle des Reichtums bei einer kleinen Finanz-Elite kann aufgebrochen werden – wie schon erwähnt: 0,123 Prozent beherrschen 80 Prozent der Vermögenswerte von internationalen Konzernen.

Doch zunächst wollen wir eine kleine Fact-Finding-Mission starten: Ist es wirklich so schlecht um die Welt bestellt, wie viele behaupten? Wo steht die Weltwirtschaft zu Beginn des 21. Jahrhunderts wirklich? Was ist aus den Verheißungen geworden, dass das Zeitalter der Globalisierung ein goldenes sein werde, und zwar für so viele Menschen wie noch nie?

Die Fakten werden uns Klarheit bringen.

Und Ernüchterung.

KAPITEL 3: UNSERE WELT – SUPERREICHE UND UNTERSCHICHTEN

Im Januar 2014 veröffentlichte Oxfam eine Studie über die Verteilung des Reichtums der Erde.[73] Das Ergebnis ist ein Beleg für das Scheitern der Politik des billigen Geldes. Was den Völkern von ihren Regierungen als Maßnahme zur Steigerung ihres Wohlstands versprochen wurde, ist bei den Menschen nicht angekommen. Im Gegenteil: Die Kluft zwischen Reichtum und Armut wird ständig tiefer.

Ein Prozent der Menschen auf der Erde verfügt gemeinsam über ein Vermögen von 110 Billionen Dollar. Das ist 65-mal so viel wie jenes Vermögen, über das die ärmere Hälfte der Weltbevölkerung verfügt.

Die ärmere Hälfte der Welt besitzt gemeinsam so viel wie die 85 reichsten Erdenbürger.

Sieben von zehn Menschen leben in Ländern, in denen sich das Ungleichgewicht zugunsten der Reichen verschoben hat.

Zwischen 1980 und 2012 hat sich das Einkommen der Reichsten in 24 von 26 in der Studie untersuchten Ländern vergrößert.

In den USA konnte das eine Prozent der Reichsten in den Jahren nach der Finanzkrise seinen Reichtum vergrößern, während 90 Prozent am unteren Einkommensende ärmer wurden.

Die Oxfam-Studie zeigt, dass die Menschen besonders in Krisenländern das Gefühl haben, dass ihre Armut kein Zufall, sondern das Ergebnis einer gezielten Politik ist. Die Leute glauben, dass Gesetze zum Vorteil der Reichen beschlossen werden. In Spanien, einem der Krisenländer Europas, sind acht von zehn Bürgern der Meinung, dass die Politiker vor allem den Interessen der Reichen dienen.

Oxfam sieht eine bemerkenswerte Entwicklung: »Die massive Konzentration der wirtschaftlichen Ressourcen in den Händen einiger weniger ist eine massive Bedrohung der wirtschaftlichen und politischen Systeme. Statt sich aufeinander zuzubewegen, sind die Menschen immer mehr durch politische und wirtschaftliche Macht getrennt. Damit steigt die Gefahr der sozialen Unruhen, das Risiko des Zusammenbruchs ganzer Gesellschaften wächst. Die ungleiche Verteilung des Reichtums droht hunderte Millionen Menschen um ihre Talente und die Früchte ihrer Arbeit zu prellen. Die Entwicklung könnte dazu führen, dass die Kinder der Reichsten die niedrigsten Steuern zahlen, die beste Erziehung erhalten und in den Genuss der besten Gesundheitsversorgung kommen.«[74]

Die Kluft zwischen Arm und Reich ist seit der Wiedervereinigung auch in Deutschland größer geworden. Zu diesem Schluss kommen die Autoren Kai Daniel Schmid und Ulrike Stein vom Institut für Makroökonomie und Konjunkturforschung (IMK) in einer Studie aus dem Jahr 2013.[75] Demnach stieg die Zahl der Teilzeitkräfte, Zeitarbeiter und Minijobber kontinuierlich an. Die Forscher warnen vor Altersarmut und Überschuldung. Die Ungleichheit der Haushaltsnettoeinkommen ist in den vergangenen 20 Jahren um 13 Prozent gestiegen. Die Flexibilisierung des Arbeitsmarktes in Form der Agenda 2010 hat diesen Trend verschärft.

Zeitgleich spielen die Kapitaleinkommen eine größere Rolle. Davon profitierten jene, die bereits über Kapital verfügen und sich den Luxus leisten können, in Finanzprodukte zu investieren. Beschlossene Steuersenkungen haben vor allem höhere Einkommen und Vermögen entlastet. Während der Spitzensteuersatz zwischen 1991 und 2010 um elf Prozent gesenkt wurde, verringerte sich der niedrigste Steuersatz lediglich um fünf Prozentpunkte. Darüber hinaus wurde die Vermögenssteuer im Jahr 1997 gänzlich abgeschafft und Kapitalgewinne immer geringer belastet. Schließlich hat die

Mehrwertsteuererhöhung des Jahres 2007 einkommensschwache Haushalte deutlich stärker getroffen als Haushalte aus den höheren Einkommensschichten.

Auch die von der Bundesregierung immer wieder gefeierte Rekordbeschäftigung ändert nichts an der Lage der einkommensschwachen Haushalte. Denn die »gute« Beschäftigungslage ist auf den Anstieg des Niedriglohnsektors zurückzuführen. Die Menschen sind zwar vermehrt in Lohn und Brot. Sie arbeiten im Schnitt aber weniger Stunden als früher oder in kurzzeitig befristeten Arbeitsverhältnissen. Zudem verdienen sie schlechter als 1991. Die Reallöhne in Deutschland sinken seit 20 Jahren. Die stetige reale Inflation und die Währungsreform von 2001 haben die Einkommen der Haushalte spürbar geschmälert.[76]

Die Nationale Armutskonferenz kommt zu ähnlichen Ergebnissen: Demnach arbeitete 2013 in Deutschland jeder Vierte im Niedriglohnsegment. 7,6 Millionen Menschen sind auf staatliche Hilfeleistungen zur Sicherung ihres Existenzminimums angewiesen. Fast zehn Prozent der Deutschen sind von Armut bedroht – zusätzlich zu jenen, die in der offiziellen Arbeitslosenzahl ausgewiesen sind. Der Armutsbericht 2011 nennt unzureichende Hartz-IV-Sätze, schlechte Bildungschancen und das Wachstum im Niedriglohnsektor als Gründe der steigenden Armut in Deutschland.[77]

In der EU stand im selben Jahr sogar jeder Vierte an der Schwelle zur Armut. Ende 2013 teilte die Statistikbehörde Eurostat mit: »Im Jahr 2012 waren 124,5 Millionen von Armut oder sozialer Ausgrenzung bedroht. Das bedeutet, dass sie von mindestens einer der folgenden drei Lebensbedingungen betroffen waren: von Armut bedroht, unter erheblicher materieller Deprivation leidend oder in einem Haushalt mit sehr niedriger Erwerbstätigkeit lebend.«[78]

Eurostat schreibt: »Bei der Betrachtung der drei einzelnen Komponenten, die Armutsgefährdung und soziale Ausgrenzung ausmachen, zeigt sich, dass

17 % der Bevölkerung in der EU28 im Jahr 2012, nach Zahlung von Sozialleistungen, armutsgefährdet waren. Das bedeutet, dass ihr verfügbares Einkommen unter der nationalen Armutsgefährdungsschwelle lag. Die höchsten Armutsgefährdungsquoten verzeichneten Griechenland und Rumänien (je 23 %), Spanien (22 %), Bulgarien und Kroatien (je 21 %) und die niedrigsten die Tschechische Republik und die Niederlande (je 10 %) sowie Dänemark, die Slowakei und Finnland (je 13 %). Es ist zu beachten, dass die Armutsgefährdungsquote eine relative Messgröße von Armut darstellt und dass sich die Armutsschwelle deutlich zwischen den Mitgliedstaaten unterscheidet. Diese Schwelle verändert sich ebenfalls mit der Zeit und ist in den letzten Jahren aufgrund der Wirtschaftskrise in mehreren Mitgliedstaaten gesunken.«[79]

Die Zahlen belegen, dass das massiv in Umlauf gebrachte Falschgeld die wirtschaftliche Situation der Bürger nicht verbessert hat.

Auch in Deutschland haben die staatlichen Interventionen nicht dazu geführt, dass der Wohlstand gesichert wurde. Viele Gruppen stehen heute wesentlich schlechter da als vor den Maßnahmen, die Regierungen und Zentralbanken zur Bekämpfung der Krise ergriffen haben. In Deutschland betrifft die Armut vermehrt Rentner und Frauen. Die Rentner können nicht mehr von ihrem Ersparten leben. Die Frauen haben kein ausreichendes Einkommen, um über die Runden zu kommen.

Ende 2012 erhielten in Deutschland 465.000 Personen im Alter von über 65 Jahren Sozialleistungen, meldet das Statistische Bundesamt.[80] Es ist für viele nicht mehr möglich, am Ende des Lebens von der Rente oder dem Ersparten zu leben. Auch Menschen, die ihr Leben lang in einem Arbeitsverhältnis gestanden sind, müssen auf das Sozialamt – eine bittere Erfahrung. Die Grundsicherung im Alter wird insbesondere von Frauen in Anspruch genommen. Sie müssen dafür bezahlen, dass sie in ihrem Leben die Doppelbelastung von Kindererziehung und Beruf auf sich genommen haben. Weil sie nicht durchgehend oder in Teilzeit gearbeitet, sondern sich auch noch um die Kinder gekümmert haben, stehen sie am Ende ihres Lebens mit leeren Händen da.

Diese Entwicklung hat zu einem bemerkenswerten Trend geführt: Immer mehr Rentner gleiten in die Kriminalität.

Der Vorsitzende des Bundes Deutscher Kriminalbeamter (BDK), André Schulz, forderte wegen der vielen Übergriffe ein »Seniorenstrafrecht«: Rentner, die eine Straftat begehen, sollen weniger hart bestraft werden als normale Bürger. Der BDK-Vorsitzende betonte, dass bei der Bestrafung von Rentnern die steigende Altersarmut zu berücksichtigen sei.[81]

Mehr als sechs Prozent aller Straftäter sind über 60 Jahre alt. Die meisten von ihnen haben erst im hohen Alter ihre erste Straftat begangen.

Die Altersarmut bringt auf drastische Weise zum Ausdruck, wie brüchig der Gesellschaftsvertrag in Deutschland bereits geworden ist: Die Entwicklung wird weltweit zu sozialen Spannungen führen, glaubt die ehemalige Wirtschaftsberaterin von US-Präsident George W. Bush, Pippa Malmgren: »Wir haben ein sehr grundlegendes Problem – übrigens nicht nur in Europa, sondern auch in den USA. Wir werden den Gesellschaftsvertrag neu verhandeln müssen. Was ist denn passiert? Staat und Bürger haben sich auf folgendes Modell geeinigt: Die Bürger zahlen Steuern, und dafür sorgt der Staat für das Sozialsystem und stellt die Renten der Bürger sicher. Und nun liefert der Staat nicht, was er versprochen hat. Stattdessen wird den Bürgern gesagt: Ihr müsst sparen, weil wir alle unsere Mittel zur Bankenrettung benötigen. Der Staat hat den Gesellschaftsvertrag gebrochen. Die Bürger fordern jetzt zu Recht eine Neuverhandlung des grundlegenden Gesellschaftsvertrages.«[82]

Wie kritisch die Lage ist, zeigt ein Urteil des Bundesgerichtshofs vom Januar 2013. Darin werden Kinder höchstrichterlich verpflichtet, ihre Eltern im Alter im Rahmen des sogenannten Elternunterhalts zu unterstützen –

auch wenn die Familienverhältnisse völlig zerrüttet sind.[83] Mit dieser Entscheidung wird die wirtschaftliche Letztverantwortung vom Staat auf die kommenden Generationen abgewälzt. Die Tatsache, dass sich jemand nicht mehr von seiner Rente ernähren kann, weil die Rentenkassen leer sind, wird zum Fanal für die Gesellschaft.

Die Familien geraten durch diese Entwicklung doppelt unter Druck: Die Kinderarmut ist mittlerweile auch im Wohlstandsstaat Deutschland ein spürbares Problem. Eine UNICEF-Studie ergab, dass »zwischen 2000 und 2010 rund 8,6 Prozent der deutschen Kinder und Jugendlichen langfristige Armutserfahrungen gemacht haben. Die meisten von ihnen (6,9 Prozent) lebten zwischen 7 und 11 Jahre lang in einem Haushalt, der mit weniger als 60 Prozent des Durchschnittseinkommens auskommen musste. 1,7 Prozent aller Heranwachsenden wuchsen 12 bis 17 Jahre unter diesen schwierigen Bedingungen auf. Armutserfahrungen haben stark negative Auswirkungen auf Kinder, wenn sie mindestens ein Drittel der Kindheit andauern.«[84]

UNICEF definiert Armut in wohlhabenden Ländern dabei mithilfe 14 verschiedener Kriterien. Treffen mehr als zwei dieser Kriterien auf ein Kind zu, gilt es als arm. Zu den Angeboten, die einem Kind zur Verfügung gestellt werden sollten, gehören ein Platz für Schularbeiten, Möglichkeiten für Freizeitaktivitäten, wie zum Beispiel ein Sportverein, ein Internetanschluss, aber auch mindestens eine warme Mahlzeit am Tag.

Fünf Prozent aller deutschen Kinder kommen nicht in den Genuss einer täglichen warmen Mahlzeit.

UNICEF sieht die gesellschaftliche Dimension des Problems in einer Entwicklung, auf die wir später noch – wenn es um Lösungsvorschläge geht – zu sprechen kommen werden: »Im Mittelpunkt steht meist der ›Nutzen‹ der Kinder für die Erwachsenen und die Funktionsfähigkeit unserer Gesellschaft. Kinder werden als ›Humankapital‹ betrachtet, das beispielsweise durch verstärkte Investitionen – im Kindergarten oder in der Schule – zu steigern ist. Diese Sichtweise wird durch zahlreiche Studien wie PISA oder Untersuchungen der OECD bestärkt.«[85]

In den von der Krise besonders betroffenen Eurostaaten trennen sich viele Eltern aus materiellen Gründen von ihren Kindern. Den SOS-Kinderdörfern zufolge wurden 2012 etwa in Griechenland »1.200 und in Italien 750 Kinder von ihren Eltern zurückgelassen. 2003 lag die Zahl der verlassenen Kinder in Griechenland noch bei 114 und in Italien bei rund 400. Allein in den letzten zwei Jahren ist die Adoptionsrate in Griechenland und Italien um 20 Prozent gestiegen. Die Kosten für die eigenen Kinder, die pro Kind in Europa bei durchschnittlich 20 bis 30 Prozent des Haushaltsbudgets der Familien liegen, können von vielen kaum mehr aufgebracht werden.«[86]

Das von der EU finanzierte Programm »Daphne« kam in einer Studie zu dem Schluss, »dass die primären Faktoren«, die dazu beitragen, dass Kinder von ihren Eltern zurückgelassen werden, »Alltagsbedingungen wie zu Beispiel Armut, Arbeitslosigkeit der Eltern, geringe oder fehlende Einkommen sowie ein Mangel an materiellen Ressourcen und schlechte Lebensbedingungen sind«.[87]

Wir sehen also deutlich, dass die maßlose Kreditvergabe nicht geeignet ist, die realen Probleme der Gesellschaft zu lösen. Die Milliarden, die von den europäischen Steuerzahlern zur Griechenland-»Rettung« abgefordert wurden, sind fast ausschließlich in den Schuldendienst geflossen. Die Kinder haben die Rettungsgelder nicht erreicht. In Griechenland haben sich die politischen und wirtschaftlichen Eliten damit Zeit gekauft, um an der Macht zu bleiben. Das griechische Volk kann von einer Verbesserung seiner Lage weiterhin nur träumen.

Die Erosion in Europa steht erst am Anfang. Noch halten die Sozialsysteme, die ein weiteres Übergreifen der Armut auf andere Bevölkerungsteile verhindern.

Eines der ungelösten Probleme ist die Jugendarbeitslosigkeit. Viele Politiker, die seinerzeit die EU als neues Paradies angepriesen haben, wie Helmut Kohls Eurostratege Theo Waigel, sprechen von der Jugendarbeitslosigkeit als dem »größten Ärgernis«.[88] Die Zahlen deuten auf ein »verlorenes Jahrzehnt« für die junge Generation hin.[89]

Seit dem Ausbruch der Finanzkrise im Jahr 2008 ist die Zahl der erwerbslosen Jugendlichen unaufhörlich gestiegen. Sie erreichte im Dezember 2013 knapp 60 Prozent in Griechenland, 54 Prozent in Spanien und 41 Prozent in Italien.[90]

Tatsächlich sind diese Zahlen allerdings nur bedingt aussagekräftig. Die EU weist in diesen Statistiken die Zahlen jener Jugendlichen aus, die wirklich auf dem Arbeitsmarkt arbeitslos gemeldet sind. Völlig unbekannt ist die Zahl jener Jugendlichen, die bis in ihre 30er-Jahre oder darüber hinaus bei ihren Eltern wohnen und während der Jobsuche die Zeit für Studien, Praktika oder Gelegenheitsjobs nutzen.

Die Illusion, in der Krise mit zentralistischen Maßnahmen gegenzusteuern, führt fast immer zu einem falschen Einsatz der begrenzten Ressourcen. Die EU beschloss im Dezember 2013, sechs Milliarden Euro für eine »Beschäftigungsinitiative für junge Menschen« bereitzustellen.[91] Diese Gelder werden in Form von Krediten und Förderungen zur Verfügung gestellt.

In einem sich verschärfenden Verteilungskampf wird es zwangsläufig zu einem erbitterten Konflikt der Generationen kommen. So schreibt der Ökonom Daniel Gros: »Die Tatsache, dass Jugendarbeitslosigkeit lediglich einen Teil eines größeren Problems darstellt, führt zur eigentlichen politischen Frage: Warum sollten öffentliche Vertreter begrenzt zur Verfügung stehende Zeit, Energie und öffentliche Mittel gezielt arbeitslosen jungen Menschen widmen und nicht allen Arbeitslosen? Stellt die Arbeitslosigkeit eines Jugendlichen einen größeren Verlust für die Gesellschaft dar, als die einer alleinerziehenden Mutter oder eines älteren Arbeitnehmers, die möglicherweise allein für den Unterhalt einer ganzen Familie gesorgt haben? Der Verlust des zusätzlichen Werts, den ein Teenager erzeugt, ist wahrscheinlich weitaus geringer.«[92]

Die *Neue Zürcher Zeitung* beschreibt das Dilemma am Beispiel Italiens: In Italien sind »für Arbeitslose, die über 30 Jahre alt sind, oder für solche, die nach langer beruflicher Tätigkeit im Alter von 45 oder 50 Jahren ihre Stelle verlieren, keine Unterstützungsmaßnahmen vorgesehen. Die jungen Italiener auf Stellensuche wohnen meist noch im Elternhaus oder werden von der Familie finanziell unterstützt. Arbeitslose hingegen, die nicht zu dieser Altersgruppe gehören, haben womöglich selber eine Familie, die sie ernähren müssen, und erhalten keine zusätzliche Hilfe vom Staat. Dass dieser Bevölkerungsteil in Vergessenheit geraten ist, hat auch mit den irreführenden Zahlen zur Jugendarbeitslosigkeit zu tun, die von den Schwierigkeiten älterer Arbeitnehmer abgelenkt haben.«[93]

Der Verteilungskampf wird sich jedoch nicht bloß auf Europa beschränken. Er hat auch eine globale Dimension. Laut einer McKinsey-Umfrage in neun Staaten (Brasilien, Deutschland, Indien, Mexiko, Marokko, Türkei, Saudi Arabien, Großbritannien und USA) rechnen 57 Prozent der Jugendlichen nicht damit, einen Job zu finden. Schätzungen von Gewerkschaften gehen davon aus, dass 903,5 Millionen Jugendliche weltweit arbeitssuchend, wegrationalisiert oder nur geringfügig beschäftigt sind.[94]

All diese jungen Leute sind Teil einer Gesellschaft, in der auch die Alten ihnen nicht mehr helfen können, weil sie selbst um das Überleben kämpfen.

In den USA zeigt sich besonders drastisch, welche Folgen die Umverteilung des Reichtums hat.

8,4 Prozent der Amerikaner gehören im Jahr 2012 nach eigener Aussage zur Unterschicht. Das ist der höchste Wert seit Beginn der offiziellen Erhebungen vor 40 Jahren.

Der Begriff »Unterschicht« werde heute nicht mehr abwertend verstanden, zitiert die *Los Angeles Times* Michaelann Bewsee, Mitgründerin einer Interessengruppe für Geringverdiener. Der Begriff bedeute nicht, dass man unter anderen stehe, sondern, dass man ein sehr geringes Einkommen habe.[95]

Die Unterschicht als Normalfall – das ist der »Fortschritt«, den das wertlose Geld und die uneinlösbaren Versprechungen hervorbringen.

Die Arbeitslosigkeit in den USA ist seit Ausbruch der Krise sprunghaft angestiegen. Millionen Häuser wurden zwangsversteigert. Millionen US-Bürger rutschten in die Armut. Das US-Landwirtschaftsministerium meldete eine Rekordzahl von Haushalten, die nicht ausreichend Essen auf dem Tisch haben.

Zwischen September 2011 und Ende August 2012 stieg die Zahl der Inanspruchnahmen von Notfall-Nahrungsmittelhilfen in 21 der 25 größten amerikanischen Städte durchschnittlich um 22 Prozent.[96] Seit 2011 sind 47 Millionen Menschen auf Lebensmittelmarken angewiesen – 1,3 Millionen mehr als noch 2010. Doch nicht jeder Bedürftige erhält diese Marken, die außerdem nur für eine begrenzte Zeit bezogen werden können.

Die Suppenküchen und andere öffentliche Einrichtungen sind aufgrund der immens gestiegenen Zahl der Bedürftigen und der gekürzten staatlichen Hilfen gezwungen, zu sparen. Städte, Notfall-Küchen und andere öffentliche Einrichtungen mussten die Menge an Lebensmitteln, die sie verteilen, reduzieren oder Bedürftige aus Mangel an Lebensmitteln wieder nach Hause schicken.

Ähnlich ernüchternd sind die aktuellen Daten zur Obdachlosigkeit. 60 Prozent der befragten Städte gaben an, dass die Obdachlosigkeit durchschnittlich um sieben Prozent angestiegen ist. Besonders häufig waren Familien betroffen. Zudem wurde bei fast einem Drittel der obdachlosen Erwachsenen eine schwere psychische Erkrankung festgestellt.

In Asien sieht es noch schlechter aus – und zwar auch in jenen Staaten, die noch vor kurzem auf dem Sprung waren, zum reichen Westen aufzuschließen. Trotz einer für westliche Verhältnisse guten Wachstumsrate von 5,3 Prozent, auf die das indische Wirtschaftswachstum im Jahr 2013 zurückgegangen ist, befindet sich Indien mitten in der neuen Armutswelle. Zwischen 2004 und 2008 lag das Wachstum stets im zweistelligen Bereich.[97] Die boomende Wirtschaft schien damals auch vielen Indern den Weg aus der Armut zu bereiten. Doch die fehlenden Reformen, die Korruption, die überbordende Bürokratie und die immense Verschuldung des Landes haben das Land wieder in eine wirtschaftliche Krise getrieben, die auch die Bevölkerung schwer trifft.

Rund 1,7 Millionen Kinder sterben in Indien alljährlich an Unterernährung. Armutsindikatoren wie Kinder- und Müttersterblichkeit, Lebenserwartung, Kinderimpfungen und erreichte Schuljahre zeigen, dass das Land im internationalen Vergleich weit zurück liegt. Der Anteil der Menschen, die in extremer Armut leben, lag in Indien im Jahr 2010 bei 32,67 Prozent.[98]

Ähnliche Entwicklungen sehen wir in Lateinamerika, anderen Ländern Asiens und natürlich in Afrika.[99] Speziell in Afrika sind die offiziellen Zahlen nur bedingt aussagefähig, doch gehen Arbeitsmarktstatistiker davon aus, dass gerade in Nordafrika die Arbeitslosenzahlen einen traurigen Weltrekord halten.[100] Afrika ist von dem Problem besonders betroffen: Obwohl die afrikanischen Jugendlichen besser ausgebildet sind als je zuvor, finden sie keine Jobs – weil sie nicht jene Fächer studieren, die in ihrem Land am meisten gebraucht werden, wie Felix Fofana N'Zue, Direktor der Wirtschaftsgemeinschaft der Westafrikanischen Staaten, feststellt.[101]

Die Unruhen in Tunesien, Ägypten, Syrien und Libyen sind Ausdruck von dramatisch steigenden sozialen Spannungen – die kein Regime bisher in den Griff bekommen hat, weil die Staaten in der Schuldenfalle sitzen.

Einzig China scheint sich von dem Trend abzukoppeln. Zwar sind auch in China die Reichen reicher geworden. Doch es ist China gelungen, die Armut zu bekämpfen. Der Harvard-Ökonom Dani Rodrik berichtet: »Seit 1987 ist das Pro-Kopf-Einkommen in China um durchschnittlich 8,3 Prozent pro Jahr gewachsen – eine Rate, die alle neun Jahre zu einer Einkommensverdopplung führt. Dank dieses rapiden Wirtschaftswachstums fanden 500 Millionen Chinesen den Weg aus extremer Armut.«[102]

Doch bei genauerem Hinsehen zeigt sich: Der Wohlstand in China wurde mit denselben Mitteln erkauft wie in allen anderen Schuldenstaaten der Welt. Die chinesische Regierung hat durch massives Gelddrucken und jahrelange Manipulation der Währung eine Kreditblase aufgepumpt, deren Dimension nicht abgeschätzt werden kann. Das chinesische Beispiel zeigt auch, wie anfällig das hyperglobalisierte Netzwerk für Fehlentwicklungen ist. Roland Baader schreibt, dass es die »hochproduktiven und fleißigen Sparer« in China gewesen sind, »die dem US-Schatzamt wertlosen Papiergeld-Schrott in Billionensummen und im guten Glauben abgekauft haben, dafür später echte Vermögenswerte erwerben zu können«.[103]

Halten wir also fest: Trotz des massiven technologischen Fortschritts durch Computer- und Internettechnologie, trotz Milliarden an Falschgeld, die in das System gepumpt wurden, haben sich die Einkommensverhältnisse in den Jahrzehnten der Hyperglobalisierung deutlich zugunsten der Superreichen verschoben. Die Armen werden ärmer – und zwar weltweit. Erstmals wird auch die einstige Insel der Seligen – Europa – von diesem Trend erfasst, und zwar trotz der Europäischen Union. Diese wurde bei der Verleihung des Friedensnobelpreises im Jahr 2012 vom Nobelkomitee für »sechs Jahrzehnte der Versöhnung, der Menschenrechte, des Friedens und der Demokratie« gelobt.[104] Deutschland, der »Exportweltmeister«, kann die soziale Balance ebenfalls nur mithilfe von beträchtlichen Schulden einigermaßen halten. In Afrika und Teilen Asiens laufen die Dinge hingegen aus dem Ruder. In den USA ist die Zweiklassen-Gesellschaft (Superreiche und »Unterschicht«) besonders ausgeprägt.

Nach Jahrzehnten des unbegrenzten Gelddruckens und getrieben von einer rapiden Globalisierung ist nichts besser geworden. Die Spirale dreht sich weiter nach unten.[105]

Wie konnte es so weit kommen? Wo führt diese Entwicklung hin, wenn sie weiter anhält?

Die in den 1990er-Jahren berühmt gewordene Erklärung von Robert Kiyosaki kann uns auf eine Spur bringen. Kiyosaki hatte in seinem Bestseller *Rich Dad – Poor Dad. Was die Reichen ihren Kindern über Geld beibringen* erläutert, dass es nicht wichtig sei, zu arbeiten. Entscheidend sei, dass das Geld für die Menschen arbeite. Sein Kernsatz: Der Mensch ist nicht dazu da, um zu arbeiten, damit er Geld verdient. Jeder muss bestrebt sein, dass sein Geld für ihn arbeitet – und nicht umgekehrt.[106] Dieser Gedanke fasst zusammen, was vermutlich auch jene Regierungen gerne hätten, die nichts anders kennen als immer neue Schulden, deren Rückzahlung mit neuem künstlichen Geld in die Zukunft verschoben wird: Das wäre doch die ideale Situation! Niemand muss mehr arbeiten. Wir drucken einfach Geld ohne Ende. Wir bauen einige Kasinos, und das Geld vermehrt sich in alle Ewigkeit weiter. Jeder wäre glücklich. Jene Partei, die das umsetzen kann, würde stets wiedergewählt.

Doch es läuft ganz anders: Das viele Geld wird nicht brüderlich geteilt. Es wird umverteilt.

Die globalen Finanzströme, massiv angeschwollen zu einem Ozean aus falschem Geld, finden ihre immer neuen Bahnen in einem komplexen Netzwerk.

In diesem Netzwerk gibt es viele Verlierer.

Und einige, die immer gewinnen.

Hier müssen wir uns fragen: Warum steigt trotz aller Geldschöpfung die Armut in der Welt? Wohin sind eigentlich all die Billionen an Falschgeld gegangen, mit denen die Staaten und die Zentralbanken das Weltfinanzsystem immer wieder aufs Neue gerettet haben? Und was haben die Empfänger mit dem Geld gemacht?

Die Existenz dieses Netzwerks und seine Funktionsweise können exakt bewiesen werden, wie uns im Folgenden ein junger Physiker aus der Schweiz zeigen wird.

KAPITEL 4: EIN PHYSIKER ERMITTELT: WER REGIERT DIE WELT?

Zürich, im Oktober 2012.

Auf einer internationalen TED-Konferenz trifft sich die Avantgarde des Informationszeitalters. Designer, Computerwissenschaftler, Informatiker, Programmierer. Sie alle untersuchen Trends, die sich aus der Analyse von Daten ergeben. Solche Trends basieren nicht auf Ideologien und philosophischen Annahmen. Sie basieren auf mathematischen oder physikalischen Formeln.

In Zürich steht bei einer solchen Konferenz ein junger Schweizer Physiker vor dem Publikum: James B. Glattfelder. Er wirkt zurückhaltend, bescheiden, fast schüchtern.[107] Der Titel seines vierzehnminütigen Vortrags lautet: »Wer kontrolliert die Welt?«

Glattfelder, der in den malerischen Schweizer Bergen aufgewachsen ist, schreibt am Ende seiner Dissertation stolz, dass »Snowboarding, Felsenklettern, Surfen und Reisen« seine Hobbys sind. Nun hat er 14 Minuten Zeit, um die Frage zu beantworten, wer die Welt regiert. Glattfelder forschte an der ETH Zürich gemeinsam mit Kollegen für das Projekt »Vorhersagen von Finanzkrisen«. Sie haben sich mit der Frage von komplexen Netzwerken beschäftigt. Gemeinsam mit Stefania Vitali und Stefano Battiston hat Glattfelder eine bahnbrechende Studie über die Funktionsweise des globalen Finanzsystems erstellt.[108]

Netzwerke gelten in den Naturwissenschaften als der Schlüssel zum Verständnis, was die schöne neue Welt »im Innersten zusammenhält«. In den Sozialwissenschaften hat Stanley Milgram das »Kleine-Welt-Phänomen« entdeckt.[109] Demnach sind alle Menschen auf der Welt über eine Kette von

Bekanntschaften verbunden. Noch wichtiger für Glattfelders Arbeit ist Albert-László Barabási.[110] Er hat das Skalengesetz (scaling law) in komplexen Netzwerken entdeckt. Es gibt ein paar wenige Hubs im Netzwerk, welche zur Folge haben, dass alle Knoten über wenige Links miteinander verbunden sind.[111]

Mit nüchterner Präzision versucht eine ganze Generation von Wissenschaftlern herauszufinden, welche Folgen die neue Technologie für die Gesellschaften der Welt hat. Die meisten dieser »Philosophen« sind keine Denker, sondern Rechner. Sie haben Computerwissenschaft studiert, Informatik, Quantenphysik. Ihre Bücher sind nicht dick: Glattfelders Dissertation mit dem Titel »Decoding Complexity. Uncovering Patterns in Economic Networks« umfasst 200 Seiten.[112] Im Vergleich: Max Webers *Wirtschaft und Gesellschaft* zählt 950 Seiten – und ist deutlich enger bedruckt als Glattfelders Werk.

Doch Glattfelder betreibt Philosophie nicht in Gleichnissen, sondern mit Gleichungen. In seinem Buch findet man seitenweise Formeln, eine Ansammlung von Matrizen und mathematischen Beweisen. So sieht bei Glattfelder eine einfache Definition aus:

$$ s_j := \frac{\left(\sum_{i=1}^{k_j^{in}} W_{ij} \right)^2}{\sum_{i=1}^{k_j^{in}} W_{ij}^2} $$

Auf der TED-Konferenz in Zürich zeichnet Glattfelder keine Formeln an die Tafel. Er präsentiert in 14 Minuten eine eindeutige, mathematisch erwiesene Antwort auf die Frage: »Wer kontrolliert die Welt?«

Mit höchster Präzision beantwortet Glattfelder auch unsere Frage, wohin die Billionen aus künstlichem Geld gegangen sind. In einem komplexen

Netzwerk entfaltet das von den Staaten in Umlauf gebrachte Falschgeld eine unerwartete Wirkung.

Die wichtigste Kenngröße für Glattfelders Berechnungen ist das Eigentum: Wer hält wie viel Eigentum an welchem Unternehmen? »Eigentum ist Kontrolle«, sagt Glattfelder. Über Eigentum wird Macht ausgeübt. Die Eigentümer bestimmen den Kurs von Unternehmen. Dabei spielt es keine Rolle, ob jemandem ein Unternehmen zu 100 Prozent gehört oder er Mehrheitseigentümer ist. In den komplizierten Eigentümerstrukturen moderner Unternehmen können wenige Prozent ausreichen, damit jemand die wichtigsten Entscheidungen eines Unternehmens kontrolliert – und sei es durch ein Veto.

Eigentum ist allerdings schon in Goethes *Faust* der Kern- und Angelpunkt des gesamten Wirtschaftslebens: »Herrschaft gewinn ich, Eigentum!« ruft Faust aus, als ihm klar wird, dass er mit dem vom Teufel empfohlenen Papiergeld Materie schaffen und sich dadurch die Welt untertan machen kann. Wir werden auf Faust später zurückkommen, um zu verfolgen, was geschieht, wenn »Herrschaft durch Eigentum« zum zentralen Imperativ in einer globalisierten Weltwirtschaft wird.

Glattfelder beruft sich jedoch nicht auf Goethe, sondern auf Max Weber. Der deutsche Soziologe und Nationalökonom hat als Erster erkannt, dass Macht kein Status ist, sondern durch Beziehungen ausgeübt wird. Weber schreibt: »Macht bedeutet jede Chance, innerhalb einer sozialen Beziehung den eigenen Willen auch gegen Widerstreben durchzusetzen, gleichviel worauf diese Chance beruht.« Und weiter: »Herrschaft soll heißen die Chance, für einen Befehl bestimmten Inhalts bei angebbaren Personen Gehorsam zu finden.«[113]

Es geht also um die Möglichkeit, Macht in Herrschaft zu verwandeln.

Was Max Weber 1921 in seiner *Soziologischen Kategorienlehre* zusammengefasst hat, haben Glattfelder und seine Kollegen knapp hundert Jahre später anhand der Strukturanalyse von internationalen Konzernen und ihren Eigentümerverhältnissen untersucht. Glattfelder kam zu seinen Ergebnissen mithilfe von Datenverarbeitung und Computersimulationen. Für sein Forschungsprojekt haben er und seine Kollegen 13 Millionen Daten identifiziert und daraus die Eigentümerverhältnisse von 43.000 global tätigen Konzernen verarbeitet. Sie haben 600.000 Bezugspunkte und 1.000.000 Verknüpfungen, die die Firmen untereinander haben, untersucht.

Das Ergebnis ist eindeutig.

Eine winzige Gruppe von 0,123 Prozent der Eigentümer von internationalen Konzernen (Trans National Corporations, TNC) kontrolliert 80 Prozent des Werts dieser 43.000 Konzerne. Es sind fast ausschließlich die großen Banken und Finanzinstitutionen in den USA und in Großbritannien.

737 Top-Player haben die Macht, 80 Prozent des Gesamtwerts von 43.000 internationalen Konzernen zu kontrollieren.

36 Prozent der internationalen Konzerne im Zentrum des Netzwerks machen 95 Prozent des Wertes der 43.000 Konzerne aus. Hier wurde nur der Wert (operating revenue) der Firmen betrachtet und keine Eigentumsbeziehungen. Dies bedeutet: Zwei Drittel der Konzerne in der Peripherie sind irrelevant, weil sie fast keinen Wert haben.

Lediglich 147 Player (0,024 Prozent) im Herzen der Macht kontrollieren 40 Prozent des Werts von 43.000 internationalen Konzernen auf der Welt. Die Top-Ten in diesem Netzwerk im Jahr 2007 waren: Barclays PLC., The Capital Group Companies Inc., FMR Corp., Axa, State Street Corporation, JP Morgan Chase & Co., Legal & General Group PLC., The Vanguard Group Inc., UBS AG, Merrill Lynch & Co. Inc.[114]

Das bedeutet, vereinfacht gesprochen: Ein Großteil der Billionen, die die Staaten über das Papiergeld in die Welt gepumpt haben, um ihre Völker zu beglücken, landet am Ende bei 0,123 Prozent – dem Kern dieses Netzwerks.

Nun verstehen wir, warum bei den Armen nichts von den Billionen der Zentralbanken angekommen ist.

Glattfelders Methode ist von äußerster Nüchternheit. Er hat überprüft, wie die Firmen, die den globalen Wirtschaftskreislauf bestimmen, zusammenhängen. Es sind ganz wenige, die über alle anderen herrschen. Glattfelder schreibt in seiner Dissertation, dass die Tatsache, dass »solch eine kleine, mächtige und sich selbst kontrollierende Gruppe«, die über die Wirtschaft der Welt bestimmt, »in der wirtschaftswissenschaftlichen Literatur unerwartet« sei. Glattfelder: »Es ist eine neue Erkenntnis, dass mächtige Unternehmen ihre Geschäfte nicht isoliert verrichten, sondern zusammengebunden sind in einem extrem verwobenen Netz der Kontrolle.«[115]

Glattfelder spricht von einem »Superunternehmen«, das die Welt beherrscht. Dieses Superunternehmen sei durch »Selbstorganisation« entstanden. Wie bei einem Termitenhaufen oder einem Vogelschwarm organisiert sich das komplexe Netzwerk in immer derselben Weise.

Wenige kontrollieren den Rest der Gruppe. Komplexe Systeme könnten nur in dieser Form bestehen, sie beziehen ihre Stabilität aus der Entwicklung eines Gravitationszentrums.

Die Systematik, nach der der Physiker vorgeht, basiert auf einigen Annahmen, die mittlerweile in allen computerbasierten Wissensmodellen in Biologie, Computerwissenschaften, Physik und Sozialwissenschaften gemacht werden. Glattfelder sagt: »Komplexität ist das Ergebnis von einfachen Regeln der Interaktion. Jedes komplexe Netzwerk versteht sich als Netzwerk der Beziehungen.« Mit der Kontrolle des Eigentums wird die Welt also im Grunde von einer ganz kleinen Zahl von Global Playern gesteuert.

Glattfelder teilt die Welt in die Peripherie, in das Zentrum und in das Herz ein. Im Herzen der globalen Wirtschaftsmacht sitzen 147 Player. Sie kontrollieren das globale Eigentum. Sie regieren die Welt.

Glattfelder verweist auf Max Weber und dessen Theorie, dass die Ausübung von Macht immer auch gegen den Willen von anderen möglich ist. Macht von Einzelnen bedeutet Einschränkung der Macht von anderen.

Der Schriftsteller und Philosoph C. S. Lewis hat das so beschrieben: »Die Eroberung der Natur durch den Menschen bedeutet, falls die Träume einiger wirtschaftlicher Planer sich verwirklichen lassen, die Herrschaft von ein paar hundert Menschen über Abermillionen von Menschen.« Lewis war ein Prophet: Er sagte dies im Jahr 1943 bei einer dreiteiligen Vorlesungsreihe an der Universität Durham, die später unter dem Titel *Die Abschaffung des Menschen* herausgegeben wurde. Lewis weiter: »Es gibt keine einseitige Machtsteigerung für die Menschheit im Ganzen, und es kann keine geben. Jede von Menschen neu erlangte Macht ist gleichzeitig Macht über Menschen. Jeder Fortschritt macht ihn nicht nur stärker, sondern auch schwächer. In jedem Sieg ist er [der Mensch, Anm. d. Verf.] nicht nur der triumphierende General, sondern auch der Gefangene, der dem Triumphwagen folgt.«[116]

Glattfelder liefert mit seiner Berechnung eine wichtige Erkenntnis: Die Konzentration der Kontrolle bei einigen wenigen ist in einem komplexen Netzwerk eine Art Naturgesetz. Sie ist die Folge der Selbstorganisation des Netzwerks. Glattfelders Kollege Stefano Battiston erklärt, dass die Beziehungen zwischen den einzelnen Einheiten anhand von zwei Kriterien gemessen werden: der Besetzung der Aufsichtsgremien von Organisationen (Board of Directors) und der Kredite, die die Organisationen sich gegenseitig vergeben.[117]

Hier stoßen wir an einer neuralgischen Stelle auf ein Phänomen, das wir später noch behandeln werden: Das moderne Wirtschaftssystem ist – anders als frühere Systeme – zu großen Teilen auf Schulden und Krediten aufgebaut. Um Wachstum zu erzeugen, werden gigantische Summen hin- und hergeschoben. Dadurch entstehen die extremen Vernetzungen, die Glattfelder und Battiston identifiziert haben.

Diese Vernetzung konstituiert die Macht einiger weniger. Sie macht das ganze System zugleich stark und extrem krisenanfällig. Wegen der teilweise kaum durchschaubaren kreditfinanzierten Abhängigkeiten haben Probleme bei einem Unternehmen unter Umständen Folgen für das ganze System – der bekannte Dominoeffekt, den Politiker und Finanzleute bei jeder Krise befürchten. Weil die Beziehungen aber so undurchsichtig sind und niemand sagen kann, welche Folgen die Schieflage einer Bank oder eines internationalen Unternehmens für die ganze Welt hat, neigen die Entscheidungsträger zu Panik – und zu wahnwitzigen Entscheidungen.

In einer zweiten Studie haben Battiston und andere Forscher die »Rettung« des Weltfinanzsystems nach der US-Immobilienkrise im Jahr 2008 untersucht.[118] Das Ergebnis bestätigt exakt die Ergebnisse der ersten Studie: Um das »Weltfinanzsystem« zu retten, mussten vor allem einige wenige gerettet werden. Es waren genau jene, die von den Zentralbanken seit Jahren mit billigem Geld »subventioniert« werden: die internationalen Großbanken und Finanzinstitutionen.

Die Forscher haben als Grundlage ihrer Theorie die Kreditvergabe durch die Fed an internationale Banken untersucht. Dabei zeigt sich, dass die 1.200 Milliarden Dollar, die an Rettungskrediten von der Fed zwischen 2008 und 2010 in Anspruch genommen wurden, zu drei Vierteln an 22 internationale Banken gegangen sind. Unter ihnen finden sich die Commerzbank, die Deutsche Bank, die Unicredit (Hypo-Vereinsbank), aber auch die Schweizer UBS und die Credit Suisse.

Diese Forschungsergebnisse sind von großer Bedeutung. Es gibt Banken, die das ganze System zum Einsturz bringen können. Sie sind »too big to fail«.[119] Tatsächlich jedoch ist das »systemische Risiko« – also die Gefahr, dass die Wirtschaft kollabiert, weil eine Bank die Regeln des ordentlichen Geschäftsgebarens missachtet hat – nicht nur eine Frage der Größe, sondern auch eine der Vernetzung.

Weil Banken – inklusive der Zentralbanken – so viel Papiergeld in ihren Bilanzen halten, sind die Folgen eines Crashs in der Tat unabsehbar. Für die reale Wirtschaft sind die ungeheuren Massen an Papiergeld dagegen ohne Wert – obwohl die Fed offiziell die Aufgabe hätte, die Konjunktur zu beleben. Der Historiker der US-Notenbank (Fed), Allan Meltzer, sagte in einem *NZZ*-Interview:»Das Fed überschätzt seine Fähigkeit, die Arbeitslosenquote zu kontrollieren. Die derzeitige Politik halte ich für die törichteste der ganzen 100 Jahre. Ich blicke auf die Fed-Bilanz und sehe, dass da über 2,3 Bio. $ an Überschussreserven parkiert sind. Es sollte doch jemand im Fed geben, der fragt, was es bringt, wenn man die Überschussreserven um eine weitere Billion erhöht, indem die Notenbank weiter Staatsanleihen und andere Wertpapiere kauft. Weshalb glauben wir, dass eine zusätzliche Billion etwas tut, was die ersten beiden Billionen nicht auszulösen vermochten?«[120]

0,123 Prozent des Finanzkapitals, also eine verschwindend kleine Gruppe, beherrschen 80 Prozent von 43.000 internationalen Konzernen. Die Eigentümer sind – wie die anschauliche Liste in Glattfelders Dissertation zeigt – vor allem die britischen und amerikanischen Banken und Finanzkonzerne. Aus Deutschland finden sich auf dieser Liste nur die Deutsche Bank und die Allianz über ihren Vermögensverwalter Pimco.[121] Vor allem die Investmentbanken haben die im Zuge der Krise verschärften Auflagen zur Erhöhung der Eigenkapitalquote zum Anlass genommen, um sich untereinander noch stärker zu vernetzen. Das bedeutet: Die wechselseitigen Abhängigkeiten sind so groß, dass auch der Crash eines vergleichsweise kleinen Instituts das gesamte System zum Kollabieren bringen könnte.

Das Fazit von Battiston und seinen Kollegen:»Die Größe einer Bank ist nur ein Indikator für ihre Bedeutung für das Finanzsystem. Solche systemischen

Risiken können auch von kleinen Banken ausgehen, wenn diese so stark mit anderen Finanzinstituten vernetzt sind, dass ihr Zusammenbruch eine Kettenreaktion auslöst, die auch die anderen Banken gefährdet.«[122]

Als Berechnungsgrundlage haben die Forscher, deren Arbeit lobenswerterweise auch von der EU-Kommission und der Europäischen Zentralbank gefördert wurde, einen Algorithmus entwickelt, der dem Google PageRank ähnlich ist. Mit dem »DebtRank« könnte im Grunde nun in Echtzeit (Realtime) ermittelt werden, wie sich die Abhängigkeiten der Banken entwickeln. Allerdings hat die Berechnungsmethode einen entscheidenden Makel. Battiston sagte in einem Interview für die *Schweiz am Sonntag*, »dass die aktuelle Studie nur das prinzipielle Funktionieren des DebtRank belege. Für exakte Analysen fehlten schlicht die Daten, denn die meisten gegenseitigen Geschäftsverbindungen der Finanzinstitute seien heute auch den Regulatoren nicht bekannt«.[123]

Weil die Regulatoren aber nicht willens oder nicht imstande sind, alle Marktteilnehmer dazu zu bringen, ihre Zahlen auf den Tisch zu legen, werden diese gefährlichen Abhängigkeiten nicht reduziert, sondern im Gegenteil: Die eigentlich zur Senkung des Risikos verordneten Kapitalerhöhungen werden, »viel mehr genutzt, um sich noch stärker zu vernetzen«. Das Beispiel der Credit Suisse zeigt dies: »Die Investoren, die das frische Geld einschießen – wie die Qatar Investment Authority, die saudische Olayan-Gruppe, der Staatsfonds von Singapur oder der Vermögensverwalter Blackrock – sind selber Teil eines etwa 150 Unternehmen umfassenden, eng verknüpften Kerns der Weltwirtschaft.«[124]

Das Grundproblem liege, so Battiston, in der Liberalisierung der Kapitalströme auf der ganzen Welt. Wir werden später noch sehen, dass diese Liberalisierung die Grundlage für die Plünderung der Welt ist. Schon jetzt so viel: Wirtschaftlich notwendig ist diese »Liberalisierung« keineswegs. Oft sind Staaten, die sich gegen unkontrollierte internationale Finanzströme abgeschottet haben, besser gefahren.

Der Politologe William Pfaff schreibt: »Ideologische Bewegungen sind gefährlicher als nationalistische, weil sie behaupten, dass abstrakte Lösungen universell angewandt werden können.«[125] Das von den Schuldenstaaten hemmungslos praktizierte Gelddrucken ist genau solch eine Ideologie.

Wirtschaftliche Prosperität ist dort zu beobachten, wo ein Staat seinen Unternehmen faire Arbeits- und Handelsbedingungen garantiert und zugleich darauf achtet, dass die Gesellschaft eine wirklich »soziale« Marktwirtschaft ist, in der Exzesse vermieden werden. Damit ist nicht gemeint, dass auf internationale Handels- und Geschäftsbeziehungen verzichtet werden soll. Dani Rodrik zitiert einen chinesischen Studenten, der empfiehlt, man solle das Fenster zur Welt ruhig öffnen. Man sollte jedoch Moskitonetze einbauen, weil es eben Mücken gibt, deren Stiche sehr gefährlich werden können. Wir werden sehen, dass diese existenzielle Gefahr für Bürger und Staaten vor allem dann akut wird, wenn die »Droge Schulden« ins Spiel kommt.[126]

Wenn der Staat dazu übergeht, zur Durchsetzung von politischen Herrschaftsinteressen unbegrenzt Geld zu drucken, fördert er die strukturelle Ungerechtigkeit und bevorzugt die Superreichen auf Kosten der normalen Bürger und der produktiven Unternehmen. Das »staatenlose Kapital«, wie Solomon es nennt, nimmt nämlich keine Rücksicht auf Sozialsysteme, nationale Traditionen oder gesellschaftliche Eigenheiten.[127]

Neben der Globalisierung und der technischen Beschleunigung ist noch ein weiterer Faktor ausschlaggebend dafür, dass sich die globale Schuldenblase nicht auf natürliche Weise auflösen wird: Die staatlichen Zwangssysteme haben einen globalen Überbau bekommen. IWF, Weltbank und die Bank für Internationalen Zahlungsausgleich (BIZ) sind jene Institutionen, die so agieren, als wären sie ein Superstaat. Dieser Superstaat ist der Transmissionsriemen, der aus dem billigen Geld reale Schulden macht.

Denn die Plünderung der Welt ist die logische Folge der Globalisierung der Schulden. Sie setzt bei dem an, was der Ökonom Daniel Stelter die *Billio-*

nen-Schuldenbombe nennt. Wir sitzen nämlich auf einem gefährlichen Pulverfass, auf einem gigantischen Berg von uneinlösbaren Versprechen. Die Institutionen, die die Gesellschaft eigentlich schützen sollten, tragen für das Entstehen dieses Schuldenbergs entscheidende Verantwortung.

Wären die 0,123 Prozent, die die Welt beherrschen, eine kleine und skrupellose Gruppe, die die Menschheit in unmoralischer Weise ausbeutet – man könnte die Leute einfach verhaften und von vorne beginnen.

So einfach liegen die Dinge jedoch nicht. Dass uns nun die große Plünderung droht, verdanken wir der vermeintlichen »Fürsorge« genau jener Regierungen und internationaler Organisationen, deren Aufgabe es gewesen wäre, Rahmenbedingungen für Freiheit, Gerechtigkeit und Selbstbestimmung der Völker zu schaffen. Doch das haben sie nicht getan. Die Staaten der Welt und ihre »Eliten« haben nie gezögert, sich ihre politischen Erfolge mit Schulden zu erkaufen.

Dieses System hat Methode.

Und eine lange Geschichte.

KAPITEL 5: DAS KOLLEKTIVE VERSAGEN

Exakt 200 Jahre nach der Französischen Revolution, befand sich Europa im Jahr 1989 in einem Freudentaumel: Nach »Freiheit, Gleichheit und Brüderlichkeit« tönten nun die Parolen »Einigkeit und Recht und Freiheit« durch die deutschen Lande und schallten in tausendfachem Echo über die ganze Welt. Das deutsche Volk hatte die Berliner Mauer niedergerissen. Gemeinsam mit Millionen Brüdern und Schwestern in Osteuropa hatte ein Kontinent das Joch der Unterdrückung durch den Kommunismus abgeschüttelt. »Glasnost« und »Perestroika« – Transparenz und Umgestaltung – das waren die Imperative der Stunde. Michail Gorbatschow war der Held, Helmut Kohl wurde vom Mantel der Geschichte gestreift. Die Montagsdemonstrationen in Leipzig widerlegten Lenin, der gesagt haben soll, dass sich die Deutschen eine Bahnkarte kaufen, bevor sie aus revolutionärem Überschwang einen Bahnhof stürmten.

Der Niedergang des Ostblocks wurde von vielen als ein Sieg der Menschlichkeit über die Bürokratie interpretiert, als Triumph des unerschrockenen Geistes über die Materialisten. Viele sahen in dem Fall der Mauer den endgültigen Beweis, dass Systeme der Unterdrückung, der Lügen und der Ausbeutung keinen Bestand haben und dass sich das Gute, spätestens nach 40 Jahren, durchsetzt.

Der kollektive Taumel der Europäer entfesselte derartige Kräfte, dass die Revolution gleich weiterging und auch die Staaten Westeuropas erfasste. Wenn man schon bei Reisen von Köln nach Cottbus, von Stuttgart nach Stralsund und von München nach Magdeburg keine bürokratischen Formalitäten mehr zu ertragen hat, wenn man in Staaten, die jahrzehntelang in Wirtschaftssystemen eingebunden waren, die sich zueinander angeblich wie Feuer und Wasser verhielten, nun in derselben Währung zahlen konnte – warum sollte das große Einigungswerk auf Deutschland beschränkt bleiben? Einigkeit und Recht und Freiheit – das sollte auch das Leitmotiv für Europa werden. Und so kam es 1992 zum für die EU grundlegenden Vertrag von Maastricht.[128] Im Jahr 2002 wurde der Euro in elf Staaten eine einheitliche Währung eingeführt.[129] Europa war innerhalb weniger Jahre in einer Weise verändert worden wie Jahrhunderte zuvor nicht.

Die wirtschaftliche Vereinigung Europas versetzte auch all jene in eine Art Rauschzustand, die von Wirtschaft nichts verstanden. Der Kanzler der Einheit, Helmut Kohl, hatte sich nach eigener Aussage nie um den »Bimbes«, wie er das Geld nannte, gekümmert. Das führte nach all seinen historischen Momenten zu seinem eher profanen Sturz als Parteichef nach einer Parteispendenaffäre.[130][131] Helmut Kohl schwieg über die Herkunft dubioser Gelder mit der grandiosen Begründung, er habe dem Spender sein »Ehrenwort« gegeben und dieses sei ihm heilig, heiliger als das Gesetz.[132] Derlei Mangel an »Glasnost« kennt man eigentlich nur von der Mafia. Kohls Adlatus, der spätere Bundesfinanzminister Wolfgang Schäuble, erhielt von einem Waffenhändler 100.000 DM in einem Briefumschlag, belog darüber den Bundestag und kann sich bis heute beim besten Willen nicht daran erinnern, was mit dem Geld am Ende geschehen ist.[133]

Doch damals, im Rauschzustand der Wiedervereinigung und der europäischen Einheit, wollte sich niemand mit scheinbar banalen wirtschaftlichen Fragen aufhalten. Außerdem glaubte man damals genau zu wissen, wer die Guten und wer die Bösen sind. Helmut Kohl, Hans-Dietrich Genscher, Willy Brandt: Die sehr große Koalition der politischen Visionäre überstrahlte die Kleingeister Mielke, Honecker und Krenz. Der Westen hatte gesiegt, und die Sieger schreiben, wie die DDR-Genossen später beklagen sollten, nun einmal die Geschichte.

Tatsächlich war die Wiedervereinigung nur zum Teil der große Sieg der Freiheit über die Unterdrückung. Die Ursachen des Zusammenbruchs des kommunistischen Machtblocks waren dieselben, die zum Zerplatzen der

Träume des französischen Sonnenkönigs Ludwig XIV. geführt hatten: Zu hohe Schulden beenden die meisten politischen Höhenflüge.

Die Lebensbedingungen im Ostblock waren unerträglich geworden. Die Bürger begehrten auf. Es ging ihnen so schlecht, dass sie die Verhaftung bei einer der legendären Demonstrationen der polnischen Gewerkschaft Solidarność oder den Tod im Kampf gegen die berüchtigten Securitate-Schergen des rumänischen Diktators Nicolae Ceauşescu nicht mehr fürchteten. Die kleine Funktionärselite, die auf Kosten der Mehrheit der Bevölkerung lebte, hatte überzogen. Nicht zufällig hieß der Spruch, der die DDR zum Kippen brachte: »Wenn die D-Mark nicht zu uns kommt, dann gehen wir zur D-Mark.« Die Ostdeutschen hatten durch das Westfernsehen eine Alternative vor Augen. Eine Revolution kann nicht unter dem Motto »McDonald's für alle« geführt werden. »Wir sind ein Volk« – das ist dagegen unwiderstehlich, ein Urschrei der Selbstbestimmung, die donnernde Ablehnung der Bevormundung, die Geburtsstunde der deutschen Demokratie aus dem Geiste Schillers, Nietzsches und Hegels.

Nach dem Niedergang der DDR wurde neben der Legende des Volks von Widerstandskämpfern – tatsächlich wurden die echten Widerständler wie Bärbel Bohley oder Konrad Weiß von Linken und Rechten vor und nach der Wende gleichermaßen schäbig behandelt – ein anderes Bild über die Gründe des Niedergangs sichtbar. Hans-Hermann Hertle beschreibt die ausweglose Lage der DDR in ihrem Endstadium. Der Bericht des Historikers erinnert fatal an die Zeitungsberichte über die heutige Lage in den Staaten Südeuropas: »Seit 1978 steckte die DDR in der Schuldenfalle: Fällige Kredite und Zinsen mussten durch die Aufnahme neuer Kredite finanziert werden. Die Zahlungsfähigkeit der DDR hing von der Bereitschaft westlicher Banken ab, der SED neue Kredite zu gewähren. Aus Furcht vor Protesten und inneren Unruhen lehnte das Politbüro 1979 zunächst durchgreifende Preiserhöhungen, dann auch eine Umschichtung von Investitionen zugunsten des produktiven Bereiches ab. Rückläufige Investitionsquoten, unterlassene wirtschaftliche Anpassungsmaßnahmen, steigende Zinsen für

die West-Schulden, ein Kreditstopp des Westens, der auf die Zahlungs-
schwierigkeiten Rumäniens und Polens und die Verhängung des Kriegs-
rechts in Polen am 13. Dezember 1981 folgte, und die Kürzung sowjetischer Rohöllieferungen seit Anfang 1982 stürzten die DDR in die bis dahin
tiefste ökonomische Krise.«[134]

Die Krise führte zum Ende des politischen Systems. Sie führte jedoch
nicht, wie von Helmut Kohl versprochen, zu den »blühenden Landschaf-
ten«, die die tüchtigen Deutschen in Ost und West gemeinsam mit Tat-
kraft, Ingenieurskunst und Gottvertrauen gerne errichtet hätten. Sie führte vor allem nicht, was das Volksvermögen der DDR anbelangte, zu einer
Stärkung des Volkes: Ein Teil wurde im Eilzugstempo durch Privatisierungen an westdeutsche oder westeuropäische Konzerne verkauft.[135] Beträchtliche Teile aus dem Vermögen der SED verschwanden. 16 Jahre
nach dem Ende der DDR beendete die »Unabhängige Kommission zur
Überprüfung des Vermögens der Parteien und Massenorganisationen der
DDR« ihre Tätigkeit – ohne die verschwundenen Millionen gefunden zu
haben.[136]

Das Ende der DDR zeigt die Skrupellosigkeit der Politik im Umgang mit
dem Geld, das sie sich selbst erschafft.

Johann Wolfgang Goethe, der als Kameralist im Hauptberuf ein Finanzmann
war, entwirft im Zweiten Teil seines *Faust* ein Panorama der modernen, globalen Schuldenkrise und der daraus folgenden Plünderung der Welt. Er hat
zu Ende gedacht, welche Folgen das maßlose Gelddrucken hat. Es ist kein
Zufall, dass der Präsident der Deutschen Bundesbank, Jens Weidmann, am
Höhepunkt der Eurokrise ausführlich aus *Faust II* zitierte.[137] Außer einigen
deutschen Romantikern hat den gebildeten Bundesbank-Präsidenten keiner
verstanden. In Südeuropa rieb man sich eher verwundert die Augen ob des
Ausflugs eines Zentralbankers in die Weltliteratur.

Doch Weidmann hat den Nagel auf den Kopf getroffen.

Goethes makroökonomische Analyse erklärt uns – eigentlich leicht verständlich – wie die Politik ihre Seele verkauft und der Staat seine Legitimität verliert. Der Teufel rät dem Kaiser, als dieser pleitegeht, statt der bis dahin aus Gold geprägten Münzen wertloses Papiergeld zu drucken. Solches Geld ist nichts anderes als ein Versprechen. Es ist ein Schuldschein, weshalb man auch vom Schuldgeldsystem spricht. Das ganze System basiert darauf, dass am Ende irgendjemand den Fetzen Papier in einen realen Wert eintauschen wird. Goethe denkt das System radikal zu Ende: Faust ist erst »glücklich« – in einem rein materiellen Sinn –, wenn er den letzten Flecken der Erde so ausgebeutet hat, dass der Fetzen auch wirklich etwas wert ist. Er hat keine Wahl, kann nicht rasten: Er muss die immer neuen Versprechen, die er mit dem Schuldgeld macht, einlösen, muss den Zinsen nachjagen, muss versuchen, mehr Assets zu bekommen, um sich umzuschulden. Er hangelt sich von Versprechen zu Versprechen und kann es nur, indem er die mythische Frau »Sorge« tötet – jene Sorge, die dem Menschen eigentlich immer sagt: Beachte Deine Grenzen, konsumiere nicht mehr, als Du Dir leisten kannst.

Im Grunde schildert Goethe die Irrfahrt eines Menschen, der in die Schuldknechtschaft geschlittert ist. Systeme kommen und gehen. Das aus Schulden aufgebaute Weltwirtschaftssystem muss als Tragödie enden: Erst wenn der Mensch die Erde bis zum letzten Wassertropfen, bis zum letzten gefällten Baum, bis zum letzten betonierten Biotop ausgebeutet hat, kann der Mensch zum Augenblicke sagen: »Verweile doch, Du bist so schön!« Doch es ist kein ekstatischer Augenblick, kein Triumph, keine Erfüllung. Es ist die vollständige Kapitulation des Menschen vor den Gesetzen des »Geistes, der stets verneint«, wie Mephisto sich selbst charakterisiert hatte. Der Mensch verliert seine Selbstbestimmung. Er ist zum perfekten Schuldensklaven geworden, weil er den Trick des Teufels nicht durchschaut hat: Wer immer mehr Schulden macht – also immer mehr Versprechen gibt, als er letztlich halten kann –, der verspielt, von seinen Schulden zur Plünderung der Welt getrieben, die Freiheit und die Möglichkeit zur Selbstbestimmung. Nicht nur Faust scheitert, sondern die ganze Menschheit.

Der Ökonom Bruce Rich sieht im faustischen Bestreben die innere Triebkraft einer Globalisierung, die auf dem Schuldgeldsystem aufgebaut ist. Faust ist Opfer seines eigenen Realitätsverlustes geworden. Die Plünderung der Welt, die Ausbeutung der Natur, hat nicht dazu geführt, dass Faust am Ende »auf freiem Grund mit freien Völkern« steht: »Der Kanal, dessen Vertiefung er anleitet, ist kein Kanal – er ist sein eigenes Grab, ausgehoben von den Lemuren, den Geistern des Bösen in der klassischen Mythologie.«[138]

Der Schuldensklave wird zum hundertprozentigen Eigentum des Teufels, der es sich am Ende großzügig leisten kann, Gott die sterblichen Überreste Fausts nach der Bestattung zu überlassen. Erst nach dem Tod hat der Mensch keine Schulden mehr. Seine Erben freilich müssen weiter zahlen und die Geschichte nimmt kein Ende, zumindest kein gutes.

Die Wirtschaftsgeschichte des modernen Papiergeld-Systems ist nichts anderes als eine fortlaufende Sequenz dieses einen Leitmotivs: Wer mehr verspricht, als er leisten kann, beschleunigt den Zerfall des menschlichen Systems. Wir sind, wie C. S. Lewis es genannt hat, bei der »Abschaffung des Menschen« angelangt.

Auch wenn es schwerfällt zu akzeptieren, dass die Schulden in unserem modernen Wirtschaftssystem das Innere sind, »das die Welt zusammenhält«, so zeigt sich doch gerade in historischen Brüchen: Die Regime mögen vergehen, die Schulden bleiben. Irgendwer wird sich immer auf unsere »Versprechen« beziehen und die Einhaltung einfordern.

Irgendjemand wird am Ende bezahlen müssen.

In Fall der DDR haben alle deutschen Politiker vor diesem Problem die Augen verschlossen. Helmut Kohl, ganz Faust, wollte »ein Volk, ein Land, eine Währung« – und hat schließlich bei der Einführung des Euro sogar den Boden der Demokratie bewusst verlassen.[139] Die Warnungen vor der raschen

Wiedervereinigung und der Währungsreform kamen von den Linken und den Währungshütern. Oskar Lafontaine fürchtete, dass Löhne der westdeutschen Arbeiter durch die neue Billigkonkurrenz gefährdet würden.[140]

Der damalige Bundesbankpräsident Karl-Otto Pöhl lehnte die Wiedervereinigung vollständig ab, beugte sich jedoch dem politischen Druck.[141] Er teilte die Auffassung vieler Ökonomen, die gewarnt hatten: Die unbesehene Übernahme der Schulden der DDR durch die BRD werde die Unternehmen in Ostdeutschland ruinieren, weil sie mit der höher bewerteten D-Mark keinesfalls konkurrenzfähig sein werden. Genau dies trat ein. Die Treuhand beurteilte die Unternehmen aus Sicht der westlichen Konzerne und kam zu dem Ergebnis, dass die meisten Unternehmen abgewickelt werden müssten. Die Assets des Schuldenstaates DDR fielen der einstigen Konkurrenz zu. Noch heute, mehr als zwanzig Jahre nach der Wiedervereinigung, ist Ostdeutschland ohne Transferleistungen aus dem Westen nicht überlebensfähig. Die Bundesregierung hatte die Übernahme – die vor allem auch eine Übernahme der gigantischen Schulden war – über zwei Quellen finanziert: die Rentenversicherungen und den Soli. Die Plünderung der Rentenkassen hat gravierende Auswirkungen auf die Entwicklung der Renten für die nachfolgenden Generationen. Die Rentner von heute spüren, wie wir oben gesehen haben, bereits die Folgen dieser Politik. Der zeitlich begrenzte »Solidaritätszuschlag« wurde zur dauerhaften Steuer und wird wohl niemals abgeschafft werden.

Revolutionen und Aufstände sind immer die direkten Folgen von Schuldenexplosionen. Die Eliten, die die DDR ruiniert hatten, haben nur für sich selbst vorgesorgt. Für die Bürger sind nur die Lasten geblieben. *Der Spiegel* schrieb 1990: »Die Eigentumsverhältnisse haben die Revolution überdauert: Die SED, die den Staat als ihr Eigentum betrachtete, war immer schlau genug, einen Teil der Beute mit den Blockparteien zu teilen. Und die wollen jetzt weder auf die schönen Parteihäuser verzichten noch auf die Ferienheime und Grundstücke, die der SED-Staat ihnen zuerkannt hatte.«[142]

Die Vorphase eines Systemzusammenbruchs geht meist mit einem wilden Geflecht von kriminellen Aktionen, Täuschungen und Manipulationen einher. Wir werden darauf später eingehen, wenn wir aufzeigen, wie die modernen Finanz-Eliten alles daran setzen, um die Plünderung der Welt bis zum letzten Cent durchzuziehen.

Ein Blick auf die Französische Revolution ist hier sehr lehrreich. Nach dem Tod des Sonnenkönigs Ludwig XIV. hatte sich der Regent Philippe von Orléans, der für den noch kindlichen König Ludwig XV. regierte, einige Finanzberater geholt. So kam unter anderem ein gewisser John Law nach Frankreich, ein Schotte. Von ihm erhoffte sich der Regent, dass er als Angehöriger eines für seine Sparsamkeit bekannten Volkes den ungeheuren Schuldenberg werde abtragen können, den der Sonnenkönig dank seiner Verschwendungssucht den Franzosen hinterlassen hatte. Law war allerdings ein untypischer Schotte. Bevor er königlicher Finanzberater wurde, war er als Spieler geradezu süchtig nach Geld. Offenbar ist das eine gute Qualifikation, wenn man für die Staatsfinanzen Verantwortung übernimmt. Law gründete die erste französische Zentralbank. Er stattete sie mit dem Recht aus, Papiergeld zu drucken. Er tat also genau, was der Teufel dem Kaiser geraten hatte: Das Herrscherhaus war seine Schulden los, weil es unbegrenzt Geld drucken konnte, um seine Rechnungen zu bezahlen.[143]

Danach gründete Law die legendäre Mississippi-Handelsgesellschaft und machte die Franzosen zu Aktionären. Es gelang ihm, die Gier der Leute zu wecken. Erstmals in der Geschichte wurde das Wort »Millionär« verwendet. Die Mississippi-Blase machte auch einfache Franzosen zu reichen Leuten – auf dem Papier. Der Trick war derselbe wie bei allen Blasen. Man erzählt den Leuten irgendein Märchen und verführt sie zum Kauf. Law war ein Meister in diesem Fach. Unter anderem streute er das Gerücht, man habe in der französischen Kolonie Louisiana Gold gefunden.[144] Jeder Franzose könne sich an dem Goldrausch beteiligen, wenn er Aktien an der Gesellschaft erwerbe.

Die Franzosen rannten der Aktien-Gesellschaft die Türen ein. Mit dem Geld, das Law von den Franzosen geplündert hatte, entschuldete er über die Zentralbank das französische Königshaus. Um die Bürger zum Aktienkauf zu ermuntern, stattete er die Bettler von Paris mit Spaten aus und ließ sie durch die Stadt marschieren. Die Pariser hielten die Bettler, wie geplant, für Goldgräber auf ihrem Weg nach Louisiana – und kauften noch mehr Aktien. Als schließlich die ersten Franzosen aus Louisiana zurückkamen und den entsetzten Bürgern erklärten, dass es in Louisiana kein Gold gibt, brach der Aktienkurs ein. Die königliche Bank und die Goldgräbergesellschaft waren pleite – die Pariser Bürger waren ihre Ersparnisse los. Die eigentlich sehr elegante Enteignung der Franzosen zur Sanierung des königlichen Haushaltsdefizits endete im Sturm der Bastille und kostete der Königin Marie-Antoinette den Kopf.

Sowohl das Ende der DDR als auch das Ende der französischen Monarchie zeigen uns: Plünderungen im großen Stil sind in der Geschichte nichts Neues. Sie finden immer dann statt, wenn sich ein System so sehr verschuldet hat, dass es sich nur noch mit Tricksereien, Lügen und Manipulationen über Wasser halten kann.

Recht, Gesetz und Moral werden immer außer Kraft gesetzt, bevor jemand unter seiner Schuldenlast zusammenbricht. Auch hier agieren Regime und Staaten nicht anders als ganz gewöhnliche Schuldner. Wer seine Kredite nicht mehr bedienen kann, wird mit allen möglichen Tricks und Täuschungen versuchen, den Zusammenbruch abzuwenden. Er wird, stets in der Hoffnung, dass sich alles doch noch zum Bessern wenden würde, nichts unversucht lassen, um seinen Kopf aus der Schlinge zu ziehen. Im Falle von Unternehmen gibt es aus diesem Grund strenge Regeln für eine »Insolvenzverschleppung«: Wenn ein Geschäftsführer die Rechnungen des von ihm geleiteten Unternehmens nicht mehr bezahlen kann, muss er nach deutschem Recht unverzüglich zum Amtsgericht, um die Pleite des Unternehmens bekannt zu geben. Auch die Gründe für eine persönliche Haftung hat der Bundesgerichtshof penibel aufgelistet.[145]

Für Staaten gelten solche Regeln nicht – denn sie machen die Gesetze selbst. Verschleierung und Täuschung sind bei Überschuldung die letzten Hilfsmittel. Daher haben die europäischen Politiker, als die Griechenlandkrise ausbrach, mit viel Pathos nach einem Insolvenzrecht für Staaten gerufen.[146] Sobald die Krise überwunden schien, geriet der Plan in Vergessenheit. Auch sechs Jahre nach dem Ausbruch der Finanzkrise gibt es in Europa kein einziges Gesetz, das den Fall einer Staatspleite regeln würde. Die Regierungen setzen darauf, dass man sich offenbar immer weiter durchschwindeln kann.

Worauf gründet diese Kaltschnäuzigkeit? Wie können sich die Regierungen, die ja das Wohl des Volkes im Blick haben sollten, eine derartige Chuzpe leisten?

Wir wollen im Folgenden nach Amerika blicken, dem Land der unbegrenzten Möglichkeiten. Dort werden wir sehen, dass dank des technologischen Fortschritts Möglichkeiten gefunden wurden, die Plünderung der Welt exponentiell zu beschleunigen.

Wir werden sehen, dass die globalisierte Welt wirklich ein Dorf geworden ist. Das ist erfreulich, wenn man an den möglichen kulturellen und menschlichen Austausch denkt. Es wäre heute technisch möglich (und könnte sogar überwacht werden), dass sich die gesamte Menschheit darauf verständigt, jeden Morgen ein paar Verse aus Goethes *Faust* oder einige Absätze Kants über den *Kategorischen Imperativ* zu lesen und dann im Verlauf des Tages danach zu handeln.

Die hyperglobale Vernetzung hat jedoch dazu geführt, dass sich im Rausch der unendlichen Geldschöpfung eine Weltgemeinschaft des »easy money« herausgebildet hat. Die Aussicht auf billiges Geld, politische Macht und ein angenehmes Leben hat alle Sicherungen durchbrennen lassen. Die Schulden wurden zu jenen »Massenvernichtungswaffen« hochgerüstet, von denen der Investor Warren Buffet im Hinblick auf die neuen, künstlichen Finanzprodukte gesprochen hat.

Die Plünderung der Welt nimmt ihren Lauf.

Wir werden im Folgenden sehen, wie die Plünderer alle Grenzen über-
schreiten. Und damit sind nicht nur die geografischen gemeint.

KAPITEL 6: GREENSPAN LEGT DIE LUNTE

Es war ein strahlend sonniger Tag, als Bill Clinton am 20. Januar 1993 in seiner Antrittsrede in Washington die Amerikaner aufrief, die neue Welt, die sich nach dem Ende des Kalten Krieges auftat, zu gestalten. Clinton sagte, die neue Zeit böte riesige Chancen für alle: »Der Handel ist global, Investments sind mobil und die neuen Technologien sind magisch.« Allerdings hatte Bill Clinton ein Schuldenproblem. Das US-Defizit war explodiert. Daher musste Clinton den Amerikanern sagen, was vor ihm in dieser Eindringlichkeit noch kein Präsident sagen musste: »Wir müssen unsere Schulden reduzieren. Das wird Opfer von uns allen verlangen, und wir müssen es so tun, dass es in fairer Weise geschieht.« Es sei nötig, die drastische Ungleichheit der Einkommen zu reduzieren und die rasch steigende Armut im Land zu bekämpfen.[147]

Tatsächlich gelang Clinton die Stabilisierung der Staatsschulden. Dieser Aspekt der Ära Clinton zeigt, dass es offenbar gut für die wirtschaftliche Entwicklung eines Landes ist, wenn der Staat das Schuldenmachen beendet, seine Herrschaftsansprüche also zurückfährt, und die Lage nicht durch mutwilliges und unkontrolliertes Gelddrucken beeinflusst. Ludovic Roy schreibt, dass man angesichts der desolaten Haushaltslage der USA nicht damit rechnen konnte, »dass die Vereinigten Staaten einer blühenden Wirtschaftsperiode entgegengingen, die fünf Jahre später mit ungeahnten Haushaltsüberschüssen ihren Höhepunkt erreichen würde«.[148] Ähnliche Erfahrungen hat übrigens auch Schweden gemacht.[149]

Für eine Heiligsprechung Bill Clintons reicht die Stabilisierung der Staatsschulden jedoch nicht. Denn Clinton legte sehr früh schon den Grundstein zu einer Entwicklung, die zur Weltfinanzkrise 2008 führen sollte. Clinton ließ zu, dass die US-Notenbank mit dem Gelddrucken begann – hemmungslos und unkontrolliert wie kaum je zuvor in der Geschichte.

Beraten wurde Clinton vom Chef der US-Notenbank Federal Reserve, Alan Greenspan, der wegen seines massiven Gelddruckens von Kritikern als »Serienblasenerzeuger« (serial bubble blower) bezeichnet wurde.[150] Die Entwicklung Greenspans zeigt beispielhaft, was geschieht, wenn sich der Staat im großen Stil das Recht nimmt, die Wirtschaft anzukurbeln.

Der erste Sündenfall Greenspans kam mit der New Economy. Greenspan, dem man zugutehalten muss, dass er ein guter Musiker ist (er studierte an der berühmten Juilliard School Saxofon und Klarinette), hat zeitlebens nur in den Bereichen Finanzen und Politik gearbeitet. Als sich mit der New Economy eine Revolution der Technologie abzeichnete, intervenierte Greenspan ohne ersichtlichen Grund. Er flutete die Märkte mit Geld. Er war überzeugt, »dass die Geschwindigkeit der Innovation in den nächsten Jahren weiter zunimmt, weil die Unternehmen das weitgehend unerschlossene Potenzial des E-Commerce ausschöpfen«.[151] Greenspan sagte gewaltige Steigerungen der Produktivität voraus. Als im Jahr 2000 das Kartenhaus zusammenbrach, stellten Experten keinerlei Produktivitätsgewinne in der amerikanischen Industrie fest.[152]

Das Entstehen des Internets hatte eine Euphorie ausgelöst. Im Minutentakt schossen Unternehmen aus dem Boden, die außer einer Dotcom-Adresse nichts anzubieten hatten. Fred Hickey schrieb 1999, am Höhepunkt des Internet-Hypes: »Ein Teil der Route 128 in Massachusetts wurde von FreeLotto.com gesponsert. Eine großartige Idee. Zahlen Sie nichts für Lotterielose und gewinnen Sie immer noch Geld. Mypoints.com, Beenz.com und Surfbuzz.com belohnen Internetsurfer, die ihre Seiten besuchen, mit Coupons oder Bonuspunkten, die sie beim Kauf von Computern, für ihren Urlaub und Ähnliches einsetzen können ... Diese ›Etwas für nichts‹-Seiten versuchen, ein Geschäftsmodell zu etablieren, bei dem sie theoretisch Umsätze für Werbekunden, die sie gewonnen haben, generieren. Die wahre Absicht liegt darin, genügend Seitenbesucher zu generieren, sodass sich ein Börsengang rechtfertigen lässt, um dann die Aktien der unwissenden Öffentlichkeit unterzujubeln.«[153]

Jeder, der in solche Unternehmen investierte, war im Grunde selbst schuld. Als die Blase platzte, waren die Verluste jedoch so gewaltig, weil Greenspan im Auftrag des Staats den Markt aufgebläht hatte. Er bejubelte die Dotcoms, obwohl er nie in einer Internetfirma oder einem anderen »realen« Unternehmen gearbeitet hatte. Damit hatten Scharlatane und Betrüger leichtes Spiel. Sie konnten die Anleger in die Irre führen und sich dabei auf den Chef der Zentralbank als den staatlich autorisierten »Innovationsexperten« berufen. Für die Anleger hat das dieselbe beruhigende Wirkung wie Fotos, auf denen sich der Chef des Finanzdienstleisters AWD, Carsten Maschmeyer, mit Bundeskanzler Gerhard Schröder präsentierte. Die staatsgläubigen Bürger dachten: Wenn der Kanzler dafür geradesteht, kann ich dem Produkt vertrauen.

Der Schauplatz des Internet-Hypes war die Börse.

Der Gründer und Investor Mark Cuban hat 2004 auf seinem Blog beschrieben, wie die Börsen wirklich funktionieren.[154] Cuban hat zwei Firmen – MicroSolutions und Broadcast.com – gegründet und groß gemacht. Nachdem er MicroSolutions verkauft hatte, brachte er Broadcast.com an die Börse. Der Kurs stieg von einem Dollar am ersten Handelstag auf über 60 Dollar am Ende des Tages.

Die Börse, so schreibt Cuban, sei nichts anderes als ein gigantisches Schneeballsystem. Der Wert von Aktien richtet sich nicht nach dem tatsächlichen Wert des Unternehmens, sondern ist eine Marketingnummer: Leute, die verkaufen wollen, suchen Leute, die kaufen wollen. Zu diesem Zweck erzählen die Verkäufer den Käufern die schönsten Märchen. Entscheidend ist, dass sich möglichst viele um die Aktie reißen.

Begeisterung für eine Aktie entsteht nicht, weil das Unternehmen gut ist. Begeisterung entsteht, weil andere sagen, dass die Aktie ein »heißer Tipp« ist. Mit der Wirklichkeit hat das alles nichts zu tun. Es geht um Marketing. Und es gibt genug Leute, die auf scheinbar »coole« Dinge hereinfallen.[155]

Cuban berichtet von der »Road-Show« für Broadcast.com. Die Road-Show ist die Phase vor einer Börseneinführung. Dabei stellen die Manager des Unternehmens die Firma potenziellen Investoren vor. Die Road-Show hat nur einen Zweck: Wie zu den Zeiten des John Law, als die Bettler als Goldgräber verkleidet durch Paris marschierten, um die Geldgeber zu beeindrucken, sollen nun die smarten Gründer eines Unternehmens die Investoren zum Kauf von Aktien verführen.

Cuban erzählt, er sei erschüttert gewesen, dass von den Hunderten von Investoren nicht einmal eine Handvoll vernünftige Fragen zu dem Unternehmen stellte. Schlimmer noch: Die Investoren wollten gar nicht wissen, worum es bei dem Unternehmen ging. Sie wollten kaufen, weil das Marketing sie begeistert hatte.

Und sie kauften – mit dem Geld anderer.

Die meisten »Investoren« verwalten das Geld von Leuten, die es ihnen anvertraut haben. Pensionsfonds und Vermögensverwalter sammeln Gelder ein und versprechen Renditen. Das Geld kommt von ganz normalen Leuten. Meist wissen diese Leute gar nicht, dass es sich um ihr Geld handelt. Wer durch Einzahlungen in einen Fonds oder eine Pensionskasse einen Rentenanspruch erwirbt, sieht sein Geld über Jahrzehnte nicht. Er vertraut darauf, dass ihm am Ende seines Berufslebens die Rente ausbezahlt wird. Bis dahin soll sich das Geld vermehren. Es soll arbeiten.

Das ist am einfachsten, wenn es in ein System eingespeist wird, in dem immer genug Geld vorhanden ist. Wenn dieses Geld auch noch aus dem Nichts geschaffen wird, dann muss man doch annehmen, der von den Alchemisten gesuchte »Stein der Weisen« sei endlich gefunden. Die Börse wurde zur Kathedrale der Geldschöpfung.

Die wichtigste Kennzahl an der Börse sind die Quartalszahlen (die »Nummer«, wie das in Börsen-Kreisen heißt). Sie werden von den Unternehmen ermittelt und bekannt gegeben. Übertrifft ein Unternehmen die Erwartungen der Analysten und legt eine gute »Nummer« vor, steigt der Kurs. Bleibt die »Nummer« hinter den Erwartungen zurück, sinkt der Kurs.

Die Nummer hat mit der Realität des Unternehmens nichts zu tun.

In seinem brillanten Buch *The Number* hat Alex Berenson dargelegt, dass die »Nummer« von den meisten Unternehmen im großen Stil manipuliert wird.[156] Im Jahr 2013 hat eine Studie von Ernst & Young ergeben, dass viele Manager in Europa ihre Bilanzen frisieren.[157]

Im Fachjargon heißt die Nummer »Fundamentaldaten«. An sie klammern sich alle, die nicht verstehen, worum es geht. Cuban sagt: Wann immer von den Fundamentaldaten die Rede ist, ist Vorsicht geboten.

Von Vorsicht oder Bedenken konnte bei der New Economy keine Rede sein. Die meisten Firmen hatten keine Fundamentaldaten. Sie hatten nicht einmal ein Geschäft.

Doch die Banken machten gewaltige Profite, wenn sie diese Zombies an die Börsen brachten. Das maßlose Schauspiel war beispiellos in seiner Skrupellosigkeit und kriminellen Energie.

Weil er von etwas begeistert war, von dem er im Grunde nichts verstand, überschüttete Greenspan die Banken mit billigem Geld, damit sie am Veitstanz um die New Economy teilnehmen konnten.[158] Tatsächlich ist nicht festzustellen, ob Greenspan aus gezieltem Interesse der Banken oder der Politik oder aus reiner Naivität die Blase dermaßen aufgebläht hat.[159]

Das System brach bekanntlich nach kurzer Zeit in sich zusammen.

Die Intervention der Zentralbank hat dazu geführt, dass noch mehr Vermögen vernichtet wurde, als wenn sie sich herausgehalten hätte: Das Platzen der Blase hat außerdem, wie James Galbraith herausgefunden hat, zu einer geografischen und sozialen Umverteilung des Reichtums geführt. Einige wenige wurden sehr reich, viele kleine Anleger verloren ihr Geld. Der Staat Kalifornien, der von der Blase scheinbar am meisten profitiert hat, war wenige Jahre später als Folge des Dotcom-Booms pleite. Das Herrschaftsgebaren der Zentralbank hat also den Bürgern sehr direkt geschadet. Und wie immer ist es ein Schaden, den nicht die Profiteure bezahlen, sondern die folgende Generation.[160]

Die Zentralbanken haben allerdings aus dem Desaster nichts gelernt: Auch die Börsen-»Erfolge« von Twitter und Facebook beruhen auf dem billigen Geld, das die private US-Notenbank im Auftrag der US-Regierung fortlaufend aus dem Nichts erschafft. Allein mit Gebühren hat die Investmentbank Goldman Sachs beim Börsengang von Twitter Millionen verdient. Die Unternehmensbewertung ist mit rationalen Argumenten nicht zu erklären. Das Platzen der nächsten Blase ist programmiert. Die Folgen werden dieselben sein wie jene nach der New Economy: Die 0,123 Prozent werden gestärkt, der Rest der Welt geplündert.[161]

Immerhin: Bei der New Economy musste nicht der Steuerzahler einspringen. Die Verluste trugen private und institutionelle Investoren. Weil der Staat in diesem Fall »nur« die Privatleute ins Unglück stürzte, blieben kluge Leute, die nicht mitmachten, verschont.[162]

Den Steuerzahler plünderte das Saxofonisten-Duo Clinton und Greenspan an einer anderen Front. Clinton beschloss, dass jeder Amerikaner ein Eigenheim besitzen sollte.[163] Um die Banken zur Kreditvergabe an riskante Schuldner zu bewegen, hob Clinton die Trennung zwischen Geschäftsbanken und Investmentbanken auf. Er gab damit grünes Licht für die Plünderung der Ersparnisse der Amerikaner.[164] Um der Party so richtig einzuheizen, erklärte Clinton die Gewinne aus Börsengeschäften für steuerfrei. Das bedeutete: Jeder, der nicht im Kasino mitmachte, war eigentlich ein Idiot. Steuern zu bezahlen war die dümmste Art, mit seinem Geld umzugehen.[165]

Alan Greenspan leistete noch einen weiteren Beitrag zur Verbreitung von Internetinnovationen. Der Chef der Fed sollte sich später sehr stolz zeigen, dass er im Grunde der Erfinder jener giftigen Produkte war, die ihren Weg an die Märkte im Zeitalter von Hyperglobalisierung und Internettechnologie fanden – und die die Welt in die tiefste Krise seit der Großen Depression der 1930er-Jahre stürzten. Im September 2002 sagte Greenspan über die neuesten Finanzprodukte: »Den vollen Erfolg der Vorteile unserer Innovationen werden wir und unsere Enkel nur genießen können, wenn die Kräfte der Globalisierung das kommerzielle Potenzial der neuen Technologien voll zur Entfaltung bringen und es über alle Grenzen weltweit vertreiben.«[166]

Diese Finanzprodukte bestanden darin, dass die Banken die Kredite an offenkundig schwache Schuldner zu Paketen schnürten. Diese »Pakete« (Verbriefungen) konnten dann auf den internationalen Finanzmärkten weiterverkauft werden. Auf diese Weise entstanden Wertpapiere, von denen niemand mehr wusste, was eigentlich an »Wert« dahinterstand. Die Ratingagenturen, die von den Banken für ihre Arbeit bezahlt werden, erwiesen sich als willfährige Helfer und versahen die undurchsichtigen Pakete mit Bestnoten.

Die Banken hatten sich ausdrücklich bei der Regierung abgesichert. Im Jahr 2000 hatten sie Bill Clinton dazu gebracht, mit einem Gesetz, dem »Commodity Futures Modernization Act (CFMA)«, ihren Schrottpapieren einen rechtlichen Blankoscheck auszustellen. Die bis heute unveränderte »Regulierung« bestimmt, dass Trader, die mit giftigen Papieren handeln, als einzige Regel eine Art allgemeines Wohlverhalten an den Tag legen müssen.[167] Der Handel mit Schrottpapieren wurde einer strengen Aufsicht entzogen, obwohl die Aufsichtsbehörde Commodity Futures Trading Commission, CFTC, bereits 1999 auf die Gefahren hingewiesen hatte.[168] Alan Greenspan hingegen hatte der Regierung im Jahr 1998 in einem offiziellen Gutachten bescheinigt, dass eine Kontrolle ausdrücklich nicht nötig sei.[169] Die bei dem Freibrief für die Banken übergangene CFTC stellte nach der Krise fest, dass eine wirksame Regulierung der Schrottpapiere die Krise vermutlich verhindert hätte.[170]

Das umstrittene Gesetz Clintons stellte sicher, dass die Banker und Trader, die diese Betrugspapiere entwickelten und vertrieben, vor jeder Art von Strafverfolgung geschützt waren. Hochrangige Mitarbeiter der Clinton-Regierung wie Finanzminister Robert Rubin und der ehemalige Harvard-Präsident Lawrence Summers waren die Verbindungsleute zur Bankenlobby. Rubin, der dem Drängen der Citigroup nachgegeben und den Banken erlaubt hatte, mit den Einlagen der Kunden zu spekulieren, wurde nach seiner Amtszeit Direktor bei der Citigroup. Er verdiente dort 126 Millionen Dollar.[171]

Die fatale Deregulierung hätte nie erfolgen dürfen, weil bereits kurz zuvor klar geworden war, dass hier dem Betrug Vorschub geleistet wird: Bereits im Jahr 1993 hatte der Konzern Procter & Gamble die Bank Bankers Trust verklagt, weil diese dem Unternehmen einen Millionenschaden mit ähnlich gebauten Schrottpapieren zugefügt hatte. Procter beklagte, dass die Bank ihnen unverständliche Produkte verkauft hatte. Im Zuge des Prozesses wurden vertrauliche Gespräche unter Bankern öffentlich, die belegen, dass Bankers Trust diese Schrottpapiere absichtlich so kompliziert gestaltet hatte, um die Kunden in die Irre zu führen. In einem Schriftstück sprach ein Trader von den Schrottpapieren als einem »feuchten Traum«.[172] Trotz dieser Warnungen ließen Clinton und Greenspan die Papiere zu und ermunterten die Banken, sie zu vertreiben.[173] Die Schrottpapiere sind bis zum heutigen Tag auf den Weltmärkten im Umlauf.[174]

Solche gefährlichen Papiere sind die logische Folge der staatlichen Erschaffung von Geld aus dem Nichts: Der »Wert« der Kunstprodukte besteht in der perfekten Verschleierung ihrer Gefahren. Das wertlose Geld hat sich seine artifiziellen Werte gesucht. Der Staat hat also nicht bloß Falschgeld gedruckt, um seine Schulden loszuwerden. Er hat ein System in Gang gesetzt, bei dem Hinterlist, Manipulation und Betrug geradezu zwangsläufig folgen mussten. Der Staat war nicht bloß Rechtsbrecher, sondern hat Teile der Gesellschaft ermuntert, es ihm gleichzutun.

Der Bayreuther Soziologe Michael Zöller schreibt: »Der Staat selbst betrieb Geldexpansion und ermunterte die Banken, weit über das Maß ihrer Einlagen und ihres Eigenkapitals hinaus ebenfalls Geld aus dem Nichts zu schaffen. So hat sich seit 1999 die umlaufende Dollarmenge nahezu verdoppelt und die der Euros hat sich noch stärker vermehrt. Die Regierung der Vereinigten Staaten nutzte die Banken Fannie Mae und Freddy Mac dazu, die Spuren politisch motivierter Darlehensvergabe aus ihren eigenen Büchern zu entfernen, erfand also das Instrument der Verbriefung, das auch von der deutschen Bundesregierung noch kürzlich gefördert wurde – der Staat als Vorbild in kreativer Buchhaltung.«[175]

Die von Zöller genannten Banken sind Hypothekenbanken, die im Zuge des Crashs verstaatlicht werden mussten. Sie haben die Steuerzahler 187 Milliarden Dollar gekostet. Für das Jahr 2013 meldete Fannie Mae einen Jahresgewinn von 84 Milliarden Dollar, was von den Medien als »großartiges Comeback« gefeiert wurde. Tatsächlich kommt dieser »Gewinn« daher, dass die Banken einen wesentlichen Teil der Verluste von der Steuer absetzen können. Damit hat der Steuerzahler auch das »großartige Comeback« finanziert. Ein weiterer Teil der Gewinne stammt aus den Entschädigungszahlungen, die die Fannie Mae von den privaten Banken erhielt. Die Deutsche Bank zahlte 1,9 Milliarden Dollar – ein Bruchteil dessen, was die Deutsche Bank mit den Schrottpapieren verdient hatte.[176] Wie viel von diesem »Gewinn« auf das geschenkte Geld der Zentralbanken zurückzuführen ist, müsste wegen der komplexen Bilanzen der Banken in einer eigenen Analyse untersucht werden.

Die »Innovationskraft« Alan Greenspans machte aus der US-Krise eine globale Krise. Weil das Geld in einer hyperglobalisierten Welt keine Grenzen mehr kennt, wurden im Zug der Subprime-Krise sogar die deutschen Steuerzahler geplündert, von denen die wenigsten je von der »Subprime-Krise« gehört hatten. Auch hier war es der Staat, der versagt hat: Die staatlichen Banken und Landesbanken waren jene, die am intensivsten an der erweiterten Geldschöpfung aus dem Nichts mitwirkten.

Eine der ersten Banken, die durch die US-Immobilienkrise zu Fall kamen, war die Deutsche Industriebank (IKB). Sie hatte sich förmlich um das Geschäft mit den giftigen Papieren gerissen – weil es Renditen versprach, die mit ordentlichen Geschäften nicht zu erzielen waren. Im Aufsichtsrat der IKB saß zu dem Zeitpunkt der spätere EZB-Banker Jörg Asmussen.[177] In Wall-Street-Kreisen hielt man sich den Bauch vor Lachen über die »Narren aus Düsseldorf«, die gar nicht genug von den toxischen Papieren bekommen konnten.[178]

Die Landesbank von Nordrhein-Westfalen, die WestLB, musste ebenfalls abgewickelt werden. Die giftigen Papiere sind jedoch nicht verschwunden: Sie lagern in einer sogenannten Bad Bank, der Ersten Abwicklungsanstalt (EAA). Weiterer Sondermüll ist bei der Nachfolgebank der WestLB, der Portigon, untergebracht. Hier schlummern 1,5 Billionen Euro an fragwürdigen Papieren, die entweder mit Verlust verkauft werden können oder aber vom Steuerzahler zu bezahlen sind.[179]

Die BayernLB musste 2008 vom Freistaat Bayern und vom Bund wegen der massiven Verluste aus Spekulationen gerettet werden. Die Rettung der Bank kostete den bayerischen Steuerzahler mindestens 3 Milliarden Euro.[180] Der Bund gab Garantien in Höhe von 15 Milliarden Euro ab. In Bayern hat sich der Staat besonders massiv in das Bankwesen eingemischt: Im Jahr 2007 kaufte die Bayern LB für 1,2 Milliarden Euro die Staatsbank Hypo Group Alpe Adria (HGAA) vom österreichischen Bundesland Kärnten. Die bayrischen Politiker träumten nämlich von einem »Global Player« an der Isar. Nur kurze Zeit später entdeckten die Bayern bei der HGAA ein Loch von 1,5 Milliarden Euro. Eilig verkaufte Bayern die Bank für einen Euro an die Republik Österreich. BayernLB-Chef Werner Schmidt musste zurücktreten – und wurde Berater für die HGAA.[181] Bankvorstand Michael Kemmer musste ebenfalls zurücktreten. Er wurde Hauptgeschäftsführer des Bundesverbands deutscher Banken e. V. und macht nun die Lobbyarbeit für die deutschen Banken in Berlin und Brüssel.[182] Der damalige bayerische Finanzminister Kurt Faltlhauser, zuständig für die Aufsicht der staatlichen Bank, wies jede Mitwirkung an dem Skandal weit von sich – er habe den kompetenten Managern der Bank vertraut.[183]

Bei der HGAA stellt sich 2014 heraus, dass die »Notverstaatlichung« die österreichischen Steuerzahler bis zu 19 Milliarden Euro kosten könnte. Der österreichische Bundespräsident Heinz Fischer sprach von einer »budgetpolitischen Katastrophe«.[184] Der österreichische Bundeskanzler Werner Faymann, unter dessen Regentschaft die verseuchte HGAA aus Bayern zurückgeholt wurde, erinnerte an die Pleite der Creditanstalt, die 1931 den Crash in Europa ausgelöst hatte.[185]

Die HSH Nordbank musste 2008 insgesamt 1,1 Milliarden Euro abschreiben und geriet wegen undurchsichtiger Geschäfte an den Rand des Zusammenbruchs.[186] Ihr ehemaliger Vorstandschef musste sich 2013 vor Gericht verantworten. Über sein Statement zu Beginn des Prozesses berichtete der NDR: »Vor dem Hamburger Landgericht hat der Ex-Chef der HSH Nordbank, Dirk Jens Nonnenmacher, sein Schweigen gebrochen und der Staatsanwaltschaft schwere Vorwürfe gemacht. Die Behörde hätte sich ihm gegenüber voreingenommen verhalten, sagte der Angeklagte am Montag. ›Die Staatsanwaltschaft hätte Fragen vor der Erhebung der Anklage stellen können und müssen‹, erklärte Nonnenmacher. Sie habe ihn jedoch als Beschuldigten vor der Erhebung der Anklage zunächst gar nicht vernehmen wollen, sodass er über seinen Anwalt rechtliches Gehör habe einfordern müssen. Angesichts dieser Umstände wolle er Fragen der Staatsanwälte nicht beantworten, sagte der frühere Finanz- und Vorstandschef. Er sei lediglich bereit, Fragen des Gerichts zu beantworten.«[187]

Die SachsenLB kollabierte ebenfalls und wurde an die Landesbank Baden-Württemberg verkauft, nachdem der Freistaat Sachsen eine Landesbürgschaft von 2,75 Milliarden Euro übernommen hatte. Kosten für den sächsischen Steuerzahler bisher: eine halbe Milliarde Euro. Kurz vor dem Zusammenbruch berichtete der MDR über unglaubliche Zustände in der staatlichen Bank: »Noch vor der Pleite fällt die Führung der Bank spätestens seit dem Jahr 2004 durch zahlreiche Skandale auf: Vorstandschef Michael Weiss least auf Kosten der Bank einen Mercedes 600 mit extra angebauter Anhängerkupplung, um seinem Wassersport-Hobby nachgehen zu können. Finanzminister Metz sieht sich daraufhin gezwungen, die Größe der Dienstwagen per Dekret zu beschränken. Zudem protegiert Weiss seine Lebensgefährtin, die rasch von einer einfachen Bankangestellten zur Personalchefin des Institutes aufsteigt. Ebenfalls 2004 tauchen Vorwürfe aus der Belegschaft auf, die Bankführung habe einen Privatdetektiv beschäftigt, um Mitarbeiter zu bespitzeln.«[188]

Wie der Staat mauert, wenn er bei der Plünderung ertappt wird, belegt eine kurze Meldung im MDR aus dem Februar 2014: »Während es wohl keine weiteren zivilrechtlichen Prozesse in Sachen SachsenLB geben wird, will die Staatsanwaltschaft Leipzig die Ex-Vorstände zumindest strafrechtlich belangen. Das Leipziger Landgericht lehnt aber eine Verfahrenseröffnung ab, weil es die Vorwürfe als nicht hinreichend belegt ansieht. Die Anklagebehörde reicht daraufhin im Januar Beschwerde beim Oberlandesgericht ein, allerdings mit einem nicht persönlich unterzeichneten Schreiben. Wegen dieses Formfehlers könnte die Beinahepleite der SachsenLB für drei beschuldigte Ex-Vorstände auch strafrechtlich ohne Folgen bleiben.«[189] Unabhängige Gutachter berichten, dass eine schonungslose Analyse der Risiken, welche in den gefallenen oder maroden Landesbanken heute noch liegen, weder von den Ländern noch von der Bundesregierung finanziert wird. Auch über die tatsächlichen Risiken der Bad Bank FMS Wertmanagement, die der Steuerzahler nach dem Milliarden-Debakel bei der Hypo Real Estate (HRE) zu schlucken hatte, verfügt die Öffentlichkeit kaum über belastbare Zahlen. An Studien über die Lage bei den Landesbanken und den Bad Banks habe in Deutschland bisher niemand Interesse gezeigt.[190]

Wer in der Aufzählung die Landesbank Berlins vermisst, kann beruhigt sein: Die Berliner Landesbank hatte ihre große Stunde bereits 2001. Der Regierende Bürgermeister Eberhard Diepgen musste wegen des »größten Wirtschaftsskandals in der Geschichte der Bundesrepublik zurücktreten.[191] Der genaue Schaden ist bis heute unklar.[192] Der politische Skandal lag in einer beispiellosen Mischung aus Korruption, Erpressung, Diebstahl, Luxusvillen, Amtsmissbrauch und Kontrollversagen. Ein Informant, der mit dem Untersuchungsausschuss des Abgeordnetenhauses zusammenarbeitete, wurde im Grunewald ermordet.

Die Geschäfte, die die Berliner Landesbank machte, und die zu ihrem Kollaps führten, waren im Immobilienbereich angesiedelt. Durch die künstlich niedrigen Zinsen hat auch Berlin in den vergangenen Jahren einen Immobilienboom erlebt. Dadurch könnten die kurzfristigen Verluste zumindest auf dem Papier geringer sein als befürchtet. Das Abgeordnetenhaus hatte eine Garantie über 21,5 Milliarden Euro abgegeben. Daher begrüßen alle Berliner Politiker eine mögliche Immobilienblase – weil sich der Staat auf diesem über Zinsmanipulationen erreichten Weg seiner Schulden aus der Vergangenheit entledigen kann. Für die Berliner Sparer dagegen bedeuten die niedrigen realen Zinsen Verluste. Berlin ist ein klassisches Beispiel, wie die Plünderung abläuft: Der Staat deckt seine Verluste mit Falschgeld, die Bürger müssen mit realen Verlusten bezahlen.

Der für den Skandal verantwortliche Bürgermeister Eberhard Diepgen wurde von seinem Nachfolger Klaus Wowereit im Jahr 2007 mit dem Verdienstorden des Landes Berlin ausgezeichnet. Eine Initiative gegen diese Auszeichnung schrieb in einem höhnischen Brief an Diepgen: »Ihr krönendes Metropolen-Meisterstück war die Schaffung einer Bankgesellschaft, die – natürlich – Global Player sein sollte. Hier bewiesen Sie wieder einmal Mut und Zuversicht. Denn niemand außer Ihnen und Ihren Freunden hätte geglaubt, mit Plattenbauten, Bauruinen und leer stehenden Einkaufszentren einen weltweit agierenden schlagkräftigen Bankenkonzern etablieren zu können ... Noch in ferner Zukunft werden die Berliner von den Früchten Ihrer Regentschaft zehren. Wer außer Ihnen wäre in der Lage gewesen, in zehn Jahren – von 1991 bis 2001 – Berlins Schulden von zehn Milliarden Euro auf 42 Milliarden Euro mehr als zu vervierfachen, obwohl in der gleichen Zeit die wichtigsten Berliner Betriebe (GASAG, BEWAG, Wasserbetriebe) ganz oder teilweise verkauft wurden? Im Namen Berlins wollen wir uns für Ihre Lebensleistung, für Ihre Verdienste um Filz, Korruption und Größenwahn bedanken.«[193]

Wowereit ließ sich von der Kritik nicht beirren und würdigte einige Jahre später aus Anlass von Diepgens 70. Geburtstag im November 2011 dessen unermüdliches Engagement für die Stadt:»Zuletzt hat Eberhard Diepgen begonnen, sich intensiv für die künftige Entwicklung von Zoo und Tierpark einzusetzen und den Vorsitz des Stiftungsrats der Stiftung Zoologischer Garten Berlin übernommen. Das ist ein gutes Beispiel für bürgerschaftliches Engagement, das die Unterstützung nicht nur der tierbegeisterten Berlinerinnen und Berliner verdient. Ich bin sicher, dass ihm jeder Appell, seine Arbeit für Zoo und Tierpark zu unterstützen, nicht nur zum Geburtstag große Freude macht.«[194]

Die Regierungen sind sich ihrer Sache sicher, wie das Berliner Beispiel zeigt: Die Plünderer wollen den Opfern einreden, dass die Plünderer, wenn sie den staatlich finanzierten Ruhestand erreicht haben, Vorbilder für »bürgerschaftliches Engagement« sind, auch wenn sie enormen Schaden angerichtet haben.

Doch nicht nur die Landesbanken, auch zahlreiche öffentliche Einrichtungen hatten sich verspekuliert.

Die österreichische Stadt Linz verlor 510 Millionen Euro, weil sie mitgezockt hatte.[195] Pforzheim, Hagen oder Mülheim taumelten wegen der giftigen Papiere in veritable Finanzkrisen.[196] Viele andere verbrannten sich die Finger – heute klagen sie gegen die Banken, die sie an den Kasino-Tisch gebeten hatten. In Berlin verkauften die städtischen Verkehrsbetriebe (BVG) die Wagen ihrer S-Bahn an JP Morgan und leaste sie zurück. Doch das geniale Finanzmodell ging nach hinten los. Ein Rechtsstreit zwischen der BVG und JPMorgan wurde außergerichtlich beigelegt. Welcher Schaden für den Berliner Steuerzahler entstanden ist, bleibt unbekannt: Die Einigung unterliegt strenger Geheimhaltung.[197] Die Banken sagen bei allen Streitfällen, den Kommunen müsse das Risiko bewusst gewesen sein. Die Politiker wiederum versuchen, die Schuld von sich zu weisen, indem sie sagen: Die Finanzgeschäfte, die ihnen von den Banken aufgeschwatzt wurden, seien zu komplex gewesen, um sie überhaupt zu verstehen.

Dann hätten sie allerdings das Geld der Steuerzahler gar nicht in die Spielhöllen tragen dürfen.[198] Alan Greenspan ist der Meinung, ein großes Werk vollbracht zu haben. Sein Selbstverständnis erinnert an den römischen Kaiser Nero, der fasziniert auf die von ihm in Brand gesteckte Stadt blickt. Das Magazin *Bilanz* schrieb: »Das aktive Eingreifen der Notenbank in den Konjunkturzyklus ist mit Greenspan wieder salonfähig geworden, trotz den negativen Erfahrungen in den inflationären siebziger Jahren. Der Fed-Chef glaubt sogar, mit seiner geldpolitischen Feinsteuerung eine neue Doktrin entwickelt zu haben, wie er dem Autor Bob Woodward anvertraut hat. Im Buch *Maestro* schreibt der Watergate-Journalist, der einen engen Kontakt zu Greenspan pflegt: ›Er verglich die Theorie ziemlich extravagant mit der Relativitätstheorie von Albert Einstein, die das Verständnis des Universums, des Lichts, der Materie und der Energie revolutionierte.‹ Der Chairman sei fasziniert von der Idee, Einsteins Arbeit als Modell für seine eigenen Entdeckungen zu nutzen, schreibt Woodward.«[199]

Greenspans Zeit der Superlative kam mit Präsident George W. Bush, der das brutale Eingreifen des Staates in das Wirtschaftsleben in schon fast »klassischem Stil« praktizierte. Mit dem Irakkrieg und der »Lösung« der Subprime-Krise durch noch mehr billiges Geld trieb Bush die amerikanische Staatsverschuldung von 6 Billionen auf 11,3 Billionen Dollar. Sein Nachfolger Barack Obama setzte den Kurs fort – die Schuldenobergrenze für den US-Haushalt wurde im Februar 2014 auf 17,2 Billionen Dollar festgesetzt. Damit sind die Staatsschulden dreimal so hoch wie im Jahr 2000. Über die sozialen Zustände in den USA – dramatische Armut, Billigjobs und Rekordabhängigkeit von Essensmarken – haben wir weiter oben berichtet.

Alan Greenspan hat bewiesen, wohin es führt, wenn der Staat sich sein Geld selbst drucken kann. Die Ozeane aus Papiergeld und die Kredite aus heißer Luft führen in einem Maß zur Plünderung der Welt, wie diese klassische Kriege kaum vollbringen könnten. Skrupellose Regierungen plündern dabei nicht nur die überfallenen Länder, sondern auch die eigenen Bürger. Bill Bonner schreibt über Bush und Greenspan: »Was diese beiden Männer erreicht haben, ist vermutlich die größte Leistung der menschlichen Geschichte. Sie übernahmen das reichste und mächtigste Land, das die Welt je gesehen hat, und haben es in nur fünf Jahren praktisch ruiniert.«[200]

Doch die Plünderung ist noch lange nicht vorbei.

Die Macht der Staaten und Zentralbanken hat sich nämlich in den vergangenen Jahrzehnten unmerklich gewaltig vergrößert. Die Globalisierung ist ihr stärkster Verbündeter. Staaten und Zentralbanken haben machtvolle Organisationen geschaffen, um die weltweite Geldschöpfung aus dem Nichts zu forcieren und Vorkehrungen zu schaffen, um Zwangsmaßnahmen am Ende des Schuldenzyklus weltweit durchzusetzen. Mit dem Internationalen Währungsfonds, der Weltbank, der Bank für Internationalen Zahlungsausgleich und den Zentralbanken verfügen die Staaten über eine Armada, um die Schuldenkrise zu ihrem Vorteil zu wenden. Diese Organisationen haben über die Welt ein offizielles System gelegt, das der Vorbereitung der umfassenden Plünderung dienen soll: Die Schuldendroge wird von ihnen im großen Stil über den Erdball verteilt. Die mächtigen Organisationen sind bekannt und doch anonym. Ihre Gesetze sind öffentlich und doch von keinem Parlament beschlossen. Ihre Urteile werden vollstreckt, doch es gibt keinen Rechtsweg.

Wir wollen im Folgenden untersuchen, wie die Vermehrung des Reichtums der 0,123 Prozent vonstatten geht. Wir wollen sehen, wie die Staaten vordergründig Teile ihrer Souveränität abgeben – um aber tatsächlich die Plünderung der Welt möglichst unbehelligt durchführen können.

Wir nähern uns jenen »Geschöpfen«, die die Staaten erfunden haben, um ihren Zwang weltweit ausüben zu können.

Diese Geschöpfe kennen keine Freiheit.

Sie kennen keine Kreativität.

Sie dulden keinen Widerspruch.

Ihre Aufgabe ist die Plünderung der Welt.

KAPITEL 7: IM HERZEN DER GLOBALEN MASCHINE

Die mächtigen Institutionen der Finanzindustrie legen großen Wert auf Diskretion. Nur selten dringen Interna nach außen. Umso hellhöriger reagiert die Öffentlichkeit, wenn Insider auspacken, die in der Hierarchie ganz oben gedient haben.

Joseph Stiglitz hatte als Finanzberater von US-Präsident Bill Clinton gearbeitet. Danach ging er zur Weltbank und wurde die rechte Hand von Weltbank-Präsident James Wolfensohn.

Stiglitz hat im Herzen der globalen Schuldenmaschine gearbeitet. Er kennt jeden und hatte bei allen wichtigen Entscheidungen Einblick in die Hintergründe. Er war ein Leistungsträger im elitären Finanzsystem. Er konnte beobachten, wie die Maschine arbeitet. Er saß an den Hebeln der Macht.

Doch eines Tages platzte ihm der Kragen. Er verließ die Weltbank im Streit.

Wir wissen nicht warum, vielleicht waren es interne Eifersüchteleien.

Stiglitz packte aus.

Was er zu sagen hatte, ist schockierend.

Wenige Wochen vor der jährlichen gemeinsamen Frühjahrstagung von IWF und Weltbank im Jahr 2000 ergriff Stiglitz völlig überraschend Partei für die Demonstranten, die Ende der 1990er-Jahre dafür gesorgt hatten, dass es bei jedem internationalen Wirtschaftsgipfel zu Straßenschlachten mit der Polizei gekommen war. In der Öffentlichkeit galten die Globalisierungsgegner als gefährliche Anarchisten und Chaoten.[201] Der IWF fürchtete nach den

Ausschreitungen bei der WTO-Konferenz in Seattle eine Eskalation während seiner Tagung in Washington.[202]

Stiglitz schrieb unter dem Titel *Der Insider* einen leidenschaftlichen Artikel für die *New Republic*, in dem er sich die Argumente der Globalisierungsgegner zu eigen machte. Der IWF höhle die Demokratie in jenen Staaten aus, die sich auf eine Zusammenarbeit mit dem IWF einlassen. Der IWF diktiere die Bedingungen bei der Kreditvergabe und ignoriere die Probleme der Bürger in den Ländern. Die Fachleute des IWF hätten in der Regel keine Ahnung von den Ländern, für die sie »Hilfsprogramme« vergeben. Die Organisation sei arrogant und immun gegen Kritik. Sie sei nichts anderes als ein politisches Vehikel der US-Außenpolitik (die USA haben quasi ein Veto-Recht im IWF).[203]

Stiglitz' Beobachtungen werfen ein schlechtes Licht auf alle Organisationen, die die Staaten geschaffen haben, um ihre Schuldenpolitik und daraus resultierende Zwangsmaßnahmen weltweit praktizieren zu können. Wenn sich die Staaten zusammentun, um gemeinsam die Weltwirtschaft zu lenken, sind die Folgen unabsehbar. Der IWF und die Weltbank wurden 1944 auf der Konferenz von Bretton Woods gegründet. Die Regierungen der Welt wollten mit beiden Organisationen die Weltwirtschaft nach dem Zweiten Weltkrieg neu ordnen.

Der damalige US-Finanzminister Henry Morgenthau, dessen Vize Harry White den Masterplan gemeinsam mit dem britischen Starökonomen John Maynard Keynes entwerfen sollte, beschrieb als Vision der neuen Weltordnung die »Schaffung einer dynamischen Weltwirtschaft, in der die Völker jeder Nation fähig sein werden, ihre Entwicklungsmöglichkeiten in Frieden zu verwirklichen ... und zunehmend in den Genuss der Früchte des materiellen Fortschritts zu kommen, auf einer Erde, die mit grenzenlosen natürlichen Reichtümern gesegnet ist. Dies ist der unverzichtbare Eckpfeiler von Freiheit und Sicherheit. Darauf muss alles andere fußen, denn die Freiheit der Möglichkeiten ist die Grundlage aller anderen Freiheiten«.[204]

Morgenthau schärfte den 700 Regierungsvertretern der Konferenz, die aus aller Welt in das mondäne Mount Washington Hotel in einem Nationalpark in New Hamphire gekommen waren, ein, sie sollten sich stets bewusst sein, »dass es für Wohlstand keine festen Grenzen gibt«. Morgenthau sah die neue Ordnung der Weltwirtschaft als direkte Folge des Krieges der Alliierten gegen den Nationalsozialismus: »Die Möglichkeiten, die vor uns liegen, werden mit Blut erkauft. Lasst sie uns angehen in gegenseitigem Vertrauen, mit Vertrauen in unsere gemeinsame Zukunft in einer Freiheit, für die diese Männer (die Alliierten, die unmittelbar vor ihrem Sieg gegen Hitler standen, Anmerkung des Autors) gekämpft haben.«[205]

Nach nur drei Wochen intensiver Arbeit fand am 22. Juli 1944 die abschließende Vollversammlung statt. Morgenthau war sichtlich zufrieden, denn die Konferenz hatte in der Tat die Weichen für die kommenden Jahrzehnte gestellt. Morgenthau sagte: »Wir haben hier eine Maschinerie erdacht, mit deren Hilfe Männer und Frauen überall frei und auf einer fairen und stabilen Basis die Güter, die sie durch ihre Arbeit schaffen, austauschen können. Und wir haben die ersten Schritte getan, damit die Völker der Welt in die Lage versetzt werden, einander zum gegenseitigen Vorteil und zugunsten der Bereicherung aller in der ökonomischen Entwicklung zu helfen.«[206] Zu diesem Zweck gründete die Versammlung von Bretton Woods jene Institutionen, die bis heute als eine Art »Weltwirtschaftsregierung« fungieren: den IWF, zuständig für den »fairen und stabilen« Austausch der Güter, und die Weltbank, zuständig für die »ökonomische Entwicklung«.

Die ehemalige Justiziarin der Weltbank, Karen Hudes, erklärt das Zusammenwirken: »Die Weltbank und der Internationale Währungsfonds teilen denselben Gouverneursrat aus 188 Mitgliedstaaten. Der ursprüngliche Zweck der Weltbank bestand darin, den Wiederaufbau des kriegszerstörten Europas zu finanzieren. Nachdem dies erreicht war, wurde die Weltbank der primäre Geldgeber für Entwicklungsprojekte. Der Zweck des Internationalen Währungsfonds (IWF) bestand darin, den Zugang zu den internationalen Währungsreserven innerhalb des Systems der Nennbeträge (gesetzter Goldwert der Währung jedes Mitglieds), den Umtausch der Währungen der Mitglieder und feste und variable Wechselkurse bereitzustellen.«[207]

Die Idee von Bretton Woods war so bestechend wie falsch. Die Staaten wollten aus der Kriegserfahrung heraus vermeiden, dass es zu neuen Weltkriegen kommt. Die Realität zeigte jedoch: Der Staat kann die Wirtschaft im Grunde nur beeinflussen, wenn er Geld druckt. Die reale Wirtschaft ist, wie Hayek gezeigt hatte, zu kompliziert für die Politik. Mit dem Gelddrucken bringt der Staat die Gesellschaft aus der Balance. Das von den Staaten in Umlauf gebrachte Falschgeld ist eine Flut an uneinlösbaren Versprechen. Sie führen zu Chaos und Zerstörung.[208]

Der Insider Stiglitz kommt in seiner Anklage gegen den IWF zum selben Ergebnis wie Bruce Rich in seinem Buch *Die Verpfändung der Erde*, in dem der Ökonom die Weltbank mit derselben Schärfe kritisiert wie Stiglitz es mit dem IWF getan hatte.

Beide Institutionen haben sich nämlich zu rein bürokratischen Kredit-Erzeugungsmaschinen entwickelt. Der grundlegende Denkfehler war bereits Morgenthau unterlaufen: Dessen Einschätzung, dass die Erde über »unbegrenzte Ressourcen« verfüge, war, wie wir heute wissen, ein kapitaler Irrtum. Im Jahr 1944 hatten die Regierungen mit dem Krieg gegen Nazi-Deutschland einen anderen Fokus. Danach dominierten der Kalte Krieg und das nach Hiroshima allgegenwärtige Trauma der atomaren Selbstzerstörung der Menschheit die Weltpolitik.

Auf das Dilemma der begrenzten Ressourcen haben in den 1980er-Jahren die ersten Globalisierungskritiker hingewiesen, wie etwa der britische Ökonom Ernst Friedrich Schumacher, der 1973 in seinem Buch *Small is beautiful* erklärte, dass die Enttäuschung aller Hoffnungen auf eine gerechtere Welt auf die irrige Haltung des »westlichen Menschen« zurückzuführen sei, er müsse die Welt beherrschen:[209] »Der moderne Mensch erfährt sich selbst nicht als Teil der Natur, sondern als von außen kommende Kraft, die dazu bestimmt ist, die Natur zu beherrschen und zu überwinden. Er spricht sogar von einem Kampf gegen die Natur und vergisst dabei, dass er auf der Seite der Verlierer wäre, wenn er den Kampf gewönne.«[210]

Der Chemiker Ugo Bardi schreibt, dass dieser Kampf bereits fast verloren ist, weil wir »den Planeten bis an die äußerste Grenze seiner Belastbarkeit geplündert« haben. Der Menschheit werde am Ende nichts bleiben, »als die Asche eines gigantischen Feuers«.[211]

Die Verkennung der Einheit von Mensch und Natur ist auch der Grundfehler in einer Politik des künstlichen Geldes. Der Glaube an das »ewige Wachstum« nährt in der Gesellschaft die Illusion, man könne immer aufs Neue aus den Schulden herauswachsen. Doch obwohl sich die meisten Wachstumsprognosen im Nachhinein als falsch erwiesen haben, wagt kaum einer die entscheidenden Fragen: Müssen wir ewig weiter wachsen? Was geschieht, wenn die Ressourcen zu Ende gehen? Können wir auf das Bevölkerungswachstum nicht intelligenter reagieren, als mit der immer schnelleren und immer brutaleren Ausbeutung aller Ressourcen? Beruht die Plünderung der Welt gar auf der Erkenntnis, dass das exponentielle Wachstum der Bevölkerung mit ein paar Prozent Wirtschaftswachstum nicht mehr auszugleichen ist? Sind wir nicht längst mitten in einem Verteilungskampf – mit Endspiel-Charakter?

Erinnern wir uns an den Teufel in *Faust II*. Dieser triumphiert, weil der Sieg des Faust über die Natur seine eigentliche Niederlage ist: Ist die Erde als Lebensraum des Menschen zerstört, ist auch die Menschheit an ihrem Ende angelangt.

Der Ursprung der Zerstörung, die Faust anrichtet, ist der Schulden-Wahnsinn des Staats (der Kaiser). Der Staat (Kaiser) überträgt Faust (Regierungschef) und seinem Zentralbanker (Mephisto) die zwei wichtigsten Monopole: das Geldmonopol und das Gewaltmonopol. Werden diese beiden global eingesetzt, scheitert die Menschheit. Das ist der Kern der Lehre, die der Finanzfachmann Goethe überliefert hat.

IWF und Weltbank sind Institutionen, die ihre Berechtigung nicht aus besonders wertvollen Produkten oder besonders wichtigen hoheitlichen Aufgaben (Justiz, Polizei, Steuerverwaltung) erfahren. Sie sind nichts anderes als die größten staatlichen Schattenbanken der Welt. Amerikaner und Briten haben sie in der von Morgenthau ausgesprochenen Absicht errichtet: Die Staaten wollen – mit Zwang – über den Wohlstand der Erde bestimmen. Dieses Ansinnen führt zwangsläufig zu einer Umverteilung und damit wegen der beschriebenen Netzwerk-Effekte zu großen Ungerechtigkeiten.

Das Entstehen von grünen und alternativen Parteien in den meisten westlichen Demokratien war die logische Konsequenz auf die Erkenntnis der begrenzten Ressourcen. Doch ist es den Grünen nicht gelungen, ihre guten Gründungsideen über Jahrzehnte durchzuhalten. Die einstigen APOs, Anarchos und Turnschuh-Abgeordneten sind systemtreu bis zur Selbstverleugnung geworden.[212] Das Schicksal aller idealistischen Bewegungen hat sie ereilt. Auch Marx und Engels hatten als Endpunkt ihrer Vision ganz gewiss nicht Erich und Margot Honecker vor Augen, die, in Pankow in der milden Abendsonne vor der volkseigenen Luxusvilla sitzend, darüber nachdenken, ob man gegen die zu Hunderttausenden am Alexanderplatz versammelten Arbeiter nun die Panzer schicken soll oder ob es neue Anweisungen aus Moskau gibt. Genauso wenig haben Morgenthau und Keynes vermutlich daran gedacht, dass eines Tages eine elegante weißhaarige Dame im Chanelkostüm, First Class oder im Regierungsjet, in die Länder Afrikas reisen wird, um die Staatschefs zur Mitwirkung an der Plünderung der Welt zu nötigen. Nur wenige widerstehen dem Werben von IWF-Chefin Christine Lagarde und werden in der Folge mit immer neuen Krediten beglückt.

In seinem aufsehenerregenden Buch *Bekenntnisse eines Economic Hit Man* berichtet der ehemalige Berater der Weltbank, John Perkins, dass es sein Job gewesen sei, in Entwicklungsländer zu reisen, um die jeweiligen Regierungen zu erpressen.[213] Sie sollten sich den Kreditprogrammen der internationalen Organisationen unterwerfen. Er bot den Regierungschefs Schmiergelder an, um sie zur Verschiebung der Volksvermögen an die Finanz-Eliten zu bewegen. Er berichtet in seinem Buch, dass Staatschefs, die sich seinen Erpressungsversuchen nicht beugten, kurze Zeit später bei rätselhaften Flugzeugabstürzen ums Leben kamen. Perkins reiste später nach Ecuador, um sich für seine Mitwirkung an den kriminellen Handlungen zu entschuldigen.

Perkins spricht von der »Korporatokratie« als einer homogenen Gruppe. Die Profiteure der Plünderung sehen, angestiftet von den Staaten, nicht mehr das Gemeinwohl, die Vielfalt der Welt, die Freiheit und Selbstbestimmung der Völker. Sie müssen die wertlosen Versprechen (Schulden) mit neuen wertlosen Versprechen jenen aufzwingen, die über Rohstoffe, Ressourcen oder Land als Sicherheiten verfügen.

Perkins schreibt: »Die Korporatokratie ist keine Verschwörung, doch ihre Mitglieder haben gemeinsame Werte und Ziele. Eine der wichtigsten Funktionen der Korporatokratie ist es, sich zu erhalten, kontinuierlich zu erweitern und das System zu stärken. Das Leben derjenigen, die ›es geschafft haben‹, und ihre Errungenschaften – die Villen, Jachten und Privatflugzeuge – werden uns allen als verlockende Beispiele des Wohllebens vorgehalten, damit wir konsumieren, konsumieren und konsumieren. Bei jeder Gelegenheit wird uns eingebläut, dass Einkaufen oberste Bürgerpflicht ist. Der Raubbau an der Erde ist gut für die Wirtschaft und dient dabei höheren Interessen.«[214] Die Maschine, einmal in Gang gesetzt, wird zum Motor der Weltgeschichte.

Eine Maschine aber, in deren Tank das Benzin der globalen monopolistischen Geldschöpfung gurgelt und deren Schmieröl das staatliche Gewaltmonopol ist, kann nicht gestoppt werden, indem man sagt: Wir haben es uns anders überlegt. Die Maschine treibt die Menschheit unerbittlich an, mit einer von der Wirklichkeit unbeeindruckten Präzision, die die Menschheit zielsicher an den Abgrund steuert.

Der Ökonom Ernst Friedrich Schumacher sah diese Gefahr, hoffte jedoch, dass sich der gesunde Menschenverstand durchsetzen werde. Um die Verteilung der Ressourcen gerecht und fair zu bewerkstelligen, »müssen wir ein so perfektes politisches System entwerfen, dass menschliche Schwächen verschwinden und sich jeder wohlverhält, ganz gleich, wie viel Schwächen es in ihm oder ihr gibt«.[215]

Ein solches System gibt es nicht.

Jede Gesellschaftsform, die den Anspruch erhebt, ein »perfektes politisches System« zu sein, ist totalitär. Die Plünderung der Welt kann nicht gestoppt werden, indem man das »Wohlverhalten« bestimmter Gruppen erzwingt. Die Macht der internationalen Organisationen muss gebrochen werden, die Schulden-Tyrannei muss ein Ende finden. Die Profiteure werden nicht freiwillig aufgeben.

Eine Gruppe von NGOs schrieb 1997 einen Brief an den damaligen Weltbank-Chef James Wolfensohn, der gerade Indien besuchte. Er wollte sich von den »Erfolgen« der Weltbankkredite für das gespaltene Land ein Bild machen. Was er zu lesen bekam, war niederschmetternd: »Unterm Strich haben sich die Folgen der Bankpolitik zerstörerisch auf die Umwelt ausgewirkt, sie hat enorme soziale Spannung, wachsende Vertreibung und einen Nettotransfer von Ressourcen von den Armen und den Stammesvölkern zugunsten sowohl der nationalen als auch der internationalen Eliten bewirkt.«[216] Im Jahr 2001 präzisierte Joseph Stiglitz in einem Interview mit dem *Guardian* seine Kritik am IWF. Er sagte, dass die Ungerechtigkeit bei der Verteilung des Wohlstands kein Zufall sei, sondern Teil eines nüchternen Plans der Bürokraten des IWF, der Weltbank, der Welthandelsorganisation (WTO) und all den anderen staatlich beherrschten und in der Regel von der US-Regierung dominierten Organisationen. All jene, die man zu den globalen Finanz-Eliten zählen kann, würden an der Plünderung der Welt mitwirken: Wall Street, Banken, Hedgefonds, die großen Unternehmensberater, internationale Anwaltskanzleien, Wirtschaftsprüfer. Das Hauptprodukt, das dieser Superstaat und seine Helfer auf dem Weltmarkt vertreiben, seien Schulden.[217]

Stiglitz spricht von mehreren Stufen, nach denen der IWF den Plan für eine neue Wirtschaftsordnung umsetzt.

Das wichtigste Ziel für den IWF sind weltweite Privatisierungen. Eine von der US-Regierung beherrschte Organisation dringt in andere Staaten ein und ermuntert die lokalen Regierungen zur Plünderung ihrer eigenen Völker. Stiglitz behauptet, die Amerikaner hätten die gnadenlose Ausbeutung des russischen Volkes durch die mit der Wall Street verbundenen Oligarchen zur Zeit des Präsidenten Boris Jelzin bewusst unterstützt.

Als zweite Stufe betreibt der IWF die Liberalisierung der Finanzmärkte. Das von den Zentralbanken in Umlauf gebrachte Falschgeld soll auf der Erde verteilt werden. »Gutes« Geld, also Geld, hinter dem echte Werte (Sicherheiten) stehen, fließt aus den Staaten heraus auf die Konten der 0,123 Prozent, schlechtes Geld (Schulden) zerstört das Land. Dies könne man laut Stiglitz an allen Aktivitäten des IWF belegen. Ganz besonders seien auf diese Weise Brasilien und Indonesien geplündert worden.

Stufe drei der IWF-Strategie ist die Einführung von »marktgerechten Preisen«. Dieses Ansinnen ist nichts anderes als eine globale Planwirtschaft. Preise entstehen am Markt durch Angebot und Nachfrage. Der IWF aber ist eine Allianz von Regierungen. Selbst wenn das Anliegen, dass es »marktgerechte Preise« geben müsse, ehrlich gemeint ist: Es ist ein Widerspruch in sich, mit einer überstaatlichen Organisation marktgerechte Preise in freien Staaten erzwingen zu wollen. Tatsächlich habe, so Stiglitz, jeder IWF-Einsatz dazu geführt, dass die Preise für Nahrungsmittel, Wasser und Heizgas explodierten.

Die internationalen Organisationen schrecken auch nicht vor Gewalt und sozialen Unruhen zurück. Stiglitz spricht von den »IWF-Unruhen«. »Wenn ein Land am Boden liegt, presst der IWF das letzte Blut aus ihm heraus. Sie drehen die Hitze so lange auf, bis das Ganze explodiert.« Stiglitz nennt

Indonesien, Bolivien und Ecuador als Beispiele, wo es zu schweren soziale Unruhen gekommen ist. Die US-Sendung *Newsnight* hat ein Papier der
Weltbank präsentiert, in dem genau diese Unruhen vom IWF für Ecuador
vorhergesagt wurden –»mit kalter Präzision«, wie *Newsnight* anmerkte.[218]

Der Grund für dieses Verhalten: Soziale Unruhen drücken die Preise für
Unternehmen und andere Assets in den betreffenden Ländern. Sie können
zu niedrigeren Preisen privatisiert werden. Die Enteignung der Völker wird
so zu einem hochprofitablen Geschäft für die multinationalen Konzerne.

0,123 Prozent der Reichsten der Welt profitieren von jedem Akt im Drama
der Plünderung der Welt.

Die Inkaufnahme von sozialen Unruhen zeigt, dass es sich bei den Operati-
onen von IWF und Weltbank eben nicht um »Entwicklungshilfe« handelt,
sondern um übernational organisierten staatlichen Zwang: Von Gewalt profitiert meist der, der das Gewaltmonopol innehat. Wir werden später noch
hören, was Bundesfinanzminister Wolfgang Schäuble zu diesem Thema zu
sagen hat. Er kokettiert ganz offen mit der Krise als Chance, politische Veränderungen zu erzwingen. Die freie Wirtschaft dagegen hasst nichts mehr
als Krieg und Unsicherheit. In solchen Zeiten prosperiert nur die Rüstungs-
industrie. Für alle anderen Unternehmen sind Krieg und Unfrieden ein Alb-
traum. Der Staat dagegen kann, wenn die Bevölkerung aufmuckt, Aufstände
niederschlagen und seinen Zwang mit der Erhaltung der öffentlichen Ordnung begründen. Wenn sich Staaten zu internationalen Organisationen zu-
sammenschließen, können sie global agieren – und Regime in Staaten austauschen. In der Ukraine konnte man Anfang 2014 beobachten, wie massiv
die USA, die EU und Russland sich in die inneren Angelegenheiten eines
unabhängigen Staates eingemischt haben. Das Selbstbestimmungsrecht der
Völker wird für supranationale Herrschaftsinteressen geopfert. Die »Rettung« der Ukraine wird demselben Drehbuch folgen wie ihre Zerstörung.
Man wird künstliches Geld in Form von »Hilfskrediten« in das Land pumpen. Die Interessen der Russen werden dabei ebenso berücksichtigt wie je-

ne der Amerikaner (die EU darf vermitteln und zahlen) und die Ukraine wird langfristig geplündert. Investmentbanken und globale Konzerne werden den »Wiederaufbau« unterstützen – ungeachtet der massiven Korruption, der verfallenen Strukturen und all der anderen ungelösten Probleme. Die vielen Unwägbarkeiten würden jedes Unternehmen, das für seine eigene Solidität verantwortlich ist, davon abhalten, sich auf ein Ukraine-Abenteuer einzulassen. Doch mit dem künstlichen Geld, das die Staaten von den Zentralbanken drucken lassen, gibt es scheinbar kein Risiko mehr. Selbst eine Ruine in der Ukraine ist mehr wert als das Papier der Zentralbanken, das aus dem Nichts erschaffen wurde.

Die konzertierte, internationale Zwangs-Herrschaft durch die Staatengemeinschaft ist das perfekte System für die Plünderung der Welt. Mit dem Geldmonopol schafft der Superstaat die Schuldscheine, die er den Völkern aufzwingt. Mit dem Gewaltmonopol schlägt er jene nieder, die aufmucken, wenn sie sich nicht unter das System unterwerfen wollen.

Die Zwangs-Herrschaft ist zum globalen Monopol geworden.

Die freie Welt verwandelt sich in ein Gefängnis.

Die vierte und letzte Stufe des großen IWF-Plans ist schließlich der Freihandel. Stiglitz vergleicht die Errichtung von Freihandelszonen unter Aufsicht der WTO mit den Opiumkriegen im 19. Jahrhundert. Damals hatten Amerikaner und Europäer einen Kolonialkrieg begonnen, der dazu dienen sollte, den Freihandel zu fördern. In der Praxis sah das so aus: Lateinamerika, Asien und Afrika wurden mit Gewalt gezwungen, ihre Grenzen niederzureißen. Europäer und Amerikaner dachten nicht daran, ihre Märkte zu öffnen, sondern agierten weiterhin protektionistisch. Heute, so Stiglitz, brauche man keine militärischen Maßnahmen, heute gebe es ja Finanzblockaden: Man zwingt die Länder zum gewünschten Handeln, indem man ihnen den Kredithahn zudreht. So kann man die herrschenden Eliten kontrollieren, denn sie fürchten nichts mehr als den Machtverlust.

Es ist kein Zufall, dass genau an diesem Punkt Stiglitz' Beziehung zu Weltbank und IWF zerbrach. Er hatte eine Landreform vorgeschlagen, um die globalen Oligarchen zu beschneiden, die ihre Völker auch als Landbesitzer kontrollieren. Auf die Frage, warum der IWF diesem Vorschlag nicht gefolgt sei, sagte Stiglitz: »Wenn man die Eigentumsverhältnisse von landwirtschaftlichem Grundbesitz verändern will, würde die Elite ihre Macht verlieren. Das steht nicht ganz oben auf deren Agenda.«[219]

Stiglitz wurde die eigentliche Gretchenfrage zum Verhängnis. Sie lautet: Wie hältst Du es mit dem Eigentum? Wie wir etwas später bei Goethes Faust sehen werden, entscheidet sich an der Eigentumsfrage die Freiheit des Menschen. Denn der Staat hat die Mittel, die Freiheit des Einzelnen legal zu beschränken. Er kann Zahlungen erzwingen, Steuern erlassen, Einkommen pfänden, Sparguthaben plündern. Der Staat hat immer Geld, weil er es sich stets aufs Neue bei seinen Bürgern holen kann.

Diese Fähigkeit macht den Staat ja auch als Geschäftspartner so attraktiv und erklärt, warum so viele Unternehmen an der Plünderung der Welt begeistert mitwirken. Bei jedem normalen Geschäftspartner trägt ein Unternehmen immer ein gewisses Risiko: Kann mein Geschäftspartner pleitegehen? Wird er pünktlich zahlen? Ändert der CEO die Strategie? Solche Bedenken gibt es beim Staat nicht: Jeder, der mit dem Staat Geschäfte macht, weiß, dass der Staat zahlen wird. Er wird sich das Geld zur Bezahlung seiner Rechnungen bei Dritten (den Bürgern) holen. Der Staat kann auch nicht pleitegehen: Wenn, dann gehen seine Bürger pleite. Die Ausstellung von staatlichen Garantien und Haftungen war in der Finanzkrise die Einladung für alle Spekulanten, erst richtig ins »Risiko« zu gehen. Als in Österreich im Februar 2014 das 19-Milliarden-Euro-Debakel der Kärntner Staatsbank HGAA bekannt wurde, stellte sich heraus, dass das Land Kärnten und in Folge die Republik Österreich für die meisten Forderungen Garantien und Haftungen übernommen hatte. Für die Hedgefonds auf den Cayman Islands war diese Entscheidung der Gewinn des Jackpots. Die Steuerzahler in Österreich wurden von ihrer Regierung verkauft.

IWF und Weltbank sind die globalen Agenten einer staatlich organisierten Schuldenpolitik. Sie erkunden neue Territorien, bereiten die Expeditionen vor und organisieren die Beutezüge.

Für das Tagesgeschäft der Geldschöpfung aus dem Nichts sind die Zentralbanken zuständig. Die Zentralbank-Gouverneure sind die Verbindungsoffiziere zwischen den Regierungen, den internationalen Organisationen und den Banken. Jahrhundertelang hat die Weltwirtschaft ohne Zentralbanken funktioniert. Seit ihrer Einführung hat sich die Rolle der Zentralbanken stets verändert. Es gab unterschiedliche Konzepte: Die Zentralbanken der USA, Frankreichs und Italiens etwa gehören den privaten Banken. Die Deutsche Bundesbank dagegen war eine von der Bundesregierung und den Banken unabhängige Institution. Sie hatte ausschließlich die Aufgabe, eine Inflation zu verhindern. Selbst unter Zentralbankern wird über die Notwendigkeit von Zentralbanken diskutiert. Der vermutlich beste, weil am wenigsten manipulierende Zentralbanker der Fed, Paul Volcker, sagte 1990 in einer Rede vor Zentralbankfunktionären: »Wenn Sie behaupten, eine Zentralbank sei unentbehrlich für eine Marktwirtschaft, dann muss ich Sie auf Hongkong hinweisen, das als Muster freier Marktwirtschaft gilt und überhaupt keine Zentralbank hat, aber dennoch mit wirtschaftlichem Wachstum und Stabilität glänzt. Es gibt andere und effektivere Wege, die Inflation in den Griff zu bekommen, als eine Zentralbank.«[220]

Doch wie es dem Wesen von staatlichen Organisationen entspricht, haben die Zentralbanken neue Argumente für ihre Unverzichtbarkeit gefunden. Sie haben aller Welt erfolgreich eingeredet, dass Schulden ungefährlich sind, wenn es bloß einen »Kreditgeber der letzten Instanz« (»lender of last resort«) gibt. Dieser »letzte Kreditgeber« könne wirksam verhindern, dass das System zusammenbricht, sollten die Bürger eines Tages das Vertrauen in das Falschgeld verlieren. In diesem Fall drohen sogenannte Bankruns. Die Leute wollen aus Sorge um ihr Geld das reale Bargeld aus ihrer Bank-Filiale holen. Vor dieser Reaktion haben die Plünderer aus gutem Grund Angst: Die Banken müssen nämlich im globalen Falschgeld-System nur eine gesetzliche

Mindestreserve an »echtem Geld« vorhalten (fractional reserve banking). Alles Geld der Sparer, das über den Mindestreservesatz von 2 % in der EU und 10 % in den USA hinausgeht, können die Banken in den globalen Geldkreislauf pumpen. Auch die zweite Sicherung für ein stabiles staatliches Finanzsystem, die Golddeckung der Währungen (Goldstandard), wurde aufgehoben. Man kann sich vorstellen, was passiert, wenn eines Tages um 9 Uhr alle Kunden vor der Bank stehen und ihr gesamtes Geld abheben möchten.

Im »free banking«, also einem freien Geldsystem ohne Zentralbanken im Schottland des 19. Jahrhunderts, gab es keine Bankruns.

Das Märchen von der Wirksamkeit des »lenders of last resort« beruht auf der Entscheidung der Staaten, die Bürger zur Verwendung eines »gesetzlichen Zahlungsmittels« zu zwingen. Erst 1909 wurden die Banknoten der Banque de France und der Deutschen Reichbank per Gesetz zum gesetzlichen Zahlungsmittel erklärt. Der Grund lag damals darin, dass sich Frankreich und Deutschland auf einen Krieg vorbereiteten und sicherstellen wollten, dass sie – wie für jeden Krieg nötig – ihre Bürger zur Finanzierung zwingen konnten. In einem System, in dem die Staaten die Finger von der Gelddruckmaschine lassen oder man ihnen die Maschine völlig entzieht, braucht es keinen »lender of last resort«. Im free banking in Schottland hafteten die Eigentümer der Banken mit ihrem vollen Vermögen. Kein anderes System stellt besser sicher, dass die Bankiers mit den ihnen anvertrauten Einlagen sorgfältig umgehen.

Interessanterweise können wir heute mit Internet-Währungen wie der Bitcoin eine Gegenbewegung zum staatlich verordneten Zwangsgeld beobachten. Das Aufkommen von alternativen Währungen signalisiert einen Vertrauensverlust in das staatliche Falschgeld-System.[221]

Doch alternative Währungen werden es schwer haben, sich durchzusetzen oder sich der Vereinnahmung oder dem Verbot durch die Herren des Falschgelds zu entziehen.

Denn sie treffen auf festgefügte, mächtige Strukturen.

Wie immer, wenn Staaten ihre Herrschaft zu festigen suchen, greifen sie zum Mittel der Zentralisierung. Daher haben sich auch die Zentralbanken zentral organisiert. Mit der Bank für Internationalen Zahlungsausgleich hat sich ein neuer Gravitationspunkt der globalen Geldschöpfung entwickelt. Sie ist der exterritoriale Arm der Staaten, der, von der Öffentlichkeit unbeobachtet und niemandem verantwortlich, darüber entscheidet, wer zu den 0,123 Prozent gehört und wer nicht.

Die BIZ wird auch gerne die »Zentralbank der Zentralbanken« genannt.

Das klingt vertrauenerweckend – oder nicht?

KAPITEL 8: DER TURM VON BASEL UND DIE SCHULDENSKLAVEN

»Der exklusivste Club der Welt hat 18 Mitglieder. Sie treffen sich jeden zweiten Monat an einem Sonntagabend um 19 Uhr im Konferenzraum E in einem runden Büroturm, dessen getönte Scheiben den Hauptbahnhof von Basel überblicken. Ihre Diskussion dauert eine Stunde, manchmal anderthalb Stunden. Manche der Teilnehmer bringen gelegentlich einen Gast mit, aber die Gäste sprechen nur selten bei den höchst vertraulichen Konklave-Treffen. Wenn das Meeting zu Ende ist, verlassen die Gäste die Gruppe. Die Verbleibenden ziehen sich zu einem Dinner in ein Esszimmer im 18. Stock zurück, wo sie zurecht darauf vertrauen können, dass Essen und Wein vorzüglich sein werden. Das Abendessen, das bis 23 Uhr oder länger dauert, ist der Teil des Treffens, bei dem die wirkliche Arbeit verrichtet wird. Protokoll und Gastlichkeit sind seit mehr als acht Jahrzehnten makellos. Man hat sich darauf verständigt, dass alles, was bei Tisch gesprochen wird, nirgendwo anders wiederholt wird. Kaum einer der Herren, die sich an der Haute Cuisine und an den Grand-Cru-Weinen erfreuen – einige der besten, die die Schweiz zu bieten hat –, würde von den Passanten auf der Straße erkannt werden. Aber es sind einige der mächtigsten Menschen der Welt. Diese Männer – fast alle sind Männer – sind Zentralbanker. Sie sind nach Basel gekommen, um am Economic Consultative Committee (ECC) der Bank für Internationalen Zahlungsausgleich (BIZ) teilzunehmen.«[222]

Der Journalist und Schriftsteller Adam LeBor hat minutiös recherchiert, was hinter der Bank mit dem sperrigen Namen »Bank für Internationalen Zahlungsausgleich« steckt. Er kommt zu dem Ergebnis, dass alle Entscheidungen, die für die weltweite Wirtschafts- und Währungspolitik getroffen werden, von dieser kleinen Gruppe der 18 Zentralbanker ausgehen. Wegen ihrer hoheitlichen Aufgabe der Geldschöpfung trifft die BIZ ihre Entscheidungen im Geheimen. Die BIZ ist niemandem Rechenschaft schuldig. Die Zentralbanker genießen alle Privilegien von Staatschefs, unterliegen jedoch nicht im Mindesten der Kontrolle durch die Bürger.

Einer der ersten und maßgeblichen Banker der BIZ war der Franzose Roger Auboin, der die Bank von 1938 bis 1958 führte. Er erklärte 1955, wie diese Bank funktioniert: »Die Geschichte der BIZ beweist, dass es letztlich weder auf die finanziellen Ressourcen noch auf die statutarischen Garantien ankommt, sondern auf das gegenseitige Vertrauen von Männern, die einer gemeinsamen Aufgabe verpflichtet sind, und auf das Geschick der Institution, sich dem Wandel der Welt anzupassen.«[223] Mit anderen Worten: Wenn sich »Männer« darauf verständigen, wie die Staaten gemeinsam vorgehen wollen, können sie ohne Arbeit (sie schöpfen Geld aus dem Nichts) und Gesetz (sie genießen diplomatische Immunität) die Welt regieren.

Die BIZ hat alle Stürme der Geschichte überdauert. Sie hat überlebt, weil sie sich »einer gemeinsamen Aufgabe verpflichtet« weiß: Die BIZ ist zum Kontrollzentrum der globalen Geldschöpfung geworden. Hier wird bei edlem Wein und erlesenen Meeresfrüchten entschieden, in welchem Takt die Weltwirtschaft um das goldene Kalb des wertlosen Geldes zu tanzen hat. Sie ist das Schwungrad der Maschine, die dafür gesorgt hat, dass 0,123 Prozent des globalen Kapitals das Eigentum von 80 Prozent des weltweiten Vermögens hält.

Die BIZ verdankt ihren Ursprung der ersten großen Finanzkrise des 20. Jahrhunderts: Sie ist vom britischen Bankier Montagu Norman und dem deutschen Reichsbankpräsidenten Hjalmar Schacht (1923–30 und 1933–39) im Jahr 1930 gegründet worden. Deutschland war nach dem verlorenen Weltkrieg durch den Vertrag von Versailles zu enormen Reparationszahlungen verpflichtet worden. John Maynard Keynes hatte die Verhandlungen von Paris, wo die unrealistischen Forderungen an Deutschland beschlossen wurden, vorzeitig im Zorn verlassen.[224][225]

Zwischen den Jahren 1924 und 1928 musste Deutschland jährlich 600 Millionen Dollar an Krediten bei den amerikanischen und britischen Banken aufnehmen, um seine Schulden bezahlen zu können. Das Geld floss direkt an die Banken zurück. LeBor merkt an, dass dies der erste Bailout (»Rettungsschirm«) der neueren Geschichte gewesen ist. Deutschland spielte die Rolle, die heute Griechenland im Zuge der Eurorettung spielt. Ein Land muss sich unermesslich weiter verschulden, um seine Schulden bedienen und die Zinsen bezahlen zu können. Das Gelddrucken rettet jedoch niemanden. Keynes beobachtete damals die Unsinnigkeit von Bailouts aus nächster Nähe: »Die USA leihen Deutschland Geld. Deutschland zahlt damit seine Schulden bei den Alliierten. Die Alliierten zahlen es an die amerikanische Regierung zurück. Die Gravur- und Druckmaschinen haben mehr zu tun. Doch niemand isst mehr, und keiner arbeitet mehr. Nur die Druckmaschinen sind im Einsatz, keiner kauft deshalb mehr, keiner hat mehr zu essen.«[226]

Reichsbankpräsident Schacht, dessen Eltern vorübergehend nach New York ausgewandert waren, dort aber nicht Fuß fassen konnten, war der heimliche Herrscher Deutschlands zur Zeit der Weimarer Republik.[227] Er führte eine Währungsreform durch und die Rentenmark ein, und es gelang ihm, nach dem Krieg das Vertrauen der internationalen Finanzmärkte zurückzugewinnen. Ihm war jedoch klar, dass Deutschland seine gewaltigen Schulden niemals würde abtragen können. Er wusste, dass die Last des Schuldendienstes zwar eine Riesenparty bei den Banken ermöglichte, das Geld jedoch der deutschen Wirtschaft fehlte. Deren schlechte Entwicklung das Land auch prompt in jenes Chaos stürzte, das schließlich den Aufstieg der Nationalsozialisten beschleunigte. Die Parallele zu den »Sparprogrammen« in und den »Rettungsschirmen« für Griechenland ist offensichtlich: Auch heute gehen 80 Prozent der Rettungsgelder der europäischen Steuerzahler direkt an die Banken. Nach dem Schuldenschnitt im Jahr 2011 ist das vornehmlich die Europäische Zentralbank (EZB).[228] Die Bürger Griechenlands sehen nichts von dem Geld. Die politischen Folgen in Athen entsprechen der Entwicklung in der Weimarer Republik: Die Schuldenkrise hat eine extreme linke Partei (Syriza) und eine rechtsradikale und rassistische Partei (Goldene Morgenröte) gestärkt.[229][230]

Schacht betrieb die Gründung der BIZ, um die deutschen Reparationszahlungen in vernünftige Bahnen zu lenken. Das gelang ihm zwar nicht: Die BIZ konnte in den 1930er-Jahren keine konkreten Resultate vorweisen – »weder in der Frage der deutschen Reparationen noch bei der Bekämpfung der Großen Depression«.[231] Doch sie schuf ein Forum der Zentralbanker, mit dem sich jene Banken, die eigentlich für die währungspolitische Stabilität in den Nationalstaaten zuständig waren, als heimliche Herrscher über die internationalen Kapitalflüsse etablieren konnten. Der Schweizer Historiker Gian Trepp schreibt: »Im Gegensatz zum Völkerbund der Politiker in Genf, der in der zweiten Hälfte der dreißiger Jahre an den Widersprüchen zwischen den faschistischen Diktaturen und den bürgerlichen Demokratien zerbrach, prosperierte der konspirative Herrenclub der Zentralbankengouverneure in Basel.«[232]

Die Stabilität der BIZ in einer Zeit der tiefen ideologischen Gräben in Europa zeigt, dass es in einem Punkt keinen Gegensatz zwischen allen Systemen gibt: Alle Herrscher sind entschlossen, die Welt mit Geld zu regieren. Trepp: »Sowohl der deutsche Diktator Adolf Hitler als auch US-Präsident Franklin D. Roosevelt und der britische Premierminister Winston Churchill billigten die Zusammenarbeit ihrer Zentralbanken-Gouverneure mit dem Feind.«[233]

Man muss sich das so vorstellen: Zur selben Zeit, da Hitler der Reihe nach ein europäisches Land nach dem anderen überfiel und Briten und Amerikaner die Städte Hamburg und Dresden in flammende Infernos verwandelten, trafen sich situierte Herren aus den einander erbittert bekriegenden Ländern ungestört in Basel, um die internationalen Geldflüsse in die richtigen Bahnen zu lenken.

Hier wird klar, welche Folgen es hat, wenn Staaten entschlossen sind, über ihre Völker gemeinsam zu herrschen – nicht in einer simplen »Weltregierung«, sondern mit den Händen gemeinsam an der Druckerpresse.

Um ein Haar wäre die BIZ bei der Neuordnung des Weltfinanzsystems in Bretton Woods auf der Strecke geblieben: Vor allem US-Finanzminister Morgenthau wollte den Einfluss der Banken begrenzen. Die Idee, IWF und Weltbank zu gründen, entsprang dem Wunsch, den Staaten die Kontrolle über das Geld auch in Zeiten der globalen wirtschaftlichen Verflechtung zu garantieren. Interessanterweise gibt es eine Episode, in der der Gründer der BIZ, Montagu Norman, mit dem Thema der Unabhängigkeit einer Zentralbank befasst war: Norman hatte den Chefredakteur des *Economist* beauftragt, ein entsprechendes Statut für die BIZ zu entwickeln. Dieser kapitulierte jedoch vor der Aufgabe mit dem Hinweis, es werde niemals möglich sein, eine Zentralbank völlig vor dem politischen Zugriff zu schützen. Technokraten übernahmen seine Aufgabe und erarbeiteten ein Statut, das bis heute dafür sorgt, dass Politik und Zentralbanken in trauter Eintracht bestimmen, wie viel Falschgeld sie der Weltwirtschaft zur Verfügung stellen wollen, damit diese sich nach ihren Vorgaben verhält.

Eine andere Episode der BIZ belegt, dass das vertrauensvolle Zusammenwirken von befreundeten Männern eine Institution auch gegen die heftigsten Stürme in Zeiten des politischen Umbruchs stabilisiert. Die BIZ half den Nazis mit dem Raubgold, das die Deutschen aus den Zentralbanken in Europa nach Basel verbrachten. Maßgebliche Mitarbeiter waren hochrangige Nazis. Drei Leitungsmitglieder der BIZ wurden nach dem Krieg als Kriegsverbrecher verurteilt, vor allem wegen des Goldes, das den ermordeten Juden aus den Todeslagern gestohlen wurde. Doch die Täter kamen nach kurzer Zeit frei. Die mittleren Chargen wurden mithilfe von politischen Interventionen aus der Schweiz, Frankreich und den USA von jeglicher Entnazifizierung befreit. Sie mussten sich niemals für ihre Parteitätigkeit rechtfertigen. Auch Banker aus der Wall Street hielten ihre schützende Hand über die Parteigenossen.[234]

Nach dem Krieg übernahmen die Wall-Street-Finanzinstitutionen die Arbeit bei IWF, Weltbank und BIZ. Da die Aufgaben der Institutionen im Wesentlichen im Gelddrucken und in der globalen Kreditvergabe bestehen, sind Politiker und Banker die idealen Kandidaten für die führenden Posten. Es gibt einen ständigen Austausch zwischen Banken und Zentralbanken, zwischen IWF und Banken, zwischen Weltbank und Zentralbanken. Stets wechseln Banker von der einen Seite auf die andere, bringen ihr Wissen, ihre Insiderinformationen und ihre Netzwerke mit. Durch den ständigen Austausch ist so etwas wie eine Regierungsatmosphäre entstanden. Man spürt das, wenn man sich in den Institutionen bewegt.

Die 0,123 Prozent ruhen auf einem festen Fundament supranationaler Institutionen, deren Aufgabe die »richtige« Verteilung des Vermögens der Welt ist.

Die Grundlage der Macht dieser Institutionen besteht in der Ausübung des Geldmonopols, durch das aus dem Nichts geschöpften Geld. Das einzige »Produkt«, das diese Organisationen erstellen, sind Schulden. Die Regierungen plündern die Welt, indem sie grenzenlose Versprechen emittieren. Mit dem Anspruch, die »Entwicklung« der Welt voranzutreiben, reichen sie Kredite aus – und schaffen so Abhängigkeiten, aus denen sich die Schuldner nicht mehr befreien können. Die Frage, wer in diesem ewigen Kreislauf der nicht gedeckten Schecks und der niemals einlösbaren Versprechen nun die »Schuld« trägt, ist müßig: Der Schuldenwahn kennt keine genaue Trennung von Ursache und Wirkung. Im Jahr 1920 suchte ein Dorf in Bayern um einen Kredit von 125.000 Dollar an – und wurde von den Banken überredet, einen Kredit von drei Millionen zu unterschreiben.[235] Wenn zu viel künstliches Geld im Umlauf ist, sind solche Exzesse geradezu zwingend nötig. Denn das Falschgeld ist weniger wert als ein Kredit, der mit einer Sicherheit hinterlegt ist. Es ist wie beim Spiel »Reise nach Jerusalem«: Jeder versucht, statt des wertlosen Fetzens Papier einen realen Wert zu ergattern.

Doch das hier ist kein Spiel.

Es ist ein Beutezug sondergleichen.

Jeder gegen jeden.

Das ist das System der Plünderung der Welt.

In einer autoritär gesteuerten Welt endet dieses Spiel immer mit einer brutalen Umverteilung. Theoretisch sollte jeder pleitegehen können: Bürger, Banken und Staaten. In einer Welt, in der die Staaten das Geld- und das Gewaltmonopol innehaben, verschleppen die Regierungen die Insolvenz eines heruntergewirtschafteten Staates so lange sie können. Haben die Schulden jedoch astronomische Höhen erreicht, droht ein Ende mit Schrecken.

Plötzlich tauchen dann Begriffe wie »systemisches Risiko«, »too big to fail«, »Bailout« oder »Rettungsschirm« in der öffentlichen Diskussion auf. Was bedeuten diese Begriffe?

Sie signalisieren, dass das Falschgeldsystem seine Grenzen erreicht hat, weil nicht mehr ausreichend Werte vorhanden sind, um das Falschgeld einzulösen. Vor allem aber signalisieren diese Begriffe, die heute viele Nachrichtensendungen und Zeitungsartikel beherrschen, dass die Verteilung des Falschgelds schneller erfolgt ist als ihr Umtausch in reale Werte möglich war.

Außergewöhnlich hohe Schulden erfordern außergewöhnliche Maßnahmen.

Das Wesen eines normalen Kredits besteht darin, dass er mit einem Vermögenswert besichert ist. Wer ein Haus mit einem Darlehen finanziert, muss die Bank ins Grundbuch eintragen lassen. Wer als Unternehmen einen Kredit nimmt, muss Sicherheiten vorlegen – das können Unternehmenswerte oder Unternehmensanteile sein.

Nur die Staaten sind von dieser Verpflichtung ausgenommen. Sie müssen lediglich Zinsen zahlen. In der Eurokrise waren Zinsen für Staatsanleihen im sogenannten Bond-Markt der erste Auslöser einer Panik. Plötzlich stiegen die Zinsen in Italien und Spanien. Das bedeutete, dass diese Staaten noch mehr Steuereinnahmen benötigten, um ihre Schulden zu bedienen. Sind die Steuern jedoch zu hoch, leidet die Wirtschaft und die Leute verlieren ihre Arbeitsplätze. Eine Abwärtsspirale beginnt.

An dieser Stelle kommen die Zentralbanken ins Spiel. Sie machen, was der Teufel in Goethes *Faust* dem Kaiser empfohlen hatte: Sie drucken für die Regierungen das Geld. Freilich ist auch dieses Geld nur scheinbar geschenkt. Hinter jedem bedruckten Geldschein muss am Ende ein realer Wert stehen.

Das gilt auch für die Staaten. Die Regierungen finanzieren ihre Schulden, indem sie den Banken Staatsanleihen verkaufen. Die Zentralbanken akzeptieren diese Staatsanleihen als Sicherheiten und geben den Banken dafür frisches Geld, mit dem diese dann ihre riskanten Geschäfte machen.

Hier treibt das System auf seinen Höhepunkt zu und es zeigt sich der entscheidende Unterschied zwischen einem privaten Bürger und dem Staat. Der Staat kann, wie im Fall der Eurokrise, seine Schuldscheine hoheitlich als »risikofrei« erklären. Auch wenn ein Staat massiv verschuldet ist – wie etwa Griechenland, Japan oder die USA –, kann der jeweilige Staat für seinen offensichtlich »wertlosen« Schuldschein weitere Kredite aufnehmen. Er speist seine Schulden, die er nie wird bezahlen können, in das System ein.

Solange es ein vernünftiges Verhältnis von soliden und verschuldeten Staaten gibt, ist eine Balance zwischen Schuldnern und Gläubigern möglich. Der ehemalige Deutsche-Bank-Chef Alfred Herrhausen hat den Mechanismus 1987 mit Blick auf die damalige Diskussion einer Entschuldung der Entwicklungsländer beschrieben: »Wir gingen nie davon aus, dass diese Forderungen in toto abgebaut werden. Uns ging es immer nur darum, die Forderungen zu revolvieren. Ein Unternehmen zahlt ja seine Schulden im Allgemeinen auch nicht voll zurück, sondern revolviert sie durch Tilgung und Wiederaufnahme. Es kommt also hier wie dort darauf an, ein vernünftiges Verhältnis zwischen Schuldendienst auf der einen Seite und ökonomischer Leistungskraft auf der anderen Seite zustande zu bringen.«[236]

Was jedoch, wenn dieses »vernünftige Verhältnis« weltweit nicht mehr existiert?

Dann wird es für die Schicksalsgemeinschaft der hoch verschuldeten Staaten kritisch. Wenn alle Staaten weltweit über die Maßen verschuldet sind, steigt das reale Risiko für die Kreditgeber – also der Banken. Sie werden nervös: Was ist, wenn ein Staat wirklich pleitegeht? Haben wir, die Banken, dann den Schwarzen Peter? Diese Angst herrschte während der Griechenlandkrise im Jahr 2011.

Die Welt verändert sich schlagartig, wenn die Staaten als eigentlich zahlungsunfähige Schuldner mit dem Rücken zur Wand stehen.

Die Staaten haben zunehmend Probleme, ihre Schulden mit wertlosem Papier zu bezahlen. In der hyperglobalisierten Welt sind die Schulden explodiert. Dadurch hat die Wirtschaftskraft der meisten Staaten gelitten. Die Mittel konnten nicht mehr für Produktion und Innovation verwendet werden, sondern gingen in den Schuldendienst. Verschärft wird das Problem durch die Tatsache, dass große Nationen überaltert sind: Japan, China, Europa, die meisten Teile der westlichen Welt. Immer mehr reales Geld muss immer schneller in der Gegenwart erarbeitet werden, um die Rentner auszubezahlen, die als einstige »Baby-Boomer« aus dem Arbeitsprozess ausscheiden.

Die Plünderung der Welt wird nach Ansicht des Philosophen Peter Sloterdijk unausweichlich, weil wir auf eine Situation zusteuern, »in der die Schuldner ihre Gläubiger wieder einmal enteignen werden ... Ob Abschreibung oder Insolvenz, ob Währungsreform, ob Inflation: die nächsten Großenteignungen sind unterwegs«.[237]

Denn plötzlich ergeht es einigen Staaten, wie Deutschland nach dem Ersten Weltkrieg. Sie verlieren ihre Souveränität. In Deutschland wurde nach dem Vertrag von Versailles ein Schuldenkommissar eingesetzt. Der Amerikaner Seymor Gilbert Parker wurde nach Berlin geschickt, um die Bezahlung der Kredite zu überwachen. Er wirkte von 1924 bis 1930 als »Generalagent für die Reparationszahlungen«. 1928 verspottete ihn eine Gruppe von Nationalen, indem sie am Tag der Kaiserkrönung eine Puppe von Gilbert hochhielten und ihn krönten, als »den neuen Deutschen Kaiser mit einer Zipfelmütze als Krone und einem Koupon-Klipper als Szepter«. Doch die Spötter taten dem Schuldenkommissar Unrecht: Gilbert selbst hatte kurz zuvor die Amerikaner gewarnt, dass der drückende Schuldendienst die Deutschen in die Radikalität treibe und die Situation nur in den Griff zu bekommen sei, wenn die Deutschen wieder »Herr ihres eigenen wirtschaftlichen Schicksals« würden.[238]

In Griechenland, Portugal und Irland marschierten nach Gewährung der »Rettungskredite« die »Men in Black« ein, die gefürchtete »Troika«, bestehend aus Technokraten des IWF, der EU-Kommission und der EZB. Die Troika überwacht die von den Gläubigern verlangten Sparmaßnahmen und Privatisierungen.[239]

Doch in diesen kleinen Ländern gibt es nicht genug zu holen.

Der Ökonom Daniel Stelter war einer der Ersten, der auf das Problem aufmerksam gemacht hat. Stelter hat ausgerechnet, dass die Schulden, wie sie bisher aufgelaufen sind, nicht mehr zurückgezahlt werden können. Die Lage in Europa sei demnach dramatisch. »Die Schulden von Staaten und Privaten in der Eurozone wachsen immer noch um rund 100 Millionen Euro pro Stunde, während die Wirtschaft stagniert. Die Gesamtschuldenstände sind schon jetzt jenseits eines ordentlich zu bedienenden Niveaus. Irland (406 % vom BIP), Portugal (381 %) und Spanien (300 %) werden aus eigener Kraft niemals in der Lage sein, diese Schulden zurückzuzahlen. Griechenland (286 %), Italien (262 %) und Frankreich (252 %) haben vor allem ein Staatsschuldenproblem, welches sie theoretisch über höhere Besteuerung im Inland lösen könnten. Hauptkreditgeber sind wir Deutschen. Wir freuen uns über unsere Exporterfolge, doch in Wahrheit verkaufen wir unsere Autos auf Kredit. Und unsere Schuldner sind von immer schlechterer Qualität.«[240]

Um an frisches Geld zu kommen, begeben die Staaten Anleihen. Diese Staatsanleihen waren in Europa über viele Jahre ein langweiliges Geschäft für die Banken. Weil Staaten als sicher und solide galten, zahlten sie nur geringe Zinsen für ihre Kredite. In den Banken waren die Mitarbeiter, die sich um den Kauf und Verkauf von Staatsanleihen kümmerten, eher Beamte, die ein unspektakuläres Geschäft zu verwalten hatten. Das große Rad war mit Staatsanleihen nicht zu drehen.

Das änderte sich mit der Erfindung des Euro. Für die Schuldenindustrie war der Euro ein Geschenk des Himmels. Die Regierungen verkauften den Geldgebern den Euro als politisches Aufbauprojekt. Europa war mit einem Mal nicht mehr ein alter Kontinent, der von den attraktiven, jungen Schwellenländern überholt wurde, sondern ein Projekt, in das zu investieren eine sichere Wette schien. Wie schon beim Wiederaufbau Deutschlands nach dem Ersten Weltkrieg und beim Wiederaufbau Europas nach dem Zweiten Weltkrieg ergab sich für die Finanzindustrie die Möglichkeit, den alten Kontinent mit Krediten zu kontrollieren. Die hoffnungslos überschuldeten Staaten hatten mit dem Euro die Hoffnung geweckt, dass ein neues, goldenes Zeitalter in Europa anbrechen würde. Die Unterschiede zwischen den nationalen Volkswirtschaften würden verschwinden. In der großen, gemeinsamen Wirtschaftszone sollte investiert werden, damit die armen Süd-Staaten zu den wohlhabenden Nord-Staaten aufschließen können. Die Investitionen wurden mit Kredit finanziert. Die Zinsen waren niedrig. Die Falschgeldmaschine lief auf Hochtouren.

Herrhausen hat 1978 zwar über die Entwicklungsländer gesprochen. Doch trifft sein Urteil auch auf das Ungleichgewicht in der Eurozone zu: »Ob sie (die Länder, Anmerkung des Autors) eine Last tragen können, hängt von ihrer Stärke ab, nicht von der Höhe der Last allein. Wenn ein Land stärker wird durch gesundes wirtschaftliches Wachstum, dann nimmt die Tragfähigkeit zu. Das heißt, die relative Last, also die Auslandsschuld, wird kleiner. Das ist das Ziel, das man anstreben muss. Schwellenländer wie Brasilien oder Mexiko waren ja auch schon auf dem besten Weg dahin. Sie heißen ja nicht umsonst Schwellenländer: Früher hießen sie Entwicklungsländer. Ob das angestrebte Ziel erreicht werden kann, weiß ich nicht mit Sicherheit vorauszusagen. Die Zeitspanne, die vergeht, bis man es erreicht, ist sicher länger, als wir zunächst geglaubt haben.«[241]

Genau deshalb platzt der Traum von der heilen Eurowelt mit einem lauten Knall.

Durch den Ozean von Schulden ist die wirtschaftliche Leistungskraft der schwächeren Eurostaaten massiv geschwächt worden. Es kann sein, dass die Zeitspanne nicht reichen wird, um die Staaten zusammenzuhalten.

Denn der Euro leidet unter einem grundlegenden Fehler: 13 Staaten hatten plötzlich eine gemeinsame Währung. Doch alle Staaten haben – auch heute noch – ihre eigenen Staatsanleihen. Die Zinsen auf Staatsanleihen für Eurostaaten sind unterschiedlich – aus dem einfachen und zutreffenden Grund, dass die wirtschaftliche Lage in Griechenland mit der in Deutschland nicht zu vergleichen ist. Frankreich hat eine ganz andere Realwirtschaft, Geschichte, Kultur und Tradition als Portugal. In Finnland ist die Lage völlig anders als in Slowenien.[242]

Deutschland ist ebenfalls hoch verschuldet, auch wenn die Bundesregierung versucht, diese Tatsache unter den Teppich zu kehren. Deutschland saß im Jahr 2012 auf einem Schuldenberg von 2,065 Billionen Euro.[243] Fachleute vertreten die Auffassung, dass diese Schulden nicht mehr durch normales Wirtschaftswachstum zurückgezahlt werden können.[244][245] Auch der gesunde Menschenverstand legt diesen Schluss nahe.

Die Vorstellung, dass entgegen allen bisherigen Gewohnheiten auch europäische Staaten pleitegehen könnten, löste bei den internationalen Kreditgebern große Nervosität aus. Auch die Regierungen in der Eurozone gerieten in Panik. Ihr ganzes Schuldensystem war in Gefahr.

Die Lage war nicht nur in Europa kritisch.

Überall explodierten die Staatsschulden. Die Gelddruckmaschinen brummten, doch die Leute hatten deshalb nicht mehr zu essen, wie Keynes in den 1920er-Jahren beobachtet hatte.

In einer solchen Lage wird es für alle prekär, denn über dem Staat gibt es nichts mehr. Es wird allerdings vor allem für jene gefährlich, die entweder noch etwas besitzen – oder aber vom Staat abhängig sind.

Denn der Staat löst eine Schuldenkrise immer durch Zwangsmaßnahmen. Staatliche Organe sehen den Bürger nicht gerne als Souverän, sondern lieber als Untertan. Wenn eine Bank ihren Kunden zu oft Produkte verkauft, die nichts wert sind, werden die Kunden das Institut meiden und zu einer anderen Bank gehen. Wenn sich einer übervorteilt fühlt, kann er die Bank verklagen. Das ist zwar mühsam, aber immerhin möglich.

Gegen den Staat kann man zwar auch klagen. Doch am Ende ist der Staat die letzte Instanz: Er macht die Gesetze und kann diese nach Belieben ändern. Er nimmt sich, was er braucht. Er hat die Mittel dazu, denn er hat das Gewaltmonopol.

Verschärft wird die Lage durch die Tatsache, dass sich nicht der einzelne Bürger einem einzelnen Staat gegenübersieht – was schon schwierig genug wäre. Der Bürger steht einem verschwiegenen Kartell von Staaten und supranationalen Organisationen gegenüber. Sie werden sich bei ihm holen, was sie brauchen. Denn nachdem die Staaten ihr Geldmonopol gegen den Bürger eingesetzt haben, werden sie nicht zögern, von ihrem Gewaltmonopol Gebrauch zu machen, um einen Zwangsumtausch ihres Falschgeldes gegen reale Vermögen durchzusetzen.

Der Investor Marc Faber hat errechnet, dass das Bruttosozialprodukt der ganzen Welt etwa 60 Billionen Dollar beträgt. Das ist genauso viel Umsatz, wie ihn die Banken dank des geschenkten Geldes in einer Woche machen.[246] Faber geht davon aus, dass diese Diskrepanz zu weltweiten sozialen Unruhen führen wird. Ein solches Ungleichgewicht könne nur durch eine Inflation beseitigt werden. Wegen der weltweiten Verflechtungen würden die Staaten versuchen, die Inflation zu »exportieren« – ein Vorwurf, der heute schon der US-Notenbank gemacht wird.[247] Die Folge wären Währungskriege, bei denen die Staaten mit allen Mitteln versuchen werden, den Zusammenbruch ihrer jeweiligen Wirtschaftssysteme zu verhindern.[248]

Das klingt nach Endspiel.[249]

Die Plünderung der Welt steuert ihrem Höhepunkt entgegen.

Die Falschgelddrucker haben das Tempo verschärft. Nun wollen sie jenen zu Leibe rücken, die sich bisher dem Schuldenwahnsinn verweigert haben. Denn wer glaubt, er könne sich der großen Plünderung entziehen, indem er das Spiel einfach nicht mitmacht – sich dem Konsumwahn verweigert, keine Schulden macht, hart und ehrlich arbeitet und immer etwas auf die Seite legt für kritische Zeiten – der täuscht sich. Gerade auf diese Leute haben es die Plünderer abgesehen, weil ehrliche Bürger, Arbeiter und Unternehmer das schaffen, was die Plünderer brauchen: Werte, Vermögen, Assets.

Die nächste Angriffswelle steht bevor.

Sie zielt auf jene, die etwas auf die hohe Kante gelegt haben und hoffen, dass man auf der sicheren Seite ist, wenn man sich unauffällig verhält.

Das ist ein Irrtum.

»Bestimmte Dinge muss man am Wochenende machen«, hat Bundesfinanz-minister Wolfgang Schäuble, schelmisch lächelnd, in einem ZDF-Interview gesagt, als in Zypern plötzlich alle Banken geschlossen waren und die Leute kein Geld mehr aus den Bankomaten ziehen konnten.

KAPITEL 9: DIE GROSSOFFENSIVE IN EUROPA

Am Wochenende vor dem 5. Oktober 2008 brach im Bundeskanzleramt in Berlin Panik aus. Die Schockwellen der Lehman-Pleite hatten Deutschland erreicht. Der damalige Kanzleramtsminister Thomas de Maizière erinnert sich: »Es war klar gewesen, dass auch dieses Wochenende arbeitsreich sein würde. Für mich zunächst aber von Dresden aus. Dann hieß es, ich sollte wegen der Krise am Sonntagnachmittag im Kanzleramt sein, gegen 15 Uhr. Ich bin, einem siebten Sinn folgend, eine Stunde früher da gewesen, und kaum war ich da, kam die Frage auf, ob wir den Menschen versprechen, dass ihre Einlagen sicher seien. Zunächst gar nicht als strategische Überlegung … sondern als Antwort auf Informationen der Bundesbank, dass es ein auffälliges Verhalten von Bankkunden gebe. Da werde in großen Mengen Bargeld abgehoben, da gebe es ein auffälliges Leerräumen von Bankautomaten. Das war alles unterhalb der Schwelle des systemisch Gefährlichen, aber oberhalb der Schwelle der Nichtbeachtung.«[250]

Die Regierung hatte keine Ahnung, wie sie einen sich abzeichnenden Bankrun stoppen sollte. De Maizière: »Jetzt war die Frage: Wie reagiert man darauf, ohne dass ein richtiger Bankenrun losgeht? Wir hatten so etwas nicht nur in Argentinien gesehen, sondern auch beim Kollaps einer britischen Bank in Großbritannien studieren können. Lange Schlangen vor den Banken. Also berieten wir, wie wir dem begegnen sollten. Die eine Denkschule empfahl: Wir beruhigen und sagen, dass das alles nicht so schlimm ist. Die andere riet: Wir garantieren die Spareinlagen, um Sicherheit zu geben. Und es stellte sich im Laufe dieses Nachmittags schnell heraus, dass das die einzig mögliche Antwort war. Wir saßen mit Weidmann, Asmussen, Wilhelm und drei, vier Leuten im Kanzleramt zusammen, dazu Steinbrück, der zunächst noch im Finanzministerium war und später rüberkam, weil ja die Zeit drängte. Sollten wir tatsächlich etwas machen, würde das ja noch früh in den Nachrichtensendungen gesendet werden müssen, damit es auch die erhoffte Wirkung erzielen würde.«[251]

Der kleine Kreis um Merkel und Steinbrück wusste, dass diese Mitteilung eine brandgefährliche Sache war. De Maizière: »Es gab das Risiko, dass Leute sagen: Moment mal! Wenn diese ruhige Bundeskanzlerin, die nicht zur Panik neigt, plötzlich sagt: ›Euer Geld ist sicher!‹, dann ist es wirklich ernst! Und dann steht da auch noch der Steinbrück dabei, der auch gut Bescheid weiß. Na dann fange ich doch besser schon mal ganz schnell an, mein Geld abzuheben! Ganz klar, dann hätte die Garantie für die Spareinlagen das Problem erst heraufbeschworen. Umgekehrt war auch klar: Wenn, dann geht das nur an diesem Sonntag. Und das war nun eine klassische Führungsentscheidung der Kanzlerin und Peer Steinbrücks, das zu machen. Höchst riskant! Sicher eine der schwersten politischen Entscheidungen. Es ist gut gegangen. Grandios. Aber es war nicht komplett zu Ende gedacht.«[252] Merkel und Steinbrück traten tatsächlich vor die Kameras und garantierten den Deutschen die Sicherheit von Spareinlagen in der Höhe von 568 Milliarden Euro.[253]

»Grandios gut gegangen« sein mag die gefährliche Situation für die Bundesregierung. Für die Steuerzahler in Deutschland und in Europa kam das dicke Ende in Raten. Zwar war es Merkel und Steinbrück gelungen, die Sparer davon abzuhalten, ihre Konten leerzuräumen. Doch kein einziges Problem war gelöst.

Was folgte, war der erste Akt der beispiellosen Plünderung in Europa. Die Staaten, die das ganze Desaster durch hemmungslose Schulden, niedrige Zinsen und mangelnde Fachaufsicht der Banken verursacht hatten, zwangen den Steuerzahler zur Finanzierung der Schulden.

In einem »normalen« System muss eine Bank pleitegehen können. Wenn, wie in Schottland im 19. Jahrhundert, die Bankeigentümer mit ihrem privaten Vermögen für die Sicherheit der Einlagen haften, werden die Banken alles tun, um eine Pleite zu verhindern.

In den Ozeanen aus wertlosem Papiergeld und Krediten aus heißer Luft überstiegen mögliche Bankenpleiten jedoch das Vorstellungsvermögen al-

ler Beteiligten. Daher »rettete« der Staat die Banken, die er zuvor mit unge-
decktem Falschgeld überschüttet hatte. Der Staat übernahm die Haftung für
die faulen Kredite – und schob die Kosten dem Steuerzahler zu. Die *FAZ* berichtete 2013: »Die Zahlen erschrecken: Deutsche Banken brauchten 646
Milliarden Euro als Hilfsrahmen in der Finanzkrise. 259 Milliarden Euro
nahmen sie in Anspruch. Davon dürften 50 Milliarden Euro beim Steuerzahler hängen bleiben.«[254] Genaue Zahlen werden streng unter Verschluss
gehalten – sie sind wohl nur der BIZ bekannt. Nur zwei Monate später berichtete die ARD bereits von 70 Milliarden.[255]

In Spanien riefen die Banken 104 Milliarden Euro ab, in Frankreich waren
es 116 Milliarden, im kleinen Dänemark 158 Milliarden. In Großbritannien
wurden gar 300 Milliarden abgerufen.[256]

Gerne wird darauf verwiesen, dass es sich bei den Rettungen nur um »Garantien« handelt, die niemals schlagend werden. Die Erfahrungen mit den
verschiedenen »Bad Banks« – also Banken, die faule Kredite übernehmen
und meist vom Staat betrieben werden müssen – zeigen: Früher oder später
landet die Rechnung beim Steuerzahler.[257]

Die tatsächlich erforderlichen Summen werden noch gewaltig steigen und
die kommenden Generationen belasten. Das Kalkül der Plünderer besteht
darin, dass sie behaupten, dass sich die Lasten über einen langen Zeitraum
unauffällig verteilen lassen. Tatsächlich wird sich jede verlorene Milliarde
konkret auswirken – an Schulen und Kindergärten, die nicht saniert werden
können; an Schwimmbädern, die schließen müssen; an Krankenhäusern,
die keine neuen Apparate kaufen können; an innovativen Start-ups, die von
den US-Internetgiganten überrollt werden, weil Forschung und Entwicklung keine Förderung mehr erfahren.

Wie viel die Bankenrettung wirklich gekostet hat, lässt sich kaum ermitteln.
Die Bundesregierung hält sich bedeckt, wie der Grüne Bundestagsabgeordnete Gerhard Schick kritisierte.[258] Sahra Wagenknecht, Abgeordnete der

Linksfraktion, sagte in einer Rede im Bundestag im Dezember 2013: »Die Finanzkrise hat die europäischen Steuerzahlerinnen und Steuerzahler bis jetzt 4.500 Milliarden Euro gekostet.«[259]

Was man allerdings feststellen kann, ist, dass die internationale Finanzindustrie in der Regel an ihr Geld kommt. Der Wirtschaftsjournalist Harald Schumann urteilt: »Anders als von den Bankenrettern behauptet, ging das Geld nicht an die armen Länder in Europa, um sie von ihrer drückenden Schuldenlast zu befreien … Ein Eurostaat nach dem anderen sieht sich gezwungen, seine Banken mit gigantischen Summen zu stützen, um damit die Verluste auszugleichen, die den Geldhäusern aus faulen Krediten entstanden sind. Aber wohin gehen die Milliarden eigentlich? Wer sind die Begünstigten? Die Geretteten sitzen – anders als häufig vermittelt und von vielen angenommen wird – nicht in den ärmeren Eurostaaten, sondern hauptsächlich in Deutschland und Frankreich. Ein großer Teil des Geldes landet nämlich bei den Gläubigern der Banken, die gerettet werden wollen oder müssen. Und obwohl diese Anleger offenkundig schlecht investiert haben, werden sie – entgegen aller Logik der freien Marktwirtschaft – auf Kosten der Allgemeinheit vor jeglichen Verlusten geschützt.«[260]

Der Bundestagsabgeordnete Gerhard Schick hat eine Untersuchung in Auftrag gegeben, ob die Rettungsorgie zu verhindern gewesen wäre.[261] Er schreibt: »Als wichtigen Grund für das skandalöse Vorgehen der Regierungen sieht die Studie die enge Verbindung zwischen Investoren und nationalen Regierungen. Die größten potenziellen Verlierer konnten gewaltigen Lobbydruck aufbauen, der sich für sie in barer Münze ausgezahlt hat. Das Meinungskartell der Bankenretter interessierte sich noch nicht mal für die Identität dieser Gläubiger und ob sie Verluste verkraften könnten oder nicht. Das aber allein hätte eine demokratische Diskussion über die Art der Bankenrettung ermöglicht. Anstatt Für und Wider, hätten wir uns über das Wie der Bankenrettung unterhalten müssen. Denn indem es um Pleite oder Stabilität ging, waren alle für Stabilität.«[262]

Die Ursache für diese verhängnisvolle Entwicklung: Die Staaten haben sich in ihrem grenzenlosen Schuldenwahn gänzlich von der Geldvermehrung abhängig gemacht. Die Banken, die das Geld bekommen, verwalten über Pensionsfonds und andere Vorsorgeformen die Gelder der künftigen Rentner. Weil die Schuldenstaaten schon längst alle Rentenkassen geplündert haben, sind sie darauf angewiesen, dass die Banken nicht kollabieren. Denn keine Regierung kann gegen die Rentner regieren – zumal in den überalterten Staaten in Europa, wo die Rentner heute schon die größte Wählergruppe sind.

Nichts fürchten die Schuldenregierungen mehr als den Offenbarungseid gegenüber den Rentnern.

Eine regelrechte Panik überkommt die Regierungen allerdings, wenn sie Anzeichen einer Kapitalflucht erkennen – also befürchten müssen, dass die Banken das Vertrauen in die Schuldentragfähigkeit eines Staates verlieren. Am Höhepunkt der Eurokrise hatten die Banken damit begonnen, ihre Gelder aus den gefährdeten Eurostaaten abzuziehen. Der Grund: Die Eurostaaten hatten versucht, bei Bankenpleiten andere heranzuziehen als die Steuerzahler. In Zypern sollten die Gläubiger die Banken retten. Das sind zumeist Finanzinstitutionen, andere Banken – und alle Bankkunden. Wegen der unabsehbaren Folgen ist ein solches Ansinnen für die Schulden-Politiker eine riskante Sache. Sie brauchen die Banken, um weiter Schulden machen zu können.

Soll man seine Financiers vor den Kopf stoßen?

Im Morgengrauen des 16. März 2013 traten in Brüssel der zypriotische Finanzminister Michael Farris und einige seiner Gehilfen vor die Kameras. Sie hatten Ringe unter den Augen und waren niedergeschlagen. Die Botschaft, die sie ihren Landsleuten überbringen mussten, war ein Novum in Europa. Nach monatelangen Verhandlungen hatten EU, EZB und IWF, die berüchtigte Troika, den Zyprioten mitgeteilt, dass es neue Kredite nur unter einer

Bedingung geben werde: Das zypriotische Finanzsystem sollte zerschlagen werden. Die Zyprioten fühlten sich »erpresst« – denn die EZB hatte den maroden Banken so lange Kredit gewährt, dass Zypern nicht mit einer solch brachialen Entscheidung gerechnet hatte.[263] Der Finanzfachmann Hans-Joachim Dübel nennt die Insolvenzverschleppung durch die EZB einen »kriminellen Akt gegen das Vertrauen der Investoren in Zypern und Europa, für den die Europäer noch lange Zeit bezahlen werden«.[264]

Es war die Geburtsstunde des sogenannten Bail-In in Europa. Die Regierungen versuchten, angetrieben von der EU, ein Modell zu praktizieren, bei dem die »Gläubiger« – also die Banken und Anleihebesitzer – zur Kasse gebeten werden sollten. Die Regierungen der Eurostaaten hatten Angst bekommen, dass sich die Steuerzahler in Europa gegen sie erheben könnten, wenn man ihnen erklären müsste, dass sie nun auch die Banken in Zypern retten sollten.

Vordergründig war die Enteignung gegen die »Geldwäscher« gerichtet, die für illegale Geschäfte in Zypern bestraft werden sollten. Auch die russischen Oligarchen sollten getroffen werden. Sie benutzten Zypern als Steueroase und entzogen so dem Fiskus im Westen Steuergelder.[265]

Wenig später stellte sich heraus, dass die meisten Oligarchen ihr Geld rechtzeitig in Sicherheit gebracht hatten. Sie hatten, wie alle europäischen Banken, »Tipps« aus Brüssel bekommen, dass die Banken in Zypern nicht von den europäischen Steuerzahlern gerettet werden würden.[266] Wer die angelsächsische Wirtschaftspresse in den Tagen vor dem Zugriff aufmerksam las, konnte ahnen, was kommen würde. Diejenigen, die die Fluchtmöglichkeit auf ihrer Jacht im Mittelmeer übersehen hatten, hielten sich auch noch nach der Schließung der Banken schadlos. Sie hoben ihr Vermögen einfach bei einer Londoner Filiale der zypriotischen Banken ab. Man hatte »vergessen«, die Filialen in das Konzept einzubeziehen.[267] Es gibt auch Russen unter den 0,123 Prozent. Einige Reeder aus Griechenland erhielten ebenfalls Tipps und verschoben ihr Geld ins sichere Norwegen.[268]

So wundert es nicht, dass in Zypern nur »vier Prozent aller ungesicherten Einlagen« eine Zwangsabgabe von 47,5 Prozent zu entrichten hatten.[269]

Der Finanzplatz Zypern ist seither jedoch mausetot.

Tatsächlich ging es in Zypern um einen beinharten Verteilungskampf unter den Schuldenstaaten: Zypern sollte als Finanzplatz vom Markt gefegt werden – um anderen Oasen wie Luxemburg einen Vorteil zu verschaffen. Luxemburg wurde von seinem langjährigen Regierungschef, dem ehemaligen Chef der Eurogruppe Jean-Claude Juncker, zu einem Steuerparadies inmitten der EU entwickelt.[270] Der Finanzsektor beschert Luxemburg ein Drittel seiner Steuereinnahmen. Wenige Tage nach der Zypern-Aktion warnte der luxemburgische Finanzminister Luc Frieden davor, das »Modell Zypern« als Blaupause für andere Staaten zu verwenden. Dann würde das Kapital die Eurozone verlassen.[271] Doch Luxemburg hat die Rückendeckung der Finanz-Eliten. Der Finanzsektor sei international so sehr vernetzt, dass man ihn nicht antasten werde: Diese Feststellung des IWF kann man als Bestandsschutz verstehen.[272]

Wir erinnern uns: Der größte Teil der Steuergelder aus der Eurozone zur »Rettung« Griechenlands ging an die Banken. Das Geld wurde dafür verwendet, um den Banken die Kredite zurückzuzahlen, die der griechische Staat nicht mehr bedienen konnte. Dasselbe Spiel lief in Irland und Portugal ab. Mit den »Bailouts« sollte der Crash verhindert werden.[273] Die Schuldenstaaten entledigten sich ihrer Probleme und zwangen die Steuerzahler, Sozialhilfeempfänger und Sparer, die Staatsschulden abzuarbeiten.

Nun allerdings begannen die Bürger zu murren. Und auch die Banken waren sich nicht mehr sicher, ob der Euro wirklich die Erfolgsgeschichte war, als die er ihnen verkauft worden war. George Soros empfahl Deutschland den Austritt aus dem Euro und spekulierte gegen die gemeinsame Währung.[274]

Die Politiker in der Eurozone witterten Gefahr. Sollte ihre Schuldenmacherei ein jähes Ende finden?

Rainer Hank bemerkt in der *FAZ*, dass der Euro – den Hank für eine »Fehl-konstruktion« hält – wenigstens in diesem Fall einen positiven Effekt hatte; dass er nämlich »schonungslos das Risiko der Staatsverschuldung aufzeigt und die Staaten über den Zins zur Umkehr oder zur Abdankung oder zu beidem zwingt«.[275]

Statt einer Umkehr begaben sich die Schuldenstaaten jedoch auf die Suche nach einem neuen Zahlmeister. Das Ansinnen der in Panik geratenen Schuldner scheiterte aus zwei Gründen: Gläubiger einer Bank sind nicht nur die internationalen Banken und Hedgefonds. Jeder Bankkunde ist Gläubiger seiner Bank. Das wissen die meisten Bankkunden nicht. Denn die Regierung garantiert ihnen, wie bei Merkel und Steinbrück gesehen, ja angeblich die Einlagen. Daher wurde bei allen »Bail-Ins« eine Untergrenze eingeführt: Bankguthaben unter 100.000 Euro werden von den Regierungen in der EU garantiert.

Das Problem: Die Regierungen versprechen etwas, was sie nicht einlösen können. Anders als in den USA, wo Präsident Franklin D. Roosevelt eine echte Einlagensicherung (FDIC) bereits im Jahr 1933 aufbaute, die die Einlagen der Sparer tatsächlich wirksam garantieren kann, existiert Vergleichbares in Europa nicht.[276] Allerdings ist auch die Einlagensicherung der FDIC nicht ausreichend. Auch in den USA hat es schon öfter den Fall gegeben, dass der Steuerzahler eine gefallene Bank retten musste.[277]

Der zweite Grund war für die Eurostaaten noch gefährlicher: Die Banken drohten den Staaten mit der Austrocknung. Wenn am Ende des Schuldenzyklus die Financiers zahlen müssten, dann würden die Kreditgeber die Staaten fortan meiden. Das wäre auch die richtige Entscheidung. Doch Banken und Staaten sind mittlerweile so verflochten, dass keiner mehr Interesse an einem sauberen Schnitt hat.

Die internationale Finanzwirtschaft war empört über die Enteignung in Zypern. Der Chef der dänischen Saxo-Bank Lars Seier Christensen, schrieb auf seinem Blog, die Zwangsabgabe sei »der Bruch der fundamentalen Eigentumsrechte, der einem kleinen Land von ausländischen Mächten diktiert wird. Jedem Inhaber eines Bankkontos in Europa muss dies einen kalten Schauer über den Rücken jagen. Ich kann noch immer nicht begreifen, dass das wirklich geschehen ist.«[278]

Der US-Ökonom David Zervos von Jefferies schrieb in einer Notiz: Was bezüglich Zypern an diesem Wochenende geschehen sei, »war eine der bedeutendsten Entwicklungen in der Eurozone ...« Die Aktion, die Einlagen der Gläubiger zu besteuern, sende eine »ominöse Nachricht an die gesamte globale Investmentgemeinschaft«. Zervos machte klar, dass die Zypern-Lösung keine Alternative ist: »Um ganz deutlich zu sein, sie initiierten einen Überraschungsangriff auf die Vorsorgeersparnisse« des eigenen Volkes. Ein solcher Schritt »dürfte Schockwellen in der gesamten Bevölkerung der entwickelten Welt auslösen«. Dies »ist ein Nuklearanschlag auf Ersparnisse und Wohlstand – etwas, das sehr wahrscheinlich die Lebensgeister zertreten wird.«[279]

»Wenn die europäischen Regierungen heimlich die hart arbeitenden Bürger nach Geschäftsschluss an einem Freitagabend um 7 bis 10 Prozent enteignen können, wozu sind sie dann sonst noch in der Lage?«, fragte Zervos. Er drohte offen mit dem Crash: »Warum sollte man überhaupt noch Geld im Europäischen Bankensystem halten? Wir werden riesige Kapitalabflüsse sehen.« Der Fall Zypern sei bedeutender »als ... jedes andere Thema in Europa«.[280]

Die Entscheidung von Brüssel führte zunächst zu einem Bankrun in Zypern. In Panik liefen die die Leute zu den Bankomaten, um schnell noch Bargeld für die kommenden Tage zu ergattern. Denn die Euroretter hatten gleichzeitig mit der Zwangsabgabe angeordnet, dass die Banken in Zypern bis auf Weiteres geschlossen bleiben müssen. Damit sollte verhindert werden, dass die Leute an ihr Geld kamen, bevor man sie enteignet hatte.

Eine ganze Woche lang ging nichts mehr in Zypern. Einem kleinen Volk auf einer Mittelmeerinsel, das auch nach dem EU-Beitritt ihres Landes weiter-gelebt hatte wie davor, war über Nacht der Geldhahn zugedreht worden. Am ersten Tag versuchten die aufgebrachten Bürger, Bankomaten aus ihren Ver-ankerungen zu reißen.

Die Zyprioten mussten zwei Wochen praktisch ohne neues Bargeld auskom-men. Erstaunlicherweise funktionierte das System immer noch. Die Banko-maten wurden von den Banken wohldosiert nachgefüllt, es gab eine Begren-zung, wie viel man pro Tag abheben konnte. Das Wechselgeld ging dagegen rasch zur Neige, bald gab es kaum noch Münzen. Die Taxen in Nikosia ver-langten für ihre Fuhren nun fünf oder zehn Euro glatt. Kreditkarten wurden immer häufiger abgelehnt: Die Besitzer von Läden und Restaurants waren skeptisch, dass sie ihr Geld bekommen würden.

Unternehmer bekamen keine Informationen, wann die Banken wieder geöff-net werden. Sie mussten Löhne und Gehälter auszahlen. Je näher das Ende des Monats rückte, umso kritischer wurde die Lage. Einige Unternehmen versuchten, Konten im Ausland aufzumachen und Überweisungen von dort vorzunehmen.[281]

Und die europäischen Politiker, die dieser beispiellosen Aktion zugestimmt hatten?

Sie gaben Erklärungen ab.

Bundesfinanzminister Wolfgang Schäuble sagte dem ZDF, dass die Aktion bewusst vor dem langen Wochenende in Zypern angesetzt gewesen sei. Man habe verhindern wollen, dass es zu einem Bankrun kommt. Schäuble sagte wörtlich: »Bankeinlagen sind eine sensible Sache, da muss man schnell han-deln, daher macht man es am Wochenende.«[282]

Bundeskanzlerin Angela Merkel sagte, dass es richtig sei, dass jeder, der ein Bankkonto in Zypern hat, auch für die Zypernrettung zur Kasse gebeten wird. Damit würden »die Verantwortlichen zum Teil mit einbezogen und nicht nur die Steuerzahler anderer Länder«. Merkel: »Es ist ein guter Schritt, der uns eine Zustimmung zu einer Hilfe für Zypern sicherlich leichter macht.«

Tatsächlich sorgte der »Überraschungsangriff« für beträchtliche Unruhe in Europa. Politiker, Banker und Zentralbanker versichern den Bürgern, dass die Lage unter Kontrolle sei. Zypern sei ein Ausnahmefall. Es sei nicht darum gegangen, die kleinen Sparer zu schädigen. Zypern sei ein Geldwäscheparadies. Die Gelder, die dort auf den Banken lägen, seien zu einem großen Teil unversteuerte Gelder von russischen Oligarchen – wenn sie ihr Geld verlieren, sei dies nur recht und billig. Niemals sei Vergleichbares in Europa möglich.

Man konnte spüren: Die Regierungen merkten erstmals, dass die Ozeane aus faulem Kredit und wertlosem Papiergeld über ihnen zusammenschlagen könnten, wenn das Wichtigste verschwindet, worauf Geld gründet – das Vertrauen.

Die *NZZ* bilanzierte nach der Zypernaktion nüchtern: »Sicher bleibt bei all dem nur, dass in Staaten mit nicht nachhaltigem Finanzgebaren oder mit instabilem Bankensystem am Schluss auch der Sparer die Zeche zahlt – entweder über eine durch Monetarisierung von Schulden und durch Inflation verursachte Entwertung seiner Guthaben oder durch ein ›Bail-In‹ in Schuldenrestrukturierung oder jetzt eben mit einer unfreiwilligen Zwangsabgabe. Etwas Gutes hätte das Ganze immerhin, wenn Anleger die Einigung mit Zypern als Weckruf verstünden. Statt blindlings auf Einlegerschutz oder Rettungsaktionen von Eurostaaten oder der Europäischen Zentralbank zu vertrauen, werden sie auch künftig gut daran tun, sehr sorgfältig darauf zu achten, wie solide und stabil das System ist, dem sie ihr Geld anvertrauen.«[283]

Wie wenig man dem Staat als Verwalter von Geldvermögen trauen kann, haben wir bei den Landesbanken gesehen.

Nach der Zypern-Krise jagte zunächst ein nächtlicher EU-Gipfel den anderen. Die Bürokraten produzierten kilometerweise Konzepte, Pläne, Programme und Vorschriften. Als sich zeigte, dass die Lage außer Kontrolle geraten war, und die Gefahr bestand, dass die Banken tatsächlich ihr Geld aus der Eurozone abziehen könnten, besannen sich die Regierungen auf das, was sie am besten können: auf das Gelddrucken. Die Umdrehungen der Druckerpresse wurden immer schneller, die Schulden wurden mit dem einzigen bekämpft, was dem Staat kurzfristig zur Verfügung steht – mit neuen Schulden.

Die Zinsen sanken auf einen neuen Rekordtiefststand. Dies ermöglichte es den Banken und den internationalen Finanzinstitutionen, faule Kredite aufzukaufen: Diese waren zwar riskant, brachten jedoch mehr Zinsen. Im Gegenzug begannen die nationalen Banken, die Staatsschulden ihrer jeweiligen Länder aufzukaufen. Den finalen Rettungsschritt wollte die EZB mit einem Programm setzen, demzufolge die Europäische Zentralbank europäische Staatsanleihen in unbegrenztem Ausmaß aufkaufen kann (OMT-Programm).[284] Staaten und Banken klammerten sich aneinander wie zwei Ertrinkende: Hatten alle Beteiligten im ersten Schock noch gefordert, die wechselseitige Abhängigkeit voneinander endlich zu beenden, bewirkte das »Krisen-Management« das Gegenteil: Die Banken sind im Jahr 2014 noch abhängiger von den Staaten als vor der Krise.

Dieses »Weiter so!« erscheint in einem System des künstlichen Geldes alternativlos: In Europa arbeiteten die Beamten in den Finanzministerien mit Hochdruck an Modellen, wie man das Problem der Verunsicherung der Kapitalgeber in den Griff bekommen könnte. Mario Draghi druckte, was das Zeug hielt.

Die Schuldenstaaten hatten wenig Zeit, machten Fehler, beugten das Recht.

Das Bundesverfassungsgericht in Karlsruhe erklärte das OMT-Programm für rechtswidrig. Nun muss der Europäische Gerichtshof darüber urteilen.

Er kann nach dem Spruch aus Karlsruhe entweder das OMT-Programm einschränken – was die Spiellaune im Eurokasino erheblich trüben würde. Oder aber er könnte Deutschland zwingen, sich aus dem Euroraum zu verabschieden.[285] In beiden Fällen ist jedoch nicht zu erwarten, dass das Problem grundsätzlich gelöst wird. Der Verfassungsrechtler Christoph Degenhart fürchtet, dass »die mittelfristige kalte Enteignung« in der Eurozone nicht mehr aufzuhalten ist. Die Plünderung ist möglich geworden, weil die Bürger in Europa im Fall des Schutzes ihres Eigentums auf einmal eine »massive Lücke im Rechtsschutz« für dieses Grundrecht erkennen müssen – und im Grunde keine Möglichkeit mehr haben, ihre Rechte zu verteidigen.[286]

Diese Enteignung steht uns bevor.

Sie wird kalt sein, so kalt, wie staatlicher Zwang immer ist, wenn der Rechtsstaat ausgehebelt, das Gesetz gebrochen und das Grundrecht auf Eigentum mit Füßen getreten wird.

Das kann nur der Staat.

Er hat Ozeane von Falschgeld gedruckt.

Nun wird er das Volk – das eigentlich der Souverän ist – zwingen, dieses Falschgeld als Währung zu akzeptieren.

Wir werden im Folgenden sehen, dass die Staaten ein umfassendes Arsenal vorbereitet haben.

Sie werden sich holen, was ihnen nicht gehört.

KAPITEL 10: BLICK IN DIE KLEINE WAFFENKAMMER

Ein Drittel der Abgeordneten des Deutschen Bundestags kommt aus öffent-lichem Dienst, Parteien und Gewerkschaften. 200 Bundestagsabgeordnete haben also, bevor sie zu Vertretern des Volks wurden, im Staatsdienst gear-beitet. Die größte einzelne Gruppe im Bundestag sind die Juristen: Sie stel-len eine etwa 100 Mann starke Fraktion.[287]

Trotzdem erleben wir, dass Rechtsbruch, Rechtsbeugung oder Gefällig-keitsgesetzgebung fast mit derselben Geschwindigkeit zunehmen wie sich das wertlose Geld vermehrt.

Der Rechtsbruch ist eine logische Folge, wenn der Staat dazu übergeht, sei-ne ausufernden Ausgaben durch Falschgeld zu bezahlen. Jörg Guido Hüls-mann schreibt:»Die treibende Kraft, die die Entwicklung der Zentralbanken und des Papiergeldes vorantrieb, war die rücksichtslose Entschlossenheit der Staaten – monarchistischer, aristokratischer und demokratischer Staa-ten, ihre Einnahmen zu erhöhen, wenn nötig gegen Treu und Glauben und alle etablierten Regeln des Geschäftslebens.«[288]

Die»Gesetzeslücken«, die der Verfassungsrechtler Degenhart beklagt, sind erste Korrosionserscheinungen eines auf unbegrenzten Schulden aufbauen-den Systems:»Nur Gold ist Geld, alles andere ist Kredit«, lautet eine Kurz-formel für das Geld. Das bedeutet: Wären wir alle als Privatleute in der Lage, mit einer Druckmaschine im Keller Geld zu drucken, würden wir übermü-tig. Jeder Fälscher verliert früher oder später das Augenmaß. Er wird sich ein zweites Auto, wertvollen Schmuck oder einen Flat-TV kaufen. Im ersten Augenblick würde die Welt sogar friedlicher werden. Es gäbe für den Bür-ger gar keine Notwendigkeit zum kriminellen Handeln. Was immer sich der Einzelne wünscht – Kaviar aus Russland, Käse aus der Schweiz, Wein aus

Frankreich, schöne Frauen oder attraktive Männer, Reisen in exotische Länder, Macht –, er könnte es sich kaufen.

Man kann sich die Folgen des Gelddruckens der Staaten mit einem kleinen Gedankenexperiment konkret vorstellen: Hätten alle Menschen der Welt zu Hause ihre private Gelddruckmaschine, würde für eine kurze Weile ein kollektives, hyperglobales Hochgefühl aufkommen. Niemand würde den anderen behelligen. Jeder kann sich alle Wünsche erfüllen. Von einigen Angebern abgesehen, hätten die Menschen für einen Augenblick das Gefühl, gleich reich und glücklich zu sein.

Doch dieser Augenblick wird nicht lange währen: Wenn alle Menschen sich ihr Geld selbst drucken – warum sollte noch jemand arbeiten? Bald würde niemand mehr arbeiten. Damit würde aber auch niemand mehr die gewünschten Autos, Fernsehgeräte, Häuser usw. produzieren oder erhalten. Niemand würde mehr Brot backen, Fleisch oder Milch produzieren.

Jetzt wird die Lage kritisch.

Denn auch die öffentliche Ordnung bricht zusammen. Warum sollte der Polizist den Straßenverkehr regeln oder Kriminelle verfolgen, wenn er sich sein monatliches Gehalt täglich zu Hause ausdrucken kann, ohne zu arbeiten? Warum sollte jemand kontrollieren, wie viel der andere druckt – wo doch alle drucken?

Das Geld wird immer wertloser. Der Wert realer Produkte dagegen steigt. Ein Bäcker, der aus welchen Gründen auch immer, sich nicht auf das Gelddrucken verlässt, sondern arbeitet, weil es ihm Spaß macht, kann sagenhafte Preise für seine Brötchen erzielen. Die privaten Gelddrucker werden ihm jedes Brötchen aus der Hand reißen.

Doch der Bäcker, der ja selbst eine Gelddruckmaschine im Keller stehen hat, wird seine Brötchen nicht denjenigen geben, die ihm das meiste Geld bieten. Er würde nach anderen Kriterien entscheiden. Die Hungrigen jedoch, die leer ausgehen, werden über kurz oder lang zu Kriminellen: Sie werden alles tun, um an ein Brötchen zu kommen.

Das exzessive Gelddrucken führt automatisch in einen Zustand der Rechtlosigkeit.

Ein globaler Geldexzess führt zu globaler Rechtlosigkeit.

Im Falle unseres Bäckers wird dieser entweder von einem Hungrigen ermordet. Oder aber, was viel wahrscheinlicher ist: Jemand, der über den Tag hinaus denken kann, wird den Bäcker in seine Gewalt bringen. Er wird ihm seine Gelddruckmaschine abnehmen und den Bäcker zwingen, für ihn zu arbeiten. Er macht das unauffällig, damit nicht andere auf dieselbe Idee kommen. Der Gewalttäter wird nun überlegen, wie es weitergeht: Er wird sich nach einem Käsehersteller, nach einem Bauarbeiter, nach einem Winzer usw. umsehen. Während die anderen privaten Gelddrucker noch in Mallorca ihr »easy money« genießen, wird der Weitsichtige mit einem regelrechten Beutezug beginnen. Er wird immer mehr Menschen unterjochen und sie zwingen, als Sklaven für ihn zu arbeiten. Er wird sich alle Rohstoffe holen, die er bekommen kann. Dann wird er die Waren produzieren, für deren Herstellung das wertlose Geld keinen Anreiz mehr geboten hat.

Sobald die Geplünderten aus Mallorca zurückkehren und erkennen, was passiert ist, wird sie großer Zorn erfassen. Sie werden versuchen, den Plünderer ausfindig zu machen und zu hängen. Doch der hat sich längst seinen privaten Sicherheitsdienst aufgebaut oder ist über alle Berge.

Wenn alle Welt so handelt, bricht Chaos aus.

Wenn jeder Bürger Geld drucken kann, zerfällt die Gesellschaft.

Das wertlose Geld führt zum Bürgerkrieg.

Am Ende werden sich die Menschen darauf einigen, dass dieses Modell nicht funktioniert. Sie werden ihre Gelddruckmaschinen verschrotten und sich auf eine neue Form des Geldes einigen.

Genau dieser Prozess läuft heute auf staatlicher Ebene ab.

Das »easy money« verliert seinen Wert. Es ist so viel Geld erschaffen worden, dass es nicht mehr genug Produkte und Werte gibt, die man sich dafür kaufen kann. In der globalen Schuldenkrise sprechen Fachleute in diesem Zusammenhang von einer »Asset-Blase«. Wenn eine solche Blase platzt, gibt es stets Verwerfungen.

Doch anders als in unserem Beispiel vom verrückt gewordenen Dorf sind in der globalen Schuldenkrise nicht alle gleich. Der entscheidende Unterschied zwischen einem Verteilungskampf der Bürger untereinander und der aktuellen Situation liegt im Gewaltmonopol des Staates. Der Staat erlässt die Gesetze. Er bestimmt die Regeln. Unter normalen Umständen gilt: Ein Gesetz muss bekannt gemacht werden, bevor es in Kraft tritt. Doch in der Schuldenkrise verändert der Staat auch diese Regel: Er ändert die Gesetze, wie er sie braucht. Notfalls auch rückwirkend.

Es liegt in der Natur des Staats, dass er, selbst wenn er das Recht des Stärkeren ausübt, sein unrechtes Handeln mit einer rechtlichen Grundlage unterlegt. Anders kann er beispielsweise nicht auf das Vermögen der Bürger zugreifen. Alle Unrechtssysteme waren formal auf Gesetzen aufgebaut, damit der hoheitliche Zwang auch wirksam ausgeübt werden konnte. Wir erinnern uns an Wolfgang Schäubles Spruch: »Bankeinlagen sind eine sensible Sache, deshalb macht man so etwas am Wochenende.«

Die vielen vorinflationären Rechtsbrüche sind ein sicheres Indiz für den Zusammenbruch des Systems, das auf nichts aufbaut als auf heißer Luft und staatlichem Zwang.

Man kann das sehr gut an der Entwicklung in Europa beobachten.

Der Rechtsbruch in Europa kam, als die Fanfaren über die Gründung der Eurozone noch nicht verklungen waren. Deutschland und Frankreich haben bewusst den jungen Vertrag von Maastricht gebrochen. Sie haben mehr Schulden gemacht als vereinbart. Sie haben von ihrem Recht als Stärkere Gebrauch gemacht – in der absurden Erwartung, dass dies ohne Folgen bleiben würde. Selbstverständlich haben daraufhin die anderen Eurostaaten den Maastricht-Vertrag ebenfalls zum Altpapier geworfen. Mit der Griechenlandrettung wurde der Vertrag erneut gebrochen – diesmal von allen gemeinsam.

In den Maastricht-Verträgen, die die Grundlage der EU darstellen, steht eindeutig, dass jeder Staat für seine eigenen Schulden verantwortlich ist – eine Übernahme der Schulden durch Steuergelder aus anderen Ländern ist ausdrücklich verboten.[289]

Die europäischen Schuldenpolitiker agieren längst außerhalb von Recht und Gesetz. Es ist besonders verwerflich, dass die Rechtsbrecher die europäischen Völker gegeneinander aufhetzen. In Südeuropa wird behauptet, »die Deutschen« wollten den Süden unter ihre Kontrolle bringen. Zugleich behaupten die Schuldenpolitiker im Norden Europas, dass man »die Griechen«, »die Spanier« etc. an die Kandare nehmen müsse, weil sie »den fleißigen Deutschen« die Ersparnisse wegnehmen wollen.

Die Rettung Griechenlands war keine »Rettung« der armen Griechen, sondern ausschließlich ein Griff in die Taschen der europäischen Steuerzahler, damit die Staaten weiter Schulden machen können. Die deutschen Steuerzahler haben nicht die angeblich arbeitsunwilligen Griechen gerettet. Die deutschen Steuerzahler haben die arbeits- und sparunwilligen europäischen Schuldenpolitiker und ihr System gerettet – das System des Falschgelds in der Eurozone und in den Nationalstaaten.

Die Schuldenpolitiker mussten die Banken retten, um sich selbst zu retten. Wir haben im vorigen Kapitel gesehen, dass die Banken den Politikern mit den hohen Zinsen für südeuropäische Staatsanleihen zu verstehen gegeben hatten, dass die Schuldenmacherei in Europa nicht mehr finanzierbar sei. Um zu verhindern, dass die Banken ihr Geld abziehen, haben die Euroretter den Banken erspart, dass sie in Griechenland (und damit in anderen Krisenstaaten) die »Kernschmelze« erleben müssen. Gerettet wurden ausschließlich die Financiers der Schulden-Staaten, an die in Griechenland 77 Prozent der Rettungskredite gingen.[290] In Irland konnte kein Cent für Konjunkturprogramme oder soziale Hilfen aufgebracht werden. Fast die gesamte Summe von 67,5 Milliarden Euro an Hilfsgeldern ging an die Banken.[291] Selbst reiche Anleger wurden, wie im Fall der AngloIrish Bank, mit Lügen dazu gebracht, ihr Geld in das marode Unternehmen zu investieren – um am Ende alles zu verlieren.[292]

Denn wenn der Staat oder eine Staatengemeinschaft Zwang ausübt, kann er dies nur gegen seine Bürger tun. Die Finanzindustrie ist den meisten Staaten rechtlich um Welten überlegen. Die Banken beschäftigen die besten Anwaltskanzleien der Welt, schließen viele Deals nach angelsächsischem Recht und sprechen Englisch. Gegen diese ausgebufften Finanzprofis haben die Schuldenpolitiker keine Chance. Daher reagieren sie, wenn es eng wird, entweder beleidigt, wie bei den verschiedenen Klagen der Kommunen (»Wir haben das alles nicht verstanden!«). Oder aber sie ergreifen Zwangsmaßnahmen gegen die eigenen Bürger. Dazu haben sie 100 Juristen im Bundestag sitzen, können jederzeit die Gesetze beschließen und können ihre Tagesbefehle zur Plünderung ihrer Nation abfassen.

Die »strengen Auflagen«, die bei solchen »Rettungen« verordnet werden, richten sich nicht gegen die Regierungen in Athen oder Lissabon. Sie richten sich auch nicht gegen die Finanzindustrie. Die strengen Auflagen dafür, dass die Eurostaaten weiter Schulden machen dürfen, richten sich immer direkt gegen die betroffenen Völker. Steuererhöhungen, Kürzungen bei den Sozialleistungen und Privatisierungen – dafür zahlen die Bürger und nicht die Parteien oder Funktionäre. In deutscher Sprache verkaufen die Schuldenpolitiker die Zwangsmaßnahmen als »Sparkurs« – wie ein Vater, der seiner Tochter das Taschengeld streicht, weil er als Alkoholiker die Kontrolle über die Finanzen der Familie verloren hat.

Die Angelsachsen sprechen von »Austerität«. Das bedeutet in etwa »Entbehrung« und trifft die Sache eher. Schuldenkommissare aus der »Troika« wachen darüber, dass die verschuldeten Staaten auch wirklich Entbehrungen auf sich nehmen. Daher müssen die Bürger von Griechenland bis Irland vieles entbehren – und zwar auf Generationen, und ohne sich wehren zu können.

Die EU ist in dieser Hinsicht gerade für viele Südeuropäer eine große Enttäuschung. Jene Griechen, die nicht zu den Clans gehören, die das Land seit Jahrzehnten plündern, hatten gehofft, dass mit der Machtverlagerung nach Brüssel endlich auch das undurchdringliche Geflecht aus Korruption, Vetternwirtschaft und Ausbeutung ein Ende haben würde.

Stattdessen müssen sie ertragen, dass EU-Kommissionspräsident José Manuel Barroso nach Athen reist, um die Griechen vor »Populisten« und anderen neuen Parteien zu warnen. Mittlerweile wissen viele Griechen längst, dass Barroso ein guter Freund des griechischen Oligarchen Spiros Latsis ist. Der *Tagesanzeiger* berichtete: »2004 verbrachte der heutige EU-Kommissionspräsident José Manuel Barroso samt Familie eine Woche auf dem Traumschiff – gratis und franko. Barroso und Spiros Latsis kannten sich schon lange, sie haben in London gemeinsam studiert. Peinlich war, dass kurz nach den Jachtferien in Brüssel strengere Umweltvorschriften für griechische Schiffe verhindert wurden. Entscheide, in die Barroso teilweise persönlich involviert war. Barroso überstand später einen Misstrauensantrag im EU-Parlament mit dem Argument, er sei zur Zeit des Urlaubs noch nicht EU-Präsident gewesen.«

Der heute in Bellevue bei Genf lebende Latsis sei »einer der größten Profiteure der Rettungsaktion« gewesen. Dem reichsten Mann Griechenlands

»gehören neben der zweitgrößten Bank Griechenlands, der EFG Eurobank, auch eine Reederei, eine Immobiliengesellschaft, 30 Prozent an Hellenic Petrolium sowie Immobilien in der ganzen Welt. Zwölf Milliarden Euro steckte seine Bank in die griechischen Staatsschulden, 48 Milliarden haben private griechische Schuldner bei ihm ausstehen. Von denen sind heute nicht mehr alle solvent – aus diesem Grund wäre Latsis' Bank in Griechenland ohne die Hilfe Europas zusammengebrochen.«[293]

So sieht es nämlich aus, wenn der Staat als Retter auftritt – oder, was noch gefährlicher ist, ein Staatenverbund wie die EU: Die Griechen müssen »entbehren«, weil sich der griechische Staat bei einem Oligarchen verschuldet hat. Weil der Staat nicht zahlen kann, werden nun – wie im perfekten Schneeballsystem – die europäischen Steuerzahler geplündert. Schließlich ist der Oligarch ein Kumpel des EU-Kommissionspräsidenten (der wiederum im Hinterzimmer von Brüssel von den EU-Regierungschefs in freier und geheimer Kungelei bestellt wird).

Folgerichtig hat keine einzige »Rettung« dazu geführt, dass einer der betroffenen Staaten seine Schulden abgebaut hat – im Gegenteil: Die Schulden sind im langfristigen Trend unaufhörlich gestiegen.[294] Sie werden heimlich in der Eurozone umverteilt. Die Banken sind in Griechenland mit einem moderaten Schuldenschnitt davongekommen, sofern sie sich nicht rechtzeitig verabschiedet hatten. Den Großteil der Schulden hat die Europäische Zentralbank übernommen. Das bedeutet: Die Schulden wurden den europäischen Steuerzahlern aufgebürdet. In Ausnutzung ihres Geld- und Gewaltmonopols zwingen die Staaten die Bürger Europas, diese Schulden mit »Entbehrungen« abzutragen. Um das sicherzustellen, beschließen die Politiker die »Entbehrungen« formal und überwachen den »Sparkurs«: Die EU ist Mitglied der Troika und begleitet die EZB und den IWF – die globalen Inkassoexperten – auf ihren Inspektionsreisen.

Der grüne EU-Abgeordnete Sven Giegold kritisiert die Troika und kann nicht verstehen, warum das EU-Parlament die vom Europarat nachgewiesenen »zahlreichen Grundrechtsverletzungen« nicht im Bericht über die Troika veröffentlicht hat.[295]

Der Grund dafür ist einfach: Die Schuldenstaaten werden die Troika und ähnliche externe Vollstrecker auch in Zukunft brauchen, um die Völker Europas zu zwingen, die Schulden ihrer Regierungen abzuarbeiten.

Hierin liegt die fundamentale Rechtswidrigkeit des Papiergeldsystems. Die Regierungen haben ihre Bürger nicht gefragt, ob sie gerne als Schuldensklaven enden wollen. Die gesamte europäische Schuldenpolitik der vergangenen Jahrzehnte ist eine kollektive Lüge, mit der den kommenden Generationen die Grundlage für eine freie und selbstbestimmte Entwicklung genommen wird.

Es ist eine Plünderung mit Ansage. Die Opfer sind zum Zeitpunkt der Erstellung des Schlachtplans noch gar nicht geboren.

Über ein Verrechnungssystem, das sogenannte Target2-System, kann man erkennen, was auf die Bürger noch zukommt. Die sich daraus ergebenden Salden signalisieren, dass Deutschland und andere Nord-Staaten gewaltige Summen in den Süden transferiert haben. Die Bundesbank meldete im Februar 2014 eine Summe von 499.231.990.638,80 Euro als Forderungen Deutschlands gegen die anderen Eurostaaten.[296]

Der Münchner ifo-Chef Hans Werner Sinn hat die deutsche Öffentlichkeit darauf hingewiesen, dass dieses Target2-System sehr aussagekräftig ist.[297] Es sagt uns im Wesentlichen, in welcher Höhe Falschgeld im Umlauf ist. Oder wie viele falsche, uneinlösbare Versprechungen abgegeben wurden. Oder wie viel Geld irgendjemand einmal von den Bürgern Europas zurückverlangen wird.

Denn natürlich gilt auch in der internen Verrechnung, dass die Schulden real sind – also eines Tages auch abgebaut werden müssen. Die Schuldenpolitiker behaupten, dass das Eurosystem (Target2) ein reines Verechnungssystem sei. Solange der Euro nicht auseinanderbricht, könne man diese Schulden vor sich herschieben. Erst wenn ein Land ausscheidet oder pleitegeht, verlieren die Geberländer das Geld. Diese Tatsache erklärt, warum die Politiker in der Eurozone alles tun müssen, um den Euro zu retten. Es ist wie bei einem Schneeballsystem: Steigt einer aus, fällt das Kartenhaus in sich zusammen.[298]

Tatsächlich verhält sich die Sache so: Der Euro muss nicht zusammenbrechen. Der Schaden tritt trotzdem ein. Die internationalen Banken haben damit begonnen, von den Staaten einen Schuldenabbau zu verlangen.

Der Schuldenschnitt in Griechenland und die Zwangsabgabe in Zypern haben die Banken sensibilisiert. Das Vertrauen – der einzige Wert von Geld – ist weg. Daher werden die Europäer mit einer unendlichen Kette von weiteren Troika-Missionen ihre eigenen Völker ausplündern, um im Gegenzug weiter Geld zu drucken, welches sie an die Banken weiterreichen, die wiederum die Schuldscheine der Regierungen als Sicherheit verwenden – und auf die Jagd nach realen Werten zu gehen. Zu diesem Zweck haben die Eurostaaten bereits weitreichende Einschnitte bei der nationalen Souveränität vorgenommen – selbstverständlich auch, ohne das Volk zu befragen. Eigentlich fällt die Aufnahme neuer Schulden in das Haushaltsrecht. Dieses gilt als das »Königsrecht« eines souveränen Volkes.[299]

Doch der Gesellschaftsvertrag, den die Bürger mit ihren Regierungen und Parlamenten geschlossen haben, ist längst Makulatur, genauso wertlos wie all das Papier, das die EZB rund um die Uhr druckt.

Hier zeigt sich, dass die Flutung der Welt mit wertlosem Geld direkt in die Abschaffung der Demokratie führt. Die Regierungen haben den Gesellschaftsvertrag einseitig aufgekündigt und verlangen von den Bürgern die Unterwerfung unter das Schuldendiktat..

Diese Forderung kommt jedoch spät.

Genauer gesagt: 700 Milliarden Euro zu spät.

Denn die Plünderer haben bereits einen Teil der Beute außer Landes geschafft.

Die Schuldenpolitiker haben zu diesem Zweck einen europäischen Geldtopf erfunden, in den 700 Milliarden Euro von den europäischen Staaten verschoben wurden – für den »Notfall«. Dieser sogenannte Europäische Stabilitätsmechanismus (ESM) ist ein offshore gelagertes Spekulationsvehikel.[300] Der Deutsche Bundestag hatte für die Zustimmung zu diesem brachialen Beutezug eine knappe Woche Zeit. In dieser Zeit mussten sich die Abgeordneten den ESM-Vertrag durchlesen, welcher dem Steuerzahler dauerhaft gewaltige Summen des Volksvermögens entzieht. Er umfasst nur 62 Seiten – allerdings muss man sich zumindest damit beschäftigen, um seine Konsequenzen zu begreifen.

Die meisten Abgeordneten haben das Gesetz, das sie, eigentlich dem Bürger verantwortlich, beschlossen haben, nie gelesen. Eine Umfrage der *Deutschen Mittelstands Nachrichten* ergab eine erschreckende Gleichgültigkeit der Abgeordneten aller Parteien – mit Ausnahme der Linken, die den ESM als einzige Partei ablehnte. Allen anderen Abgeordneten reichte die Aussage der Bundeskanzlerin, dass diese weitgehende Abgabe von Souveränitätsrechten »alternativlos« sei. Und das ist sie auch – aus Sicht der Plünderer: Es gibt niemandem außer dem Staat, der per Zwang den kommenden Generationen Europas 700 Milliarden Euro abnehmen kann. [301]

Durch den ESM wurde eine Art Rücklage zur Rettung der sich weiter verschuldenden Staaten gebildet. Zwar wurde zunächst behauptet, dass die »Rettungsgelder« nur den in Not geratenen Regierungen zustehen sollten. Doch schon nach einem knappen Jahr wurden aus dem ESM 60 Milliarden Euro für die Rettung der spanischen Banken abgezweigt.[302]

Der Preis ist hoch. Er muss von den Bürgern der Eurozone bezahlt werden.

Alle betroffenen Staaten zählen nach der »Rettung« eine höhere Arbeitslosigkeit als vorher. Die Jugendarbeitslosigkeit steigt. Die Sozialsysteme erodieren. Die Armutsquote steigt. Die Bürger müssen sich in Niedriglohnjobs verdingen. Viele wandern aus, vor allem die jungen Leute, die noch einigermaßen mobil sind. Dadurch wird die Überalterung beschleunigt, das erhoffte Wachstum in den Staaten geht zurück.

Sehen wir uns als Beispiel einmal Griechenland an. Die »Rettung« Griechenlands ist eine Umschuldung jener Kredite, die die verantwortungslose griechische Regierung ihrem Volk aufgedrückt hatte. Die Regierung hatte das kleine Land mit sagenhaften 144,6 Milliarden Euro überschuldet.[303] Das Bruttoinlandsprodukt Griechenlands beträgt 23 Milliarden Euro. Die Schuldenquote ist nach der Rettung nicht gesunken. Im Jahr 2011, als Athen faktisch seine Pleite anmelden musste, betrug die Verschuldung 170 Prozent des BIP. Im Jahr 2013 war die Verschuldung auf 179 Prozent angestiegen.[304]

Um zu verhindern, dass jemand auf die Idee kommt, die Forderungen an Griechenland seien nicht »werthaltig«, haben die Plünderer mit perfekter Camouflage die Zahlen manipuliert und wollen aller Welt erklären, dass Griechenland nun ein ungeahntes Wachstum erwartet. Diese groteske Annahme ist nur möglich, weil der Staat – dessen globales Vehikel der IWF ist, wie wir gesehen haben – mit Zwang die Spielregeln bestimmen kann.

Eine dieser Regeln besteht darin, dass alle Versprechungen in der Zukunft liegen. Daher operieren die Plünderer stets mit Prognosen. Viel vernünftiger wäre es, die Haushaltsrechnungen des jeweils zurückliegenden Jahres zur Grundlage weiterer Kredite zu machen: So könnte man – wenn man einmal von den massiven Tricks und Manipulationen absieht, die diese Zahlen verfälschen – einen besseren Eindruck gewinnen, ob es tatsächlich gelungen ist, Schulden zu reduzieren und die Wirtschaft in Gang zu bringen.

Doch mit Prognosen kann man besser schummeln. Dani Rodrik hat in einer Studie belegt, dass alle Prognosen des IWF für Griechenland falsch waren.[305]

Im April 2010 prognostizierte der IWF, die griechische Wirtschaft werde im Jahr 2011 um 1,1 Prozent schrumpfen. Ein halbes Jahr später erwartete der Fonds bereits 2,6 Prozent weniger Wirtschaftswachstum. Im Laufe des Jahres 2011 korrigierte der IWF dann seine Wachstumsprognose noch weitere zwei Mal: Zuerst sollte die Wirtschaft um drei und dann um fünf Prozent schrumpfen. Am Ende des Jahres war die Wirtschaft Griechenlands tatsächlich um 6,7 Prozent geschrumpft. Von 1,1 auf 6,7 Prozent in einem laufenden Jahr! Es ist bezeichnend, dass auch die Experten des IWF vom Steuerzahler bezahlt werden – auf dem freien Markt würden solche Falschrechner keinen Job finden.

Anfänglich war das Versagen des IWF noch damit zu erklären, dass ihm der Überblick fehlte und die Griechen weniger Reformen umsetzten als angekündigt. Doch dieses Argument kann nicht mehr als Ausrede herhalten, seit Griechenland in das internationale Rettungsprogramm eintrat und der IWF Zugang zu sämtlichen Daten hat.

Spätestens im Jahr 2011 hätten die Prognosen deutlich kritischer ausfallen müssen: »Tatsächlich waren die Programme auf der Annahme konzipiert, dass es einen magischen und riesigen Anstieg der Produktivität geben werde, ausgelöst durch die Reformen wie die Liberalisierung bestimmter Berufszweige und die Arbeitsmarktreform, die niemals umgesetzt wurden«, schreibt Rodrik.

Die griechische Regierung hat natürlich keine Reformen durchgeführt. Sie hat ihr eigenes Volk geplündert – mit dem Ergebnis, dass das Land nun eine starke rechtsradikale Partei hat und der soziale Frieden auf Jahre hinaus gestört ist.

Die geforderte »Liberalisierung« hat die griechische Schuldenregierung im Verein mit der Troika beispielsweise dergestalt betrieben, dass sie, angeblich als Zeichen des guten Willens, Berufsgruppen liberalisieren wollte wie zum Beispiel die Notare. Welchen Impuls soll denn die Wirtschaft durch eine Liberalisierung des Notars-Standes erhalten?

Privatisierung kann sinnvoll sein – wenn der Staat als meist unfähiger und korruptionsanfälliger Eigentümer Betriebe in die Hände von charakterfesten, finanzstarken und innovativen Unternehmern übertrüge. Es ist nämlich ein weitverbreiteter Irrtum, dass der Staat per se ein guter Eigentümer ist. Dieser Irrtum rührt von der Vorstellung, dass der oben erwähnte Gesellschaftsvertrag gilt. Doch in der Praxis dienen staatliche Unternehmen sehr oft nur dazu, die Bürger mit Monopolpreisen zu schröpfen und für Politiker Versorgungsposten zu schaffen. Diese Politiker und die von ihnen eingesetzten Manager haben oft weder die Kompetenz noch den Charakter, ein Unternehmen wirklich gut zu führen. Sie profitieren davon, sich nicht am Markt beweisen zu müssen.

Die deutschen oder die norditalienischen Mittelständler sind gute Beispiele dafür, dass es möglich ist, in einer globalisierten Welt auch ohne staatliche Gängelung erfolgreich zu sein und trotzdem die Mitarbeiter fair und anständig zu behandeln. Es gibt keinen Grund, warum dies nicht auch in Griechenland, Spanien oder Portugal möglich sein sollte.

Ludwig von Mises hat das Grunddilemma von verstaatlichten Unternehmen beschrieben. Seiner Auffassung nach besteht die Aufgabe des Staates nicht darin, Unternehmen mit der Absicht zu betreiben, Gewinne abzuwerfen. Gewinne können nur erzielt werden, wenn ein Unternehmer aus dem inneren Antrieb ein Unternehmen führt, damit Gewinne zu erwirtschaften. Die Aufgabe des Staates ist dagegen die Verwaltung von Organisationsabläufen, die keinen Gewinn abwerfen können. Mises betont ausdrücklich, dass der Begriff der »Bürokratie« zu Unrecht stets abwertend verwendet wird.

In einer Gesellschaft, in der die Staaten als notorische Rechtsbrecher auftreten, ist jedoch auch das Idealbild des Beamten nur noch ein Schatten der Erinnerung: Das *Handelsblatt* deckte Ende 2013 auf, dass offenbar Tausende Beamte bundesweit »Geldpräsente« vom Versicherungsunternehmen Debeka erhalten hatten. Die Beamten gaben als »Tippgeber« Auskunft über mögliche Neukunden für den Konzern.[306]

Noch vor 200 Jahren galt es als Ehre, Beamter zu sein. Die Beamten genossen hohe gesellschaftliche Anerkennung. Wenn wir einmal davon ausgehen, dass es sich beim Debeka-Skandal um Ausnahmefälle handelt: Die Arbeit im Staatsdienst unterscheidet sich fundamental von einem Job in der freien Wirtschaft. Mises: »Wir sind nicht der Auffassung, dass der Postbeamte geringer ist als irgendjemand sonst. Worüber man sich jedoch im Klaren sein muss, ist bloß, dass die Zwangsjacke bürokratischer Organisation die Initiative des Individuums lähmt, während ein Neuerer innerhalb des kapitalistischen Marktes immer noch Erfolgsaussichten hat. Jener fördert Stillstand und die Bewahrung eingefleischter Verfahren, dieser trägt zu Fortschritt und Verbesserung bei.«[307]

Doch wenn Privatisierungen im Zuge der Plünderung der Welt erfolgen, geht es um etwas anderes. Es geht darum, dass die Finanzwirtschaft auf der Suche nach realen Werten ist, um wenigstens einen Teil der Kredite aus heißer Luft und Geld aus Papier in Sachwerte umzuwandeln. Wenn der IWF und all die anderen Brigaden der Plünderer von »Privatisierung« reden, meinen sie nicht den freien Unternehmer, der mit persönlichem Risiko eine Firma führt, bei der er im Erfolgsfall großen Gewinn auch für sich persönlich verbuchen kann, im Fall des Scheiterns jedoch auch sein persönliches Vermögen verliert.

Privatisierung im Dienst der Plünderung der Welt bedeutet, dass lokale Unternehmen möglichst an globale Konzerne fallen sollen. Wie wir in der Analyse unserer Schweizer Computerwissenschaftler gesehen haben, definiert sich die Macht der Finanz-Eliten über das Eigentum, das sie an Firmen halten. 0,123 kontrollieren den Wert der restlichen 80 Prozent. Wie wir ebenfalls gesehen haben, sind diese 0,123 Prozent die globalen Banken und Finanzinstitutionen – vornehmlich aus den USA und Großbritannien.

Privatisierung in Zeiten des wertlosen Geldes heißt: Die Banken, die die Schuldenberge der Staaten finanzieren müssen, suchen den Zugriff auf reale Werte.

Dass diese Plünderung oft relativ einfach zum Erfolg führt, liegt an einer Gruppe, auf die wir später noch zu sprechen kommen: Es sind die angestellten Manager der großen Konzerne. Diese Leute haben, im Unterschied zum traditionellen Unternehmer, der ein Unternehmen aufbaut und dafür in der Regel sein eigenes Geld investiert, nur Vorteile in ihrem Job.[308] Sie sind keine Unternehmer, weil sie weder ihr eigenes Geld für ihr Unternehmen einsetzen noch das geringste Risiko tragen, wenn sie scheitern. Diese angestellten Manager arbeiten alle mit dem »goldenen Fallschirm«. Sie handeln, bevor sie einen Finger gerührt haben, sagenhafte Gehälter aus und bekommen, wenn sie ausscheiden, sagenhafte Abfindungen. Dies gilt in der Regel auch, wenn die Manager einen Konzern vor die Wand gefahren haben. Außerdem bekommen sie meist eigentumsähnliche Anteile an den Unternehmen in Form von sogenannten Aktienoptionen. Wie wir weiter oben gesehen haben, sind die Aktienkurse mittlerweile in hohem Maß manipuliert. Ein Manager in einem börsennotierten Konzern hat nur ein Interesse: Er muss den Aktienkurs hoch halten.[309] Wenn er besonders raffiniert ist, versucht er, während seiner Amtszeit den Aktienkurs durch Käufe, Verschmelzungen oder Verkäufe in die Höhe zu treiben. Je besser es ihm dabei gelingt, Spuren zu verwischen und den Eigentümern Sand in die Augen zu streuen, umso höher wird sein Lohn sein. Mit Unternehmertätigkeit im Sinn von Mises hat das nichts mehr zu tun.[310]

Wir verzichten an dieser Stelle ausdrücklich darauf, Namen zu nennen. Zum einen würden diese ein eigenes Buch füllen, zum anderen geht es nicht darum, Neid zu schüren. Denn das Problem sind nicht die konkreten Personen, sondern das durch die unerbittliche Dynamik des Schuldgeldes völlig korrumpierte System. Wir werden noch sehen, dass genau deswegen moralische Kriterien eine entscheidende Rolle spielen, wenn wir das morsche System durch ein vitales ersetzen wollen.

Eine Privatisierung wäre sinnvoll, wenn zum Beispiel ein staatliches griechisches Unternehmen, das von einer korrupten Regierung schlecht geführt wird, in einem transparenten, fairen und für alle offenen Verfahren an tüchtige Unternehmer übertragen würde.[311] Auch könnten für ein Unternehmen Kriterien formuliert werden, die ein privatisiertes Unternehmen verpflichten, für die griechische Allgemeinheit konkreten Nutzen zu bringen. Doch all dies geschieht nicht: Die Privatisierung, wie sie im Fall der »Eurorettung« praktiziert wird, soll dazu dienen, die immer kleinere Zahl der internationalen Konzerne stabil zu halten und den Reichtum der 0,123 Prozent zu vermehren.

Im Fall der Privatisierungen in Griechenland ist ein anderes Phänomen zu beobachten, das die Absurdität von fremdgesteuerten Wirtschaftssystemen veranschaulicht: Die griechische Regierung hat nämlich, trotz aller Beteuerungen, die von der »Troika« geforderten Privatisierungen nicht durchgeführt. Von den vom IWF geforderten 50 Milliarden Euro, die die Privatisierungen einspielen sollten, waren Mitte 2013 gerade mal 2,38 Milliarden erreicht.[312][313][314] Die Privatisierung wurde von der Regierung in Athen blockiert. Doch nicht aus hehren Motiven, sondern aus purem Machterhalt. So musste der Chef der griechischen Privatisierungsbehörde im Jahr 2012 zurücktreten. Der Grund: Der Beamte war hochgradig korrupt und muss sich deswegen nun vor Gericht verantworten.[315]

Hier zeigt sich die Ausweglosigkeit in der Schuldenkrise, die immer den Bürger schädigt und nicht das System. Dem griechischen Volk ist mit der Fortführung der staatlichen Vetternwirtschaft, die gerade bei den griechischen Staatsbetrieben ein durchgängiges Problem darstellt, natürlich nicht gedient. Die Betriebe bleiben weiter in den Händen einer kleinen, nationalen Clique – meist zum Nachteil der Bevölkerung. Sie brüsten sich schließlich sogar, Helden zu sein: Man habe den Übergriff der internationalen Ausbeuter abgewehrt – im Dienste der griechischen Freiheit und Unabhängigkeit. Davon können sich die Griechen jedoch nichts kaufen. Sie müssen tatenlos mitansehen, wie alte Seilschaften weitermachen wie bisher und das Volksvermögen von innen her zerstören.

Das Scheitern der Privatisierungen in Griechenland hat den Plünderern allerdings vor Augen geführt, dass sie noch größere, schlagkräftigere Waffen brauchen, um die Schulden loszuwerden. Das wissen die Plünderer auch. In ihrer »großen Waffenkammer« finden wir Instrumente, die bereits ganz unverhohlen als »Waffen« beschrieben werden. Wir erinnern uns: Der Milliardär und Investor Warren Buffett hatte schon vor der Immobilienkrise vor den gefährlichen Produkten der Finanzindustrie gewarnt. Sie seien moderne »Massenvernichtungswaffen«.[316]

Im Zusammenhang mit den Ankündigungen von EZB-Chef Mario Draghi, war wenige Monate später von der »Dicken Bertha«und der »Bazooka« die Rede, die Draghi zum Einsatz bringen werde, um die Krise zu beenden.[317][318]

Werfen wir einen Blick auf diese Kaliber, mit denen die Plünderung der Welt einen großen Schritt vorankommen soll.

Kapitel 11: Blick in die grosse Waffenkammer

Im Sommer des Jahres 1931 schrieb Montagu Norman, der Chef der Bank of England, also der englischen Zentralbank, einen Brief an seinen Kollegen bei der französischen Zentralbank. Norman war damals der mächtigste Mann Englands. Die *New York Times* nannte ihn den »Monarchen eines unsichtbaren Imperiums«. Norman war eine auffallende Erscheinung, ein »Mann mit einem spitzbübischen Lächeln, der theatralisch-geheimnisvollen Aura, dem Van Dyke-Bart und der Verschwörerbekleidung: breitkrempiger Hut, wallender Umhang und funkelnde Smaragd-Krawattennadel.« Normans Brief an den Chef der Banque de France war ein Appell zum entschlossenen Handeln. Mitten in der ersten großen Bankenkrise in Europa schrieb Norman: »Wenn nicht drastische Maßnahmen ergriffen werden, um es zu retten, wird das kapitalistische System innerhalb eines Jahres in der gesamten zivilisierten Welt zugrunde gehen. Ich sollte diese Aussage archivieren, um später darauf verweisen zu können.«[319]

Wir wollen die Finanzkrise der 1930er-Jahre hier nicht weiter im Detail betrachten, sie wurde in einem mit dem Pulitzerpreis ausgezeichneten Buch von Liaquat Ahamed wie ein Krimi beschrieben. Ahamed schildert die verzweifelten Bemühungen der damaligen internationalen Zentralbanker, mit allen ihnen zu Gebote stehenden Mitteln den Crash zu verhindern, der – und das wussten die Banker sehr gut – zu gewaltigen sozialen Verwüstungen führen würde. Ahamed kommt in seiner Analyse jener Zeit, die verblüffend viele Ähnlichkeiten zu unserer Zeit aufweist, zu einer bemerkenswerten Schlussfolgerung: »Einer der Gründe für das Ausmaß des weltweiten wirtschaftlichen Zusammenbruchs war, dass es sich nicht nur um eine Krise handelte, sondern um eine Abfolge von Krisen, die sich immer wieder von einer Seite des Atlantiks auf die anderen ausbreiteten.«[320]

Genau dieses Phänomen haben wir um die Jahrtausendwende erlebt: New Economy, Subprime, Eurokrise. Eine Krise jagt die nächste. Und die einzige Konstante aller Krisen: Durch die »drastischen Maßnahmen«, die die Regierungen im Verein mit den Zentralbankern beschließen, wird die Lage immer schlimmer.

Es gibt eine gängige Theorie, die besagt: Blasen gehören zum Wirtschaftsleben. Dinge werden aufgeblasen, dann platzt die Blase – und es geht weiter. Solche Dinge seien in einer Marktwirtschaft normal.

Das stimmt nicht: Blasen treten nur auf, wenn künstlich Geld in die Märkte gepumpt wird.

Eine echte Marktwirtschaft, in der innovative Unternehmer Produkte entwickeln und vertreiben, kann ohne jede Blase auskommen. Wenn die Kunden seine Produkte kaufen, gewinnt der Unternehmer und wird reich. Wenn die Kunden die Produkte nicht brauchen, geht der Unternehmer pleite und verliert, was er investiert hat. Viel komplizierter ist die Realwirtschaft im Grunde nicht.

Blasen entstehen allerdings, wenn Staaten und Zentralbanken einen Markt mit Ozeanen aus Papiergeld und Krediten aus heißer Luft in ein Kasino verwandeln.

Das Internet hätte sich auch durchgesetzt, wenn Alan Greenspan den Markt nicht mit Falschgeld geflutet hätte. Google hätte sich etabliert, weil die Idee innovativ, die Technologie überzeugend und das Geschäftsmodell einleuchtend sind. Google wäre allerdings ohne das wahnwitzig viele Geld vielleicht nicht zu einem globalen Monopolisten geworden. Wir verzichten an dieser Stelle auf eine Betrachtung des Aufstiegs von Google. Interessant ist allerdings, dass die US-Regierung Google massiv gefördert hat – unter anderem mit Geld von den Geheimdiensten und dem Pentagon. Interessant ist auch, dass das Internet, wie wir es heute kennen, ursprünglich eine militärische Einrichtung war. Es ist schwer zu sagen, wie sich das Internet ohne jegliche US-Steuergelder und ohne Alan Greenspans Falschgeld entwickelt hätte. Möglicherweise gäbe es einige Monopolstrukturen heute nicht und wir müssten weltweit kein Steuergeld aufbringen, um Google über Kartellrechtsverfahren in seiner Marktmacht zu beschneiden.

Die »drastischen Maßnahmen« der Zentralbanken bewirken in der Regel, dass von erfolgreichen Innovationen vor allem die Finanzwirtschaft profitiert. Wenn die Innovationen scheitern, tragen die Anleger oder die Steuerzahler die Verluste. Die Intervention einer Regierung durch die Produktion von Schuldgeld führt zwangsläufig dazu, dass die Probleme nicht gelöst, sondern nur immer größer werden.

Ahamed benennt die Politiker der Pariser Friedenskonferenz 1919 als Schuldige der Katastrophen in den folgenden Jahren, weil sie den besiegten europäischen Feinden »eine gigantische Last an internationalen Schulden« auferlegt hatten.

Die zweite Gruppe seien die Zentralbanker gewesen. Dass sich die »Krise zu einer weltweiten Katastrophe auswuchs«, sei »unnötig« gewesen: »Die europäischen Zentralbankiers hatten schon seit mehr als einem Jahrhundert mit Finanzkrisen zu tun gehabt. Eine wichtige Lektion hatten sie längst verinnerlicht: Während die Wirtschaft, geführt von einer unsichtbaren Hand, die meiste Zeit sehr gut funktioniert, scheint diese Hand in Zeiten der Panik ihren Halt zu verlieren. Die Märkte, vor allem die Finanzmärkte, wurden irrational und ängstlich. Um unter solchen Umständen zur Vernunft zurückzukehren und wieder eine Art Gleichgewicht herzustellen, war ein gut sichtbarer Kopf erforderlich, der die unsichtbare Hand führte. Mit anderen Worten: Führerschaft war gefragt.«[321]

Doch wie soll man eigentlich »führen«, wenn eine »unsichtbare Hand« erschlafft? Es ist völlig normal, dass Panik ausbricht, wenn jemand in die Insolvenz rutscht. Niemand scheitert gerne. Der österreichische Verleger Fritz

Molden schildert bewundernswert ehrlich, wie er sich gefühlt hat, als ihn der Masseverwalter nach der Pleite seines Verlagsimperiums mit den Worten begrüßte: »Betrachten Sie sich in etwa in der Position eines unmündigen Kindes.«[322]

Die Finanzmärkte sind nicht weniger irrational und ängstlich als alle anderen Märkte. Die Beteiligten der Finanzmärkte wissen jedoch, dass die Regierungen extrem irrational und ängstlich sind, wenn es um ihre Staatsschulden geht. Droht man ihnen mit dem Crash und mit der unerfreulichen Aussicht, dass sie bei der nächsten Wahl mit bescheideneren Geschenken an die Bürger herantreten müssen, sind die Regierungen seit der Erfindung des Falschgeldes immer bereit gewesen, die Druckerpresse anzuwerfen. Dies geschieht stets in der irrationalen Hoffnung, dass die »unsichtbare Hand« bis zum Wahltermin ihren Liebesentzug beendet und wieder die »Führung« der Wirtschaft übernimmt.

Das klingt sehr nach Aberglaube.

Die Untergangsstimmung, die sich während der aktuellen Krise hinter verschlossenen Türen ausbreitet, erinnert durchaus an die Ängste der 1930er-Jahre, wie folgende Episode aus dem Dezember 2013 zeigt. In einer Sitzung der Regierungschefs der EU wurde wieder einmal heftig darüber gestritten, wie man die EU aus der nun seit Jahren anhaltenden Finanzkrise herausführen könne. Nachdem sich die meisten Politiker so ziemlich in allen Punkten widersprochen hatten und ein tiefes Zerwürfnis drohte, platzte Bundeskanzlerin Angela Merkel der Kragen: Sie komme aus einem Land, das von der Bundesrepublik Deutschland gerettet werden musste. Für die Europäer werde in der Eurokrise niemand aufstehen, um sie zu retten. Merkel nannte die Griechenlandrettung als Beweis dafür, dass die EU sehr wohl Krisen bewältigen könne, und forderte Taten: »Wenn wir uns alle so verhalten wie das im Kommunismus der Fall war, dann sind wir verloren. Ohne verstärkte Integration wird unsere Währung früher oder später explodieren.« Merkel sagte, dass sie bei der Lektüre des Buchs *Die Schlafwandler* von Christopher Clark über den

Vorabend des Ersten Weltkriegs ähnliche Phänomene erkannt hätte wie heute in der EU.[323] Alle Bemühungen, die zu einer politischen Lösung hätten führen können, seien gescheitert – und das habe zum Krieg geführt. »Das Leben ist ungerecht«, sagte Merkel. Es sei besser, jetzt drei Milliarden Euro zu bezahlen, als die EU in einigen Jahren mit zehn Milliarden Euro retten zu müssen.[324]

Nur Politiker, die stets das Geld der anderen ausgeben, können so etwas sagen.

Das Dilemma, in dem sich Angela Merkel zum Zeitpunkt dieser Bemerkung befand, und das der europäischen Politik heute immer noch zu schaffen macht, führt zu fortlaufenden Verwerfungen bei der Lösung der Krise. Es gibt in der Währungsunion unterschiedliche Auffassungen über das Tempo, mit der die Schulden weginflationiert werden sollen. Deutschland fürchtet um seinen guten Ruf bei den Investoren. Den Südländern ist die Möglichkeit genommen, durch laufende Abwertungen ihre nationalen Produkte wettbewerbsfähig zu halten. Ständig tauchen neue Probleme auf: Slowenien muss seine Banken retten, Österreich sieht sich auf einmal mit einem 19-Milliarden-Euro-Bankendesaster konfrontiert.

Da kann man sich schon mal höhere Mächte wünschen.

In solch einer Lage richten sich alle Augen immer wieder auf Mario Draghi, den Präsidenten der Europäischen Zentralbank.

Und wie 1931 Montagu Norman ist auch Mario Draghi entschlossen, »drastische Maßnahmen« zu ergreifen, um das System zu retten.

Wie wir bei der Geschichte der BIZ gesehen haben, waren die Zentralbanker immer schon der Meinung, es sei besser, sie übernehmen das Ruder, wenn sich die Politiker auf offener Bühne streiten. Die politische Führerschaft ist allerdings nicht die Aufgabe einer Zentralbank.

Eines der Probleme der Zusammenarbeit der Zentralbanken liegt darin, dass sich die meisten wichtigen nationalen Zentralbanken in einem entscheidenden Punkt von der Deutschen Bundesbank unterscheiden: Viele Notenbanken sind in privater Hand. Es ist höchst unwahrscheinlich, dass diese Banken Maßnahmen ergreifen, die ihren Eigentümern schaden.

Die Federal Reserve in den USA ist eine private, gewinnorientierte Bank.[325] Eigentlich ist sie so etwas wie eine Privatbank mit einem öffentlich-rechtlichen Auftrag. Sie soll die Geldwertstabilität sicherstellen, der Regierung bei der Bekämpfung der Arbeitslosigkeit helfen und dem amerikanischen Finanzminister am Ende des Jahres auch noch ordentliche Gewinne überweisen. Die Europäische Zentralbank dagegen ist von der Politik der Eurostaaten per Gesetz vollständig abgekoppelt. Es ist ihr verboten, die Staaten zu finanzieren.[326]

Die EZB wurde nach dem Vorbild der Deutschen Bundesbank gegründet. Die Deutschen hatten in den 1930er-Jahren schlechte Erfahrungen mit der damaligen Zentralbank, der Reichsbank, gemacht: Die Bank war, wie heute die Fed, eine private Bank mit staatlichen Aufgaben gewesen. Erst in seinen Erinnerungen im Jahr 1953 räumte ihr Präsident Hjalmar Schacht ein, dass die Reichsbank an der Katastrophe entscheidend mitgewirkt hatte: Sie hatte, um Profit zu machen, Geld an die internationalen Spekulanten verliehen. Die Spekulanten verwendeten dieses Geld, um gegen die deutsche Währung zu spekulieren – einer der Gründe, warum die Weimarer Republik schließlich zusammenbrach und Adolf Hitler an die Macht gelangte.[327]

Bei der Gründung der Bundesbank im Jahr 1957 wollte man genau diesen Fehler vermeiden.[328] Die Deutschen, die noch die Hyperinflation in Erinnerung hatten, gaben der Bundesbank eine einzige Aufgabe:[329] die Preisstabilität der D-Mark zu sichern. Mit diesem Konzept ist Deutschland bis zur Einführung des Euro sehr gut gefahren. Es gelang der deutschen Wirtschaft durch ihre Innovationskraft und Produktivität, ihre Waren trotz der legendär »harten Mark« auf den Weltmärkten zu verkaufen.

In den Jahren zwischen 1948 und 1989 lag der Leitzins der Bundesbank immer zwischen drei und acht Prozent. Die Bundesbank hielt Distanz zur Politik, auch wenn es Konflikte gab. So sagte Bundesbankpräsident Helmut Schlesinger 1992 nach Kritik von Bundesfinanzminister Theo Waigel an den hohen Zinsen:»Ein Finanzminister, der Schulden hat und weitere machen muss, ist nie über eine Zinserhöhung erfreut.«[330]

Die Notenbanken Italiens und Frankreichs agierten dagegen als chronische Weichspüler: Wann immer italienische oder französische Produkte unter Druck gerieten, werteten die Zentralbanken die Lira und den Franc ab, um die Waren wieder wettbewerbsfähig zu machen – ein durchaus legitimes Mittel, für deren Wirkung im Inland (höhere Kosten bei Importen) eben die Regierungen geradestehen mussten.[331] Interessant sind die Eigentümerstrukturen: Die Eigentümer der Banca d'Italia sind die großen italienischen Banken und Versicherungen sowie einige Pensionsfonds.[332] Auch die französische Notenbank gehört den französischen Banken. Die Banque de France wurde 1993 »mit Hinblick auf die Euroeinführung privatisiert«.[333]

Mit der Errichtung der EZB als Zentralbank der Eurostaaten haben wir es mit einer Mischform von eigentlich unvereinbaren Kulturen zu tun: Die Vertreter der einzelnen nationalen Notenbanken wollen das Schiff in entgegengesetzte Richtungen steuern.

Schon der erste Chef der EZB, der Franzose Jean-Claude Trichet, vertrat in erster Linie die französischen Interessen. Er hatte jedoch das Glück, dass seine Regentschaft in die Zeit der oben beschriebenen Euroblase fiel, in der noch alles zu funktionieren schien.[334] Just als die Krise jedoch ihrem Höhepunkt zusteuerte, wurde der Italiener Mario Draghi Chef der Notenbank.

Draghi ist ein neuer Typ des Bankers. Er war Notenbank-Chef in Italien und danach für das Europageschäft bei Goldman Sachs zuständig. Es lohnt sich, einen Blick auf sein Wirken zu werfen, bevor er an die Spitze der EZB gelangte und damit die Verantwortung über das Schicksal aller europäischen Vermögen übernahm.

In Draghis Zeit als italienischer Notenbankchef fiel ein Skandal um die älteste Bank der Welt, die Monte dei Paschi di Siena (MPS).[335] Diese hatte eine andere Bank, die Antonveneta, zu überhöhten Preisen gekauft und sich bei Derivatengeschäften grauenvoll verspekuliert.[336][337] Die Monte dei Paschi ist im Mehrheitseigentum einer Stiftung, die der Sozialdemokratischen Partei von Siena gehört.[338] Die Genossen hatten die Schrottpapiere genutzt, um ihren Wählern Geschenke zu machen. Die Bankenaufsicht unter Mario Draghi hatte nichts bemerkt.[339] Im Januar 2014 scheiterte eine Kapitalerhöhung der Bank, die den Aufsichtsratschef Alessandro Profumo zu der drastischen Bemerkung veranlasste, dass, wenn die Monte dei Paschi nicht gerettet werde, der gesamte italienische Bankensektor zusammenbrechen könnte.[340] Die Bilanzen der MPS wurden gehütet wie ein Staatsgeheimnis.[341]

In einer zweiten Episode spielte Draghi eine tragende Rolle bei einer der berüchtigten Privatisierungen in Italien: Der spätere republikanische US-Präsidentschaftskandidat Mitt Romney hatte während des Internetbooms mit seiner Firma Bain Capital vom italienischen Staat die Telefonbuchgesellschaft Pagine Gialle (Gelbe Seiten) für 300 Millionen Euro gekauft, sie dann kosmetisch aufgehübscht und schließlich für drei Milliarden Euro an das italienische Staatsunternehmen Telekom Italia verkauft. Danach war Pagine Gialle pleite. Im Jahr 2012 war das Unternehmen nur noch 57 Millionen Euro wert. Der Deal wurde über die Steueroase Luxemburg abgewickelt, wodurch den Italienern kein Cent an Steuern zufiel. Mario Draghi war damals als Beauftragter des italienischen Finanzministeriums zuständig für Privatisierungen und in diese Art von Deals involviert.[342]

Die dritte Episode aus dem Leben des Mario Draghi bezieht sich auf Griechenland. Griechenland war, wie sich erst später herausstellte, nur aufgrund einer Manipulation in die Eurozone aufgenommen werden. Die *FAZ* berichtete 2004: »Griechenland hat auch in den Jahren 1997 bis 1999 falsche Angaben über das staatliche Haushaltsdefizit an die Europäische Union gemeldet. Das geht aus einem Bericht des europäischen

Statistikamts Eurostat hervor. Danach lag das Haushaltsdefizit in diesen drei Jahren, die als Referenzzeitraum für den Beitritt des Landes in die Europäische Währungsunion im Jahr 2001 galten, jeweils oberhalb des Maastrichter Referenzwerts von drei Prozent des Bruttoinlandsprodukts (BIP). Aufgrund der jetzt bekannten Zahlen hätte Griechenland den Euro nicht einführen dürfen.«[343]

Bei der Manipulation hatte die Investmentbank Goldman Sachs den Griechen geholfen, indem sie mit einem dubiosen Geschäft die wahren Zahlen verschleiern half.[344] Draghi, der von 2002 bis 2005 in London als Vice-Chairman und Managing Director von Goldman wirkte, bestreitet bis heute, von der Sache auch nur das Mindeste gewusst zu haben.[345] Er behauptet, in seiner Zeit bei Goldman nur mit dem privaten Sektor, nicht aber mit Regierungen zusammengearbeitet zu haben.[346] Draghi hat allerdings im Jahr 2003 ein Papier veröffentlicht, in dem er ausdrücklich auf die Möglichkeiten von künstlichen Finanzprodukten zur Steuerung der Finanzen eines Staates verwies.[347] Als der Nachrichtendienst Bloomberg auf sein Recht auf Informationsfreiheit pochte und die Protokolle der EZB einsehen wollte, um über den Griechendeal Aufschlüsse zu erhalten, schmetterte ein Gericht der Europäischen Union dieses Begehren ab.[348] Die Begründung: Die Arbeit der Zentralbanken müsse geheim bleiben, weil eine Veröffentlichung zu Turbulenzen beim Euro führen könnte.[349]

Die Rolle der Zentralbanken ist vor allem deswegen heute von zentraler Bedeutung, weil im Zuge der Hyperglobalisierung auch die Kapitalströme nicht mehr auf Nationalstaaten begrenzt sind. Wir haben bei Zypern gesehen, dass zu viele Kredite aus dem Ausland ein Land zerstören können. Dies war der Tatsache geschuldet, dass in der Eurozone alle »Kapitalverkehrskontrollen« aufgehoben wurden.

Im internationalen Finanzwesen ist der freie Kapitalfluss eine heilige Kuh: Er ist die Bedingung dafür, dass Kredite gewährt und Blasen aufgepumpt werden können – und zwar überall auf der Welt.

Doch auch die Zentralbanker können die Auswirkungen ihres Handelns nicht mehr kontrollieren. Das massive Gelddrucken, welches durch die niedrigen Zinsen erfolgt, führt in eine Inflation.[350] Das Wort kommt vom lateinischen »inflare« und bedeutet »aufblähen«. Wird die Geldmenge aufgebläht, dann wird das Geld weniger wert. Der Einsatz der Inflation zum Abbau von Staatsschulden hat eine lange Tradition: »Die Bürger wurden … schon in früheren Jahrhunderten mittels Gewalt und Tricks der jeweiligen Herrscher um die Kaufkraft ihres Geldes gebracht.«[351]

Die Alternative wäre eine Deflation: Die Geldmenge schrumpft. Diese Spirale wird von vielen als noch gefährlicher angesehen als eine Inflation – weil es dagegen kein bekanntes Mittel gibt.[352] Die aktuelle Eurokrise trägt Züge einer Deflation:[353] »Die deflationären Kräfte rühren daher, dass Unternehmen und Privatpersonen mit dem Sparen und dem Abbau ihrer Schulden begonnen haben … Hinzu kommt, dass die immensen Schulden der Industriestaaten das Wirtschaftswachstum einschränken.«[354]

Für die Bürger haben eine zu hohe Inflation und eine böse Deflation massive Folgen.[355] Im Fall der zu hohen Inflation verlieren die Sparer Teile ihres Vermögens. Im Fall der Deflation bricht die Wirtschaft zusammen und die Leute verlieren ihren Arbeitsplatz.

Vor diesem Hintergrund ist es von besonderer Bedeutung zu wissen, woher die Wächter kommen, die in Zeiten des »staatenlosen Geldes« eine solch tragende Rolle spielen.

Ist es ein Zufall, dass ausgerechnet in dieser kritischen Phase mit Mario Draghi ein Investmentbanker an der Spitze der Europäischen Zentralbank steht?

Die Investmentbanken sehen sich als die Elite unter den Bankern und verstehen im Grunde nur eines, das aber perfekt: Wie verkaufe ich ein Stück Seife so, dass mein Käufer glaubt, es handelt sich um einen Goldbarren? Ein

Goldman-Aussteiger hatte im März 2012 mit einem Artikel in der *New York Times* für Aufregung gesorgt, in dem er enthüllte, dass die Goldman-Banker von ihren Kunden als den »muppets« (Marionetten) sprechen, die entsprechend hinters Licht zu führen seien.[356]

Die Banker von Goldman Sachs vernetzen sich gezielt mit der Politik – manchmal werden sie sogar selbst Politiker. Der Goldman-Sachs-Banker Hank Paulson war zur Lösung der Subprime-Krise von George W. Bush zum Finanzminister bestellt worden.[357] Es ist nicht verwunderlich, dass Goldman massiv von der Marktbereinigung profitierte, die sich durch das Verschwinden von Lehman Brothers ergab. In Europa wurde auf dem Höhepunkt der Eurokrise der Goldman-Banker Mario Monti »technokratischer« Regierungschef in Italien. Monti verstand es, Italien nach Berlusconi in der EU wieder salonfähig zu machen. Sein politisches Vermächtnis ist ein weißes Blatt Papier: In Italien hat sich in seiner Amtszeit nichts geändert, einzig ein Deal mit den Ölscheichs aus Katar ist in Erinnerung, bei dem Monti einen Fonds auflegen ließ, damit die Kataris italienische Mittelständler aufkaufen konnten.[358] Darüber hinaus ist Monti auch noch in den Skandal um die Monte dei Paschi verwickelt, weil er die Bank mit einer Milliardenspritze aus Steuergeldern versorgte.[359]

Das alles muss man wissen, wenn man einschätzen will, was es bedeutet, dass heute mit Mario Draghi ein Investmentbanker an der Spitze der EZB steht. Die EZB agiert im Übrigen in einem Punkt wie die Bundesbank: Sie ist offiziell niemandem verantwortlich. Alle Organe genießen Immunität. Es gibt keine Rechenschaftspflicht. Zwar veröffentlicht die EZB heute mehr Papier denn je. Die Qualität der Mitteilungen erweckt jedoch eher den Anschein, dass es um eine Überschwemmung der Medien mit Kleinkram geht, damit die Meute etwas zu fressen hat. Kritische Fragen bleiben höflich, aber konsequent unbeantwortet.

Die Politiker, die die Billionen an Steuergeldern und Vermögen ihrer Bürger in der Verfügungsgewalt von Mario Draghi wissen, blicken mit großer Ehrfurcht auf den charmanten Italiener. Und tatsächlich reagierten die angeblich so »irrationalen« Finanzmärkte mit einer plötzlichen Beruhigung, als Draghi auf dem Höhepunkt der Eurokrise im Juli 2012 erklärte: »Innerhalb unseres Mandats werden wir alles unternehmen, was nötig ist, um den Euro zu retten. Und glauben Sie mir: Wir haben genügend Möglichkeiten.«[360] Dieser Satz wirkte wie ein Donnerwort.

Dahinter verbarg sich allerdings kein ausgefeilter Plan, wie man nun den Schuldenabbau in Europa vorantreiben werde. Draghi sagte nichts anderes als: Wir werden Schulden mit neuen Schulden bekämpfen.

Die Staaten atmeten auf. Plötzlich wurden die Unterschiede zwischen den Zinssätzen in den Eurostaaten wieder geringer. Draghi hatte den Schuldenstaaten das Gefühl gegeben, als könne ein magisches Wort aus seinem Mund alle Probleme lösen.

Wenn jemand in Geldfragen irrational ist, dann sind es die Regierungen.

Die europäischen Sparer haben seither nichts mehr zu lachen. Seit die Zinsen in der Eurozone so niedrig sind, verlieren die Spareinlagen beständig an Wert. Sachwerte boomen, in Deutschland setzte ein regelrechter Immobilienboom ein. Die Bundesbank zeigt erste Zeichen von Unruhe und warnt vor einer neuen Blase.[361]

Der kleine Bankkunde muss trotz der Wunderwaffe der niedrigen Zinsen weiter zehn Prozent oder mehr für seinen Dispo zahlen. Er wird die EZB jedes Mal verfluchen, wenn er merkt, dass das Geld, das er auf seinem Sparbuch angelegt hat, von Jahr zu Jahr weniger wert ist. Die Staaten dagegen können sich mithilfe Draghis unauffällig entschulden. Es ist wie immer in der Wirtschaft: Wo es Sieger gibt, gibt es Verlierer. Der Deutsche Sparkassen und Giroverband sprach von einer »Enteignung der Sparer«.[362] Die DEKA-Bank errechnete, dass allein den deutschen Sparern durch die niedrigen Zinsen jährlich 14,3 Milliarden Euro entgingen.[363]

Der zweite Gewinner der Politik der Zentralbanken sind die Investmentbanken. Sie werden mit dem billigen Geld subventioniert, bekommen Geld sozusagen geschenkt. Die künstlichen Finanzprodukte, die nachweislich für zwei der schlimmsten Finanzkrisen der vergangenen 20 Jahre verantwortlich sind, erfreuen sich unverändert großer Beliebtheit.

Nach der Krise 2008 haben die Regierungen der öffentlichen Forderung nach Regulierung der Banken nur halbherzig entsprochen. Die Ende 2013 beschlossene Aufsicht der Banken ist so kompliziert, dass Schäubles Wunsch, eine Bank über das Wochenende in die Pleite schicken zu können, niemals in Erfüllung gehen wird.[364] Die Bankenunion, die die EU plant, ist nicht mehr als ein Schaulaufen, um die Öffentlichkeit zu beruhigen. Mit gerade mal 55 Milliarden Euro in einem bankeneigenen »Abwicklungsfonds« werden keine Großpleiten aufgefangen werden können.[365] So werden die deutschen Steuerzahler über den ESM künftig weiter für die Bankenrettungen zuständig sein. Das Bundesverfassungsgericht hat den ESM im März 2014 als verfassungskonform abgesegnet.[366]

Zum Kontrolleur der Banken haben die Eurostaaten die EZB ernannt.[367] Jene Bank, die im Geflecht der Zentralbanken der Welt wild entschlossen ist, weiter geschenktes Geld in die Märkte zu pumpen, soll nun das Wohlverhalten der Banken überprüfen. Wir haben weiter oben gesehen, dass der Fluch des billigen Geldes darin besteht, dass es nur mit Manipulation und Rechtsbeugung in echte Werte verwandelt werden kann.

Die Finanzwissenschaftler Anat Admati und Martin Hellwig haben in ihrem Buch *Des Kaisers neue Kleider* minutiös aufgezeigt, dass die Diskussion um das sogenannte Eigenkapital bei den Banken eine Scheindebatte ist.[368] Mario Draghi gab im Januar 2014 den harten Hund, indem er sagte, ihm seien acht Prozent Eigenkapital lieber als sechs Prozent.[369] Unter Eigenkapital versteht man, grob gesprochen, jene Werte, die es wirklich in der Bilanz einer Bank geben muss, damit der Rest abgesichert ist. Zum Vergleich: Jeder normale Unternehmer schläft sehr schlecht, wenn sein Eigenkapital unter 30 Prozent rutscht.

Admati fordert, dass sich die staatliche Finanzaufsicht der Banken auf die Risiken der Banken konzentrieren müsse.[370] Heute bestimmen die Banken autonom, wie riskant ihre Geschäfte sind. Mit undurchsichtigen Formeln rechnen die Banken aus, dass ein Schrottpapier gar nicht so schlecht ist, wie man als Außenstehender meinen könnte. Admati: »Die Risiken kommen von der Undurchsichtigkeit und Vernetzung und den extrem niedrigen Kapitalquoten. Abgesehen von der Wahrscheinlichkeit einer vermuteten Insolvenz und Ansteckungseffekten sind hoch verschuldete Banken, wie alle großen Schuldner, ineffektiv bei ihren Investitionsentscheidungen und vermeiden möglicherweise besonders die Vergabe von relativ sicheren Unternehmenskrediten, weil diese nicht genug Gewinnpotenzial haben. Ein solches Verhalten zusammen mit der Jagd nach Rendite, die das Eingehen übermäßiger Risiken beinhalten kann, gefährdet und schädigt die Wirtschaft. Ich kann die Risiken und den Schaden nicht beziffern, aber sie sind erheblich und sie dauern an.«[371]

Wie wir gesehen haben, ist der EZB die Finanzierung von Staaten eigentlich per Gesetz verboten. Der direkte Ankauf von Staatsanleihen, den Draghi am Höhepunkt der Eurokrise gestartet hatte, wurde von der EZB wieder gestoppt, nachdem immer mehr Juristen vor dem offenen Rechtsbruch gewarnt hatten. Als Alternative wurden Staatsanleihen als »risikolose« Papiere klassifiziert.[372] Damit können sich die Banken bei der EZB geschenktes Geld abholen, indem sie die »risikolosen« Staatsanleihen als Sicherheiten hinterlegen.

So teilen sich die Regierungen der Eurozone, die EZB und die Banken die Lizenz zum unbegrenzten Gelddrucken in trauter Eintracht. Sie sind mitunter auch sehr erfinderisch: Im Januar 2014 wurden die Anteile der italienischen Zentralbank ohne Anlass neu bewertet. Damit können sich die italienischen Großbanken Intesa San Paolo und Unicredit 4,3 Milliarden Euro beschaffen. Das ist eine klassische Geldschöpfung aus dem Nichts.[373]

Die niedrigen Zinsen und die Ankündigung Draghis, die »Bazooka« einzusetzen, kaufen den Schuldenstaaten nur Zeit – wie Draghi auch bei jeder Gelegenheit betont.

Um den Schuldenberg abzutragen, werden die Regierungen nicht von ihrer Schuldenpolitik abweichen. Sie werden die Sparer verpflichten, für die Exzesse der Regierungen zu zahlen.

Wir wollen im Folgenden sehen, wie weit die Vorbereitungen zur nächsten Etappe der Plünderung der Welt bereits gediehen sind.

KAPITEL 12: VERMÖGENSABGABE:
KEINER SOLL ENTKOMMEN

Wir werden alles tun, um den Euro zu retten.
Und glauben Sie mir: Wir haben genügend Möglichkeiten.

In Europa herrscht seit Mario Draghis Donnerwort Ruhe.

Es ist die Ruhe vor dem Sturm.

Es braut sich etwas zusammen.

Die Plünderer haben ihr Visier auf die Spareinlagen und Vermögen in Europa gerichtet.

Die ersten Beutezüge galten den Steuerzahlern in Europa. Mit der Einrichtung des Europäischen Stabilitätsmechanismus ESM wurden ihnen bereits vorsorglich 700 Milliarden Euro abgenommen. Dieses Geld wird von einem Direktorium verwaltet, das den Bürgern Europas in keiner Weise Rechenschaft schuldet.

Die geplanten »Bail-Ins«, also die Selbstrettung der Banken durch ihre Gläubiger, birgt wegen der völlig unzureichenden Einlagensicherung erhebliche Risiken für die Sparer.[374] Die Bankkunden können gezwungen werden, ihre jeweilige Bank zu retten, wenn diese in eine Schieflage gerät.[375] Zwar will die EU künftig die Banken stärker an ihrer Eigenrettung beteiligen, doch mehr als eine rechtlich nicht bindende Direktive ist bisher nicht gelungen.[376][377]

Bei den europäischen Versuchen, die Eurokrise einzudämmen, wurde die Mitwirkung der Parlamente systematisch unterlaufen. Die Demokratie wird abgebaut. Dieses Problem könnte in Deutschland noch zu einer gravierenden Krise führen: Nach der Bundestagswahl im Herbst 2013 verfügt die Regierung aus CDU, CSU und SPD über eine derart massive Mehrheit, dass sie wichtige Entschlüsse im Parlament durchwinken kann, ohne dass es eine ernsthafte Debatte gibt. Entsprechend abweichende Meinungen, sei es durch Abgeordnete aus den eigenen Reihen oder durch Oppositionsparteien, werden nicht mehr geäußert. Bezeichnend für diese Entwicklung war die Abberufung des prononcierten ESM-Kritikers Klaus Peter Willsch (CDU) aus dem Haushaltsausschuss, in dem er 14 Jahre lang gedient hatte. Der letzte Kritiker der Plünderung der europäischen Steuerzahler durch den ESM wurde durch diese Maßnahme von wichtigen Informationen abgeschnitten.[378]

Wie wir gesehen haben, führt das ungedeckte Drucken von Geld zum Verfall von Moral und Anstand. Wenn eine große Staatengemeinschaft sich zum massiven Gelddrucken entschließt, führt das zwangsläufig zu Rechtsbrüchen und damit einem Verfall von Demokratie und Rechtsstaat – bis zu dem Punkt, an dem die Parlamente nur noch formale Hüllen sind. Eine solche Struktur sehen wir heute schon auf der Ebene der EU: Das EU-Parlament hat keine Rechte, die es als »Volksvertretung« legitimieren könnte. Es ist nichts anderes als ein großer, weiterer Versorgungsraum für die politische Klasse in Europa.

Die völlig unreflektierte Zustimmung der Bundestagsabgeordneten zum ESM zeigt, dass die Entwicklung auch die nationalen Parlamente erfasst. Wenn aber die per Grundgesetz eigentlich »freien« Abgeordneten nur noch so abstimmen dürfen wie von den Fraktionen angeordnet, dann muss sich der Steuerzahler fragen: Wozu braucht man die stattliche Anzahl von 631 Bundestagsabgeordneten? Eigentlich würde dann einer pro Partei genügen.

Die Beschneidung der demokratischen Rechte geht mit einer dauerhaften Irreführung der Bürger einher. Der Staat will verhindern, dass die Bürger die wenigen Möglichkeiten nutzen, die sie noch haben, um ihre Sparguthaben oder ihr Eigentum zu schützen.

Die *FAZ* berichtete 2011: »Der luxemburgische Premierminister Jean-Claude Juncker ist ein Meister darin, Sätze derart kompliziert zu formulieren, dass der Zuhörer am Ende alles oder nichts hineinlesen kann. Das hat ihm auch in der Eurokrise viele Schlagzeilen eingebracht, denen sein Stab die Brisanz meist schlicht durch den Hinweis nehmen konnte, man möge den Satz doch einmal bis ans Ende lesen. Nun allerdings kursiert ein Satz Junckers in Brüssel, der an Klarheit kaum zu überbieten ist: ›Wenn es ernst wird, muss man lügen.‹ Gesagt haben soll Juncker das kurz vor Ostern bei einer Preisverleihung in der bayerischen Landesvertretung.«[379] Der EUObserver hat den Spruch als Video dokumentiert.[380] Juncker sagte, die Lüge sei notwendig, weil jedes Wort eines Politikers »Reaktionen der Börsen« auslösen könne. Deswegen forderte er: »Ich bin für geheime Verhandlungen in dunklen Räumen.« Politiker würden Millionen Menschen gefährden, wenn die Börsen falsch reagieren. Er habe, so Juncker, in den 22 Jahren »oft lügen müssen«.[381]

Nachdem der Satz bekannt wurde, schrieb die *FAZ*, dass das Sprichwort »Wer einmal lügt, dem glaubt man nicht« auch in der Politik gelte. Die EU-Kommission zog aus dem Wirbel um den Juncker-Spruch die Konsequenz, dass »der Umgang mit Krisen ein Balanceakt« sei. Einschränkung: »Nur offen lügen sollte man nicht.«[382]

Der *Spiegel* überlieferte einen anderen bemerkenswerten Ausspruch der ehemaligen Chefs der Euro-Gruppe aus dem Jahr 1999: »»Wir beschließen etwas, stellen das dann in den Raum und warten einige Zeit ab, was passiert‹, verrät der Premier des kleinen Luxemburg über die Tricks, zu denen er die Staats- und Regierungschefs der EU in der Europapolitik ermuntert. ›Wenn es dann kein großes Geschrei gibt und keine Aufstände, weil die meisten gar nicht begreifen, was da beschlossen wurde, dann machen wir weiter – Schritt für Schritt, bis es kein Zurück mehr gibt.‹«[383]

Am 18. November 2011 veröffentlichte die *New York Times* ein Porträt von Wolfgang Schäuble. Darin legte Schäuble seine Vision vom Vereinigten Europa dar. Schäuble sagte: »Was wir jetzt mit der Fiskalunion machen, ist ein kurzfristiger Schritt für die Währung. In einem größeren Kontext brauchen wir natürlich eine politische Union.« Und weiter: »Es gibt eine begrenzte Übergangszeit, in der wir die Nervosität an den Märkten managen müssen. Wenn es bis Ende 2012 oder bis Mitte 2013 klar ist, dass wir alle Zutaten für neue, gestärkte und vertiefte politische Strukturen beisammen haben, dann denke ich, dass es funktionieren wird.« Die *New York Times* schreibt, dass Schäuble die Unruhe an den Märkten »nicht als Hindernis, sondern als Notwendigkeit« für die Neugestaltung Europas betrachtet. Schäuble sagte: »Wir können eine politische Union nur erreichen, wenn wir eine Krise haben.«[384]

Eine Krise haben wir sicher schon erreicht: Es ist eine grundlegende Vertrauenskrise der Bürger in die Politik ihrer Regierungen. Eine Studie der Universität Hohenheim ergab, dass nur einer von zehn Deutschen glaubt, dass die Regierung ihnen die Wahrheit über die Eurokrise sagt.[385]

Dieser Vertrauensverlust rührt auch daher, dass die versteckten Rechtsbrüche leicht zu durchschauen sind. Die EZB mag sich formal nach den Buchstaben des Gesetzes verhalten, wenn es um das Verbot der Staatsfinanzierung durch Falschgeld geht. Sie kann jedoch nicht daran »gehindert werden, dies auf Umwegen zu tun, nämlich mithilfe ihrer Partner im Bankensektor und auf den Finanzmärkten«.[386]

Auch die Behauptung der Zentralbanken, das Gelddrucken sei ungefährlich, weil das Geld den Bankenkreislauf nicht verlasse, ist eine Irreführung: Durch das »staatenlose Geld« wird die Inflation heute einfach nur in andere Länder exportiert. Vor allem aber wird ein offenkundig krankes System am Leben gehalten. Bliebe das Zentralbank-Geld nur im Bankenkreislauf, müsste man sich fragen, wozu die Banken das Geld dann eigentlich brauchen?

Ganz sicher nicht, um den Unternehmen Kredite zu geben: Die Kreditvergabe an die Realwirtschaft ist in den vergangenen Jahren kontinuierlich zurückgegangen.[387] Die Banken verwenden das Geld auch nicht, um sich gegenseitig Geld zu leihen. Der Interbankenmarkt ist seit der Lehman-Pleite faktisch zum Erliegen gekommen, wie Mario Draghi mehrfach beklagt hat.[388] Nur langsam erholt sich das Geschäft zwischen den Banken – wenn man dem diesbezüglichen »vorsichtigen Optimismus« der Banker trauen kann.[389]

Die Plünderung der Welt mit Schulden ist ein sicheres Indiz, dass das System des Falschgeldes zu Ende geht. Denn Geld ist nichts anderes als Vertrauen.

Bricht das Vertrauen weg, kollabiert das System.

Der Ökonom Lawrence Reed hat die Gründe für den Untergang des Römischen Reichs untersucht – und die Parallelen zur Gegenwart sind frappierend: »Um in den Tagen des zusammenfallenden Römischen Reichs Tribun zu werden, bestach ein Schurke namens Clodius die Wähler, indem er ihnen kostenloses Getreide auf Kosten des Steuerzahlers versprach. Er gewann die Wahl – und immer mehr Römer hatten das Gefühl, es sei lukrativer, auf Staatskosten zu leben als zu arbeiten. Kandidaten gaben hohe Summen aus, um gewählt zu werden. Waren sie einmal im Amt, plünderten sie die Bürger, um ihre Versprechen halten zu können. Etwa ein Drittel der Römer lebten zur Zeit Christi Geburt von staatlicher Unterstützung.«[390]

Wir nennen das heute »Staatsquote«. Doch im Vergleich zu den aktuellen Zahlen war Rom zum Zeitpunkt seines Untergangs ein »schlanker Staat«. In Deutschland betrug die Zahl der Menschen, die in irgendeiner Form vom Staat leben – Rentner, Beamte, Arbeitslose, Hartz IV, Studenten – im Jahr 2013 immerhin 44,7 Prozent.[391] Die Staatsquote ist in Deutschland in den vergangenen Jahrzehnten immer vergleichsweise hoch gewesen. Was die aktuelle Zahl jedoch bedeutsam erscheinen lässt, ist der demografische Faktor: Einer alternden Bevölkerung stehen immer weniger junge Arbeitskräfte zur Verfügung, die die Renten aufbringen können.[392]

Wohin das führt, beschreibt Reed am römischen Beispiel: »Im Zuge der gewaltigen Schuldenkrise senkte die Regierung die Zinsen auf Null und weitete die Kreditvergabe dramatisch aus. Die Staatsausgaben wuchsen ins Unermessliche.«[393]

Auch das kommt uns ziemlich bekannt vor: Die Null-Zins-Politik, die, wie wir oben gesehen haben, die Sparer um ihre Ersparnisse bringt, ist also ein Mittel, das schon die alten Römer eingesetzt haben. Ihre Republik konnten sie damit nicht retten.

Reed: »Die Regierung verstaatlichte die Landwirtschaft. Kaiser Domitian (81 n. Chr. bis 96 n. Chr., aus der Republik war längst eine Diktatur geworden, Anmerkung des Autors) befahl die Zerstörung der Hälfte der Weingärten, um die Preise für Wein in die Höhe zu treiben.« Ein Großteil der Provinzen verlor seine Unabhängigkeit, weil sie im Zuge der Schuldenkrise von Rom abhängig geworden waren. Griechenland lässt grüßen.

Um das Volk bei Laune zu halten, wurden die Gladiatorenspiele verstärkt. Eine massive Geheimpolizei machte Jagd auf Steuerflüchtlinge.

Schließlich wurde das Recht auf staatliche Hilfe zu einem vererblichen Recht erklärt: Der Wohlstand auf Pump sollte nahtlos innerhalb der Familien weitergegeben werden. Kaiser Aurelian (270–275) nahm den Bürgern die Arbeit ab und baute die Staatswirtschaft aus. Statt des freien Getreides gab es nun Gratisbrot, hergestellt in staatlichen Bäckereien. Dazu wurden kostenlos Salz, Schweinefleisch und Olivenöl abgegeben. Eine Inflation entwertete das Geld, bis zum bitteren Ende: »Rom hatte moralischen und wirtschaftlichen Selbstmord begangen.«[394]

Finanzkrisen, die fast immer nichts anderes waren als Schuldenkrisen, gibt es also schon seit der Antike. Die Ökonomen Reinhart und Rogoff haben die vergangenen Jahrhunderte penibel aufgearbeitet.[395]

Eine scheinbar kontrollierte Methode, um sich von überdimensionalen Schuldenbergen zu befreien, ist für die Bürger auch nicht viel angenehmer. Sie soll jedoch sicherstellen, dass das System überlebt: Man zwingt die Bürger zur Bezahlung der Schulden mit einer flächendeckenden Enteignung. Dies ist gewissermaßen die Königsdisziplin der Plünderung, die »dicke Bertha«, die die Finanz-Eliten jetzt einsetzen wollen.

In Deutschland gab es solche »Vermögensabgaben« im 20. Jahrhundert überraschend häufig. Es begann mit einem »Wehbeitrag« im Jahr 1913 und führte über das »Reichsnotopfer« im Jahr 1919, die »Zwangsanleihe« von 1922/23, die »Vermögensabgabe« 1949 bis zum »Investitionshilfegesetz« von 1952 und zur »Investitionshilfeabgabe« im Jahr 1982.[396]

Anlass, Zweck und Durchführung verliefen stets nach demselben Muster: Zu hohe Schulden – verursacht durch Kosten für einen Krieg oder Wirtschaftskrisen – wurden abgebaut, indem man das Geld von jenen nahm, die noch etwas hatten. Das Studium dieser Plünderungen wird auch alle Besitzer von Eigenheimen desillusionieren, die denken: Mir kann ja nichts geschehen, ich habe ein Haus (oder eine Wohnung), und habe das sogar abbezahlt. In vielen Fällen wurden Zwangsabgaben von Immobilienbesitzern erhoben.

Eine neue Vermögensabgabe hat sich – zunächst in Europa – in mehreren dezenten Schritten angekündigt. Zunächst veröffentlichte die Unternehmensberatung Boston Consulting Group (BCG) im Jahr 2011 eine Studie mit dem Titel *Back to Mesopotamia?*. Darin wird im Detail erklärt, wie die Rückführung der Schulden an die Banken erfolgen könne. Schuldenschnitte und eine »einmalige Vermögensabgabe« seien der einzige Weg, um den großen Knall abzuwenden.[397]

Einer der Autoren der Studie, Daniel Stelter, hat die Realität in seinem schon erwähnten Buch *Die Billionen-Schuldenbombe* ganz leidenschaftslos dargestellt. Er diagnostiziert, dass die nackten Zahlen gar keine Alternative zulassen: »Der gesamte Schuldenüberhang im Euroraum beträgt 7,4 Billionen

Euro und in den USA 10,8 Billionen Euro – und er wächst jeden Tag weiter.« Stelter schlägt vor, die Schulden auf 180 Prozent des Bruttoinlandsprodukts der Staaten zurückzuführen. Das war in etwa das Missverhältnis, das letzten Endes die Weimarer Republik zu Fall brachte und den Aufstieg Adolf Hitlers ermöglichte. Doch selbst wenn dieses Niveau wegen der anhaltenden Wirtschaftskrise in den USA und in Europa nicht erreicht werden kann und man stattdessen versuchen würde, die Schulden auf 220 Prozent zurückzuführen (was immer noch ein wahnsinnig hoher Betrag ist), müssten die Europäer 3,6 Billionen im Euroraum und die Amerikaner 6,2 Billionen Euro für die USA aufbringen, um den Zerfall des Kartenhauses zu verhindern.[398]

Zwei Jahre nach der BCG-Studie veröffentlichte der IWF einen Bericht mit dem vielsagenden Titel *Taxing Times* (ein englisches Wortspiel, das sowohl als »Zeit der Steuern« als auch »anstrengende Zeiten« gelesen werden kann). Der IWF rechnete die verschiedenen Szenarien durch und kam zu dem Ergebnis, dass die weltweite Schuldenkrise nur durch eine massive Inflation oder eine Vermögensabgabe in den Griff zu bekommen sei.[399]

In einer kleinen »Box« am Rande des Textes beschäftigte sich der IWF konkret mit der Eurozone und kam zu dem Ergebnis, dass eine zehnprozentige Abgabe auf alle Vermögenswerte der Haushalte in der Eurozone dazu führen würden, die Eurozone auf das Verschuldungsniveau von 2007 zurückzuführen.

Als die Öffentlichkeit von diesen erstaunlich konkreten Plänen aufgeschreckt wurde, beeilte man sich beim IWF, die Sache herunterzuspielen: Dies sei keine Empfehlung des IWF, sondern nur eine kleine Box in einem umfangreichen Bericht.

Doch auch eine kleine Box kann große Wirkung haben.

Im Januar 2014 veröffentlichte die Deutsche Bundesbank ihren Monatsbericht. Darin stellt die Bundesbank fest, dass der Schuldenstand in Deutschland weiter Anlass zur Sorge gebe – obwohl die Regierung in den Monaten zuvor nicht müde geworden war, Deutschland als eine Insel der Seligen darzustellen.

Die Bundesbank beleuchtet beispielsweise die Lage der hoch verschuldeten Kommunen und schreibt: »Die Schulden der Gemeindehaushalte (Kern- und Extrahaushalte, einschl. Schulden bei öffentlichen Haushalten) lagen nach dem jüngsten Finanzierungsdefizit Ende September mit 137½ Mrd. € auf dem Niveau zum Ende des Vorquartals. Während die Kreditmarktschulden etwas zurückgingen, legten die Kassenkredite um ½ Mrd. € auf 48¾ Mrd. € zu. Besorgniserregend ist die Tatsache, dass dieser Anstieg trotz teilweise bereits in Kraft getretener Entschuldungsprogramme insbesondere in den Ländern mit bereits sehr hohen Kassenkreditbeständen zu beobachten war. So fiel der absolute Anstieg erneut in Nordrhein-Westfalen am stärksten aus, aber auch die aggregierten Ergebnisse für das Saarland, Rheinland-Pfalz oder auch Hessen wiesen wieder Zuwächse auf. Insbesondere in diesen Ländern haben zahlreiche Gemeinden immer noch erhebliche Konsolidierungsaufgaben zu bewältigen, die bei einem deutlichen Anstieg des Zinsniveaus spürbar erschwert werden dürften.«[400]

Dieser etwas technokratisch formulierte Ausschnitt enthält zwei Kernwahrheiten: Die bisherigen Versuche, die Schulden hin- und herzuschieben (»Umschuldung«), funktionieren nicht mehr. Und: Sobald die Zentralbanken die Zinsen erhöhen, brechen die Kommunen zusammen.

Es ist ziemlich klar, was die Regierungen machen werden. Die politische Klasse wird sich selbst nicht opfern. Sie wird sich mit Zwang das Geld dort holen, wo sie es immer geholt hat: bei den Bürgern.

Dies geschieht, wie wir gesehen haben, heute schon im großen Stil durch die billigen Zinsen. Doch offenkundig dauert die Inflation der Vermögen über Zinsen zu lange. Der Staat braucht drastischere Mittel.

Daher greift die Deutsche Bundesbank – die sich bis zu diesem Zeitpunkt in der Öffentlichkeit stets als Hüter der deutschen Vermögen positioniert hatte – überraschenderweise genau den Vorschlag auf, den BCG und IWF zuvor lanciert hatten: eine Vermögensabgabe, zu erheben von jedem Haushalt, der über Nettovermögen verfügt.

Die Bundesbank hält die Zwangsabgabe für sinnvoll, um ausufernde Staatsschulden und eine Staatspleite ohne ausländische Finanzhilfen zu verhindern: Eine solche Abgabe »entspräche dem Prinzip der Eigenverantwortung, nach dem zunächst die eigenen Steuerzahler für Verbindlichkeiten ihres Staates einstehen, bevor die Solidarität anderer Staaten gefordert ist«, schreibt die Bundesbank.[401]

Allerdings seien die Risiken und Nebenwirkungen einer Vermögensabgabe – etwa eine Kapitalflucht und ein Vertrauensverlust der Investoren – beträchtlich. »Damit sollte eine Vermögensabgabe nur für absolute Ausnahmesituationen erwogen werden, wie sie eine drohende staatliche Insolvenz darstellt«, heißt es im Bericht.

Die Bundesbank schließt sich den Überlegungen des IWF an: »Angesichts dessen liegt es zunächst nahe, zur Verringerung der Staatsschuld Staatsvermögen im Rahmen von Privatisierungen zu mobilisieren. Darüber hinaus stellt sich aber die Frage, ob in außergewöhnlichen nationalen Notsituationen zusätzlich zu Privatisierungen und herkömmlichen Konsolidierungsmaßnahmen (...) auch vorhandenes privates Vermögen dazu beitragen kann, eine staatliche Insolvenz abzuwenden.«[402]

Wie detailliert die Pläne sind, lässt sich aus einer Analyse erkennen, die *Reuters* zu der Bundesbankmeldung liefert. Hier wird schon konkret nachgedacht, wem es als Nächstes an den Kragen gehen könnte: »Die Aussagen der Bundesbank sind brisant, blickt man etwa auf das hoch verschuldete Griechenland oder Italien. Im ersten Fall sind es reiche griechische Industrielle, etwa Reeder, die beträchtliche Vermögen besitzen, die aber in der akuten

Krise nicht angetastet wurden. Auch im reichen Oberitalien gibt es große Privatvermögen. Italien hatte auf dem Höhepunkt der Krise über Staatsanleihenkäufe der Europäischen Zentralbank (EZB) beträchtliche indirekte Hilfen bekommen, auch wenn eine Staatsinsolvenz anders als bei Griechenland nicht zu Debatte stand. Zur Kasse gebeten wurden private Vermögen hingegen im Falle Zyperns Anfang vergangenen Jahres bei der Sanierung und Abwicklung von Banken.«[403]

Und obwohl die Zwangsabgabe nach Aussage der Bundesbank ein rein theoretisches Gedankenspiel ist, hat das Deutsche Institut für Wirtschaftsforschung (DIW) bereits ausgerechnet, was die Zwangsabgabe bringen würde, würden die Deutschen zur Kasse gebeten: Demnach könnte eine solche einmalig erhobene Abgabe in Deutschland bei privaten Vermögen oberhalb von 250.000 Euro etwa 230 Milliarden Euro einbringen.[404]

Die Welt titelt: »Bei Europas Bürgern sind 3.853 Milliarden zu holen.«[405]

So ist also auch die »ultima ratio« zur Lösung der aktuellen Schuldenkrise in Europa angekommen – konkret in einem Bericht der Bundesbank, die solche Überlegungen nicht anstellen würde, wenn es nicht ganz realistische Planungen für genau diese zentrale Maßnahme der Plünderung der Vermögen gäbe. Sie wird diejenigen treffen, die sich nie in ihrem Leben an irgendwelchen Spekulationen beteiligt haben, die keine giftigen Papiere gekauft, sondern sich einfach einen »Notgroschen« zurückgelegt oder für ihr Auskommen im Alter gespart haben.

Noch sind die Details über diese drastische Maßnahme nicht bekannt. Doch man kann davon ausgehen, dass alle Vermögen über 100.000 Euro betroffen sind, vielleicht sogar auch jene, die darunter liegen.

Für die 65-jährige Witwe, die 200.000 Euro an Ersparnissen für ihren Lebensabend zur Verfügung hat – der gut und gerne 20 Jahren dauern kann – heißt dass: Ihr werden 10.000 Euro weggenommen. Hinzu kommen die Verluste durch die niedrigen Zinsen. Erschwert wird ihre Lage noch durch die höheren Preise. Denn entgegen den offiziellen Inflationsstatistiken fallen bei einer älteren Dame Lebensmittel- und Energiekosten wesentlich stärker ins Gewicht.

Der IWF hat im Dezember 2013 noch einmal nachgelegt und die Regierungen in Europa aufgefordert, sich rasch mit einer solchen Vermögensabgabe zu beschäftigen. In einem Working Paper werden den Europäern die Schwellenländer vorgehalten: Auch dort seien Schuldenberge stets mit drastischen Maßnahmen abgebaut worden.[406]

Was können wir dagegen unternehmen? Müssen wir die Rechnung widerspruchslos bezahlen? Wird es reichen, um noch Schlimmeres zu verhindern? Und wenn die Plünderung schon so perfekt geplant ist, dass es kein Entrinnen gibt – was können wir tun, damit sich solches nicht mehr wiederholt?

Die Fakten geben wenig Anlass zu großem Optimismus. Allerdings haben wir auch gesehen: So ganz neu ist das Spiel nicht. Rom, Deutschland zwischen den Kriegen, die DDR – im Grunde ist alles schon einmal dagewesen.

Die Politik spielt gerne mit apokalyptischen Bildern. Angela Merkel hatte, wie wir oben gesehen haben, ihre EU-Kollegen vor dem Untergang des Euro gewarnt. Die kühle Rechnerin weiß genau: Es ist Teil des Systemerhalts, dass die Bürger Angst vor der Zukunft haben. Je stärker die Angst vor einem chaotischen Zerfall, desto leichter fällt es der Politik, ihre »Zwangsmaßnahmen« als das kleinere Übel zu verkaufen.

Wie die Warnung vor dem nahen Ende dient das Schreckgespenst der »irrationalen Reaktion« der »Märkte« dazu, die Bürger einzuschüchtern. Die Warnung von dem Ausbleiben der »unsichtbaren Hand« ist die größte offizielle Verschwörungstheorie der Weltgeschichte.[407] Die Beschwörung der »irrationalen Märkte« ist die schönste Begründung von Regierungen und Banken, um Maßnahmen zu erzwingen, die die Bürger auf die Barrikaden treiben könnten. Die Drohung mit dem Irrationalen ist der totalitäre Überbau einer

Schuldendiktatur. Das Irrationale kann nämlich weder bewiesen noch widerlegt werden.

So hat Unterdrückung jahrhundertelang funktioniert.

Repressive Systeme können nur funktionieren, wenn die Bürger Angst haben. Freie Bürger, die sich den Mund nicht verbieten lassen, sind eine große Gefahr für die um das Überleben kämpfenden Regierungen. Im Internet haben diese Bürger heute unbegrenzte Möglichkeiten. Sie können sich organisieren und sind nicht mehr von der staatlichen Propaganda abhängig.

Gibt es also Lösungen?

Ja, aber keine einfachen.

Werden sie greifen?

Wir wollen uns noch einmal einem unserer Begleiter zuwenden, den wir vor lauter Inflation, Zwangsabgaben und Waffenarsenalen fast aus den Augen verloren haben. Der Teufel steht bei Goethes *Faust*, dem visionärsten Protokoll der Wirtschaftsgeschichte, am Ende vor dem tot zu Boden gesunkenen Faust.

Triumphierend, voll Verachtung blickt Mephisto auf die Leiche des Weltzerstörers und sagt:

> *Den letzten, schlechten, leeren Augenblick,*
> *Der Arme wünscht ihn festzuhalten.*
> *Der mir so kräftig widerstand,*
> *Die Zeit wird Herr, der Greis hier liegt im Sand.*
> *Die Uhr steht still—*

Doch Goethe lässt hier noch nicht den Vorhang fallen.

KAPITEL 13: DIE STUNDE DER ENTSCHEIDUNG

Am Nordhang des Thüringer Waldes liegt das Städtchen Ilmenau. Hier scheint die Zeit tatsächlich stillzustehen. Malerische alte Häuser und eine vergleichsweise intakte Struktur mit Kindergärten, Schulen, einem Schwimmbad und eine moderne Universität erwecken den Eindruck, als wären Hyperglobalisierung und Schuldenkrise Themen aus einer anderen Welt. Sogar ein Museum mit Spielzeug aus der DDR gibt es. In manchen Punkten scheint die Stadt alles richtig gemacht zu haben. Die TU Ilmenau hat dazu beigetragen, dass aus der einstigen Bergbaustadt ein Technologiezentrum geworden ist.

Doch bei genauerem Hinsehen ist zu erkennen, dass Ilmenau auch die Veränderungen zu spüren bekommt, die die Welt bewegen. Der Haushaltsplan für das Jahr 2013 zeigt, dass eine Kreditaufnahme von 1,4 Millionen Euro geplant war. 1,2 Millionen Euro benötigte die Stadt zur Tilgung und für Zinsen bestehender Kredite. Fünf Millionen Euro wurden für die laufende Finanzierung aus Rücklagen entnommen. Die Pro-Kopf-Verschuldung liegt bei 375 Euro. Die Bevölkerungsentwicklung ist deutlich rückläufig. Obwohl die kleine Stadt also vergleichsweise ordentlich gewirtschaftet hat, muss sie nach neuen Einnahmequellen suchen.[408]

Hinter den Kulissen tobt ein erbitterter Streit: Die Müllabfuhr soll privatisiert werden. Eine Bürgerinitiativ, der sich die Opposition angeschlossen hat, kämpft dagegen. Die Parteien kämpfen mit harten Bandagen, bezichtigen einander, die Unwahrheit zu sagen oder den Ausverkauf der heimischen Idylle zu betreiben.[409]

Im Jahr 1776 bezeichnete der Geheimrat Johann Wolfgang von Goethe die Landschaft von Ilmenau als »herrlich herrlich!« Goethe war vom Herzog von Weimar nach Ilmenau entsandt worden, um nach dem Rechten zu sehen. Der Bergbau sollte ausgebaut werden, um die klammen Staatskassen zu füllen. Goethes Mission war delikat. Er musste einen »Augiasstall ausmisten«, wie ein Informant schildert. Die korrupte Beamtenschaft hatte die Bevölkerung so aufgebracht, dass sie 1768 aufbegehrt hatte. Bereits einige Jahre zuvor hatte die Herzogin Anna Amalia eine »Rebellion« mit einer »brutalen Strafaktion« niedergeworfen. Gegen die korrupten Beamten wurde schließlich doch eine Untersuchungskommission eingesetzt – die im Sand verlief. Johann Friedrich Krafft, der Informant Goethes, fasste das Problem zusammen: »Ein jeder, der hier einen Griff, Amtswegen, in die Casse thun können, hat es gethan … Da dies von fast jedem geschehen ist, so hat das auch einer immer dem andern nachgesehen und durchgeholfen.« Goethe ging gegen die Korruption energisch vor und war später, als das Ilmenauer Kapitel für ihn längst abgeschlossen war, sehr stolz, weil er einen der Drahtzieher der Korruption aus dem Amt entfernen konnte: »Den Ilmenauer Steuer-Kassierer Gruner brachte ich ins Zuchthaus … trotzdem, daß Minister Fritsch und Hetzer, Eckart usw. ihn protegierten.«[410]

Die beiden Episoden beschreiben, wiewohl zwei Jahrhunderte voneinander getrennt, dass die Gestaltung des öffentlichen Lebens an der Schnittstelle von Politik und Wirtschaft, eine höchst komplexe Angelegenheit ist. Doch anders als zu Goethes Zeiten, in denen ein Abgesandter des Herzogs Maßnahmen ergreifen konnte, die zumindest für den Moment das Fehlverhalten von örtlichen Würdenträgern sanktionierten und Recht und Gesetz wieder herstellten, ist die Lage im Europa des 21. Jahrhunderts auch für die beschauliche Stadt im thüringischen Wald deutlich komplizierter.

Politische Parteien sagen ihren Wählern nur ungern die Wahrheit. Die Regierenden müssen darauf achten, dass sie ihre Mehrheit behalten. Die Zeit bis zur nächsten Wahl ist knapp, besonders wenn es um Entscheidungen von langfristiger Bedeutung geht. Bei der Entscheidung, ob die Müllabfuhr in der Stadt in das Eigentum eines anonymen internationalen Konzerns wandert, wurde den Ilmenauern versprochen, sie könnten bei der Müllentsorgung einige Euro sparen. Die leere Stadtkasse und die Schuldenlast engen die Spielräume ein. Die Banken fordern ihren Tribut. Warum sollte man bei politischen Fragen an die kommenden Generationen denken, wenn die eigene Bevölkerung schrumpft und nur noch die Alten bleiben?

Dieses Problem kennen alle Staaten, Länder und Kommunen. Die Möglichkeit der massiven Verschuldung führt immer dazu, dass der Staat mehr Geld ausgibt, als er jemals über Steuern wieder einnehmen kann. Ist jedoch der Punkt gekommen, wo die Banken auf Rückzahlung bestehen, müsste sich der Staat einschränken. Doch wie wir gesehen haben: In der Regel setzt der Staat eher Zwang ein, um an noch mehr Geld zu kommen, als sich zu beschränken.

Weil ein guter Teil der Steuereinnahmen zum Schuldendienst verwendet wird, greifen die Schuldenstaaten auf einen alten Trick zurück, um an zusätzliche Einnahmequellen zu kommen. Es nennt sich »Public Private Partnership« (PPP). Der Staat überträgt Infrastruktur, Energieversorgung, Straßen oder Schulen an private Träger und mietet sich dann ein oder bezahlt langfristige Nutzungsentgelte an die Betreiber.

Dieses Modell, in Großbritannien unter Tony Blair eingeführt und in Frankreich wegen der traditionellen Nähe von Staat und Großkonzernen seit jeher sehr populär, bietet den Schuldenpolitikern die Möglichkeit, zusätzliche Kosten nicht bloß auf künftige Generationen zu verlagern. Die neuen Schulden – und nichts anderes sind langfristige Verbindlichkeiten – tauchen nicht in den offiziellen Haushalten auf.

Die Zusammenarbeit zwischen dem Staat und privaten Unternehmen kann sehr sinnvoll sein. Doch die Erfahrung zeigt: Die Aussicht auf langfristige Einnahmen, die der Staat mit Zwang beim Steuerzahler erhebt, macht auch private Unternehmen träge und bürokratisch. Wenn ein Dienstleister weiß, dass Erlöse kommen, egal wie gut oder schlecht man den Kunden behandelt, wird auch die Qualität der »Dienstleistung« leiden: Wozu soll man sich anstrengen?

In Frankreich haben die »Partnerschaften« dazu geführt, dass die staatsnahen Betriebe den Anschluss an die Weltspitze verloren haben. Ein Ende des Systems ist nicht abzusehen. Im Herbst 2013 musste der französische Steuerzahler den Automobilhersteller Peugeot mit milliardenschweren Staatsgarantien retten. Die EU-Kommission, eigentlich dazu da, solche Wettbewerbsverzerrungen zu verhindern, stimmte der Umleitung von Steuergeldern zu.[411]

Wozu es führt, wenn sich PPP-Unternehmen nicht mehr anstrengen müssen, dokumentiert der Privatisierungs-Fachmann Werner Rügemer: »Im engeren Sinne kann man die Projekte als gescheitert ansehen, bei denen die Nachforderungen inzwischen höher sind als der anfängliche ›Effizienzvorteil‹, welcher der Entscheidung pro PPP zugrunde lag. Das ist beispielsweise beim Vorzeigeprojekt des Landkreises Offenbach der Fall: Dort lässt man alle 90 Schulen von Hochtief und SKE sanieren und betreiben. Schon nach fünf Jahren hat sich die vereinbarte jährliche Miete von ursprünglich 52 auf 72 Millionen Euro erhöht. Am bekanntesten ist die Hamburger Elbphilharmonie, bei der sich die Baukosten verdreifacht haben. Bei wie vielen Projekten die Nachforderungen den versprochenen Effizienzvorteil übersteigen, wissen wir wegen der Geheimhaltung nicht. Gescheitert sind auch solche Projekte, bei denen der Investor die Insolvenz erklärt hat, das ist beispielsweise bei einigen Bäderprojekten wie in Leimen (Baden-Württemberg) der Fall.«[412]

Die Milliardenkosten bei Großprojekten wie der Hamburger Elbphilharmonie, dem Berliner Großflughafen BER, dem gigantischen Gebäude des Rats der EU in Brüssel, dem neuen Pariser Justizpalast oder Stuttgart 21 haben eine verheerende Wirkung auf die Stabilität der Staatsfinanzen und verzerren den Wettbewerb.

Mittlerweile auf den Ozeanen des wertlosen Papiergelds treibend, hat der Kampf um die Rettungsboote begonnen.

In Hamburg haben die Bürger entschieden, dass die kommunale Energie-versorgung vom Stromriesen Vattenfall wieder an die Kommune wandern soll. Damit kommen erhebliche Kosten auf die Bürger zu.[413] In Berlin er-reichte ein vergleichbarer Volksentscheid nicht die nötige Beteiligung.[414] Die Konzerne haben sich in allen Fällen rechtlich gut abgesichert. Sie sind den Politikern in dieser Hinsicht genau so überlegen wie die Banken. Was der Finanzindustrie der Algorithmus, ist den Konzernen das Recht: Mit ausgefeilten rechtlichen Konstruktionen führen sie die Politiker aufs Glatt-eis– meist zum Schaden der Steuerzahler.[415 416]

Anfang Januar 2013 stimmte das dänische Parlament dem Verkauf von 19 Prozent am staatlichen Energieversorger Dong zu, und zwar für 1,07 Milli-arden Euro – Geld, das das schuldengeplagte Dänemark dringend für sei-ne leeren Staatskassen benötigt. Die Anteile wurden an ein Investmentve-hikel von Goldman Sachs verkauft, das seinen Sitz auf den Cayman Inseln und in Delaware hat.[417] Dadurch entgehen dem dänischen Steuerzahler er-hebliche Steuergelder. 190.000 Dänen hatten eine Petition gegen den Deal unterschrieben – in einem Fünf-Millionen-Land eine beachtliche Anzahl.[418]

Goldman wird sein »Eigentum« zu einem späteren Zeitpunkt an einen ande-ren Investor weiterreichen. Dafür kommen unter anderem die Chinesen in-frage, die bereits in Großbritannien (Wasser) und Portugal (Energie) an Ver-sorgungsunternehmen beteiligt sind.[419 420]

Ein exemplarisches Beispiel, dass diese Form der Plünderung mitnichten nach dem Schema »guter Staat gegen böse Privatwirtschaft« abläuft, liefert die britische Royal Bank of Scotland (RBS). Die Bank musste wegen ih-rer verantwortungslosen Spekulationen vom britischen Steuerzahler geret-tet werden. Sie ist also heute eine Staatsbank.

Diese staatliche Bank hat gut aufgestellte britische Mittelständler offenbar bewusst in finanzielle Schwierigkeiten gebracht, um von deren Notlage zu profitieren. Die RBS setzte zu diesem Zweck eine eigene Gesellschaft ein:

Die »Global Restructuring Group« (GRG). Wenn ein verschuldetes Unternehmen in diese Division der Bank verschoben wird, hat es kaum noch eine Chance, eigenständig zu überleben.

Durch exorbitante Gebühren und Aufschläge sowie willkürliche Auflagen trieb die Bank die Firmen immer weiter in die Verschuldung. Damit nutzte sie die Notlage der Unternehmen aus und forcierte letztlich die Insolvenz, um sich wertvolles Unternehmenseigentum zum Schleuderpreis einzuverleiben. Dies geht aus einer Untersuchung des Ökonomen Lawrence Tomlinson hervor.[421]

»Es gibt eine riesige Menge an Hinweisen, die darauf hindeuten dass die RBS gesunde, gut gehende Betriebe in finanzielle Schwierigkeiten gestürzt hat«, sagte Tomlinson der BBC.[422] Gebühren und Aufschläge für Kredite wurden nach und nach massiv erhöht. Kreditlinien und Dispositionskredite wurden willkürlich gekürzt oder gestrichen. Es gab Fälle, in denen die Bank regelrechtes Schutzgeld aus einem Unternehmen presste: Eine Firma musste 40.000 Pfund bezahlen, damit der Kredit verlängert wurde.

Die Manager der betroffenen Firmen gaben zu Protokoll, dass die Banker verlangten, die Firma dürfe ihre Rechnungen bei Lieferanten nicht mehr bezahlen. Dadurch wurde das Kreditranking des Unternehmens schlechter. Die Firma verlor an Wert. Die Bank erhielt das Recht, die Schulden in Unternehmensanteile zu verwandeln. Wenn ein Schuldner seinen Kredit nicht mehr bedienen kann, erhält die Bank das Recht, Eigentümer des Unternehmens zu werden. Der Trick besteht darin, dass die Bank das Unternehmen nach Gutdünken neu bewerten lässt: Fällt die Bewertung unter ein gewisses Niveau, kann die Bank die Unternehmensanteile erwerben. Dies geschieht, so der Bericht, unter anderem durch Gutachten, die von der todgeweihten Firma zwar bezahlt werden müssen, die die Firma jedoch nicht einsehen darf.

So konnte die Insolvenzmaschinerie in Gang gesetzt werden und die Bank behielt als Trophäe die teilweise stark unterbewerteten Vermögenswerte.

Zu den »Käufern« der so in die Enge getriebenen Firma zählt, wie der Bericht ermittelt hat, ein Unternehmen namens »West Register«: Dieses Unternehmen ist eine Tochter der RBS, in der die Bank ihre Portfoliobeteiligungen gebündelt hat. Das bedeutet: Die staatliche RBS treibt mittelständische Unternehmen in die Pleite, filetiert sie, verkauft die Assets unter Wert an sich selbst und kann das Unternehmen später mit sattem Profit verkaufen – vermutlich an ein Unternehmen, dessen Eigentümer zu den 0,123 Prozent gehören. Rechtliche Regelungen, dass es hier einen ganz klaren Interessenkonflikt gibt, hat die Bank nicht beachtet.

Die Chancen der Mittelständler, sich zu wehren, sind gering: Die beiden großen Banken Großbritanniens, die dieses Geschäft praktisch als Duopol betreiben können (RBS und Barclays), haben mit allen britischen Anwaltskanzleien Verträge, die den Anwälten verbieten, für Prozessgegner der Banken zu arbeiten. Abgesehen von den hohen Kosten, die durch die Prozesse entstehen, ist den Unternehmen faktisch der Rechtsweg abgeschnitten. Die Banken haben sich die Anwälte durch sogenannte »conflict-of-interest«-Regeln gekauft.

Tomlinson schreibt: »Durch die Zerstörung von gesunden Unternehmen hat die RBS nicht nur das Leben von tausenden Menschen ruiniert, sondern auch unsere wirtschaftliche Erholung behindert und die Lage von Millionen hart arbeitenden Briten verschlimmert.«

Das Beispiel zeigt, zu welchen Schandtaten der Staat fähig ist: Um die Staatskassen zu füllen und dem Steuerzahler irgendwann erklären zu können, dass die RBS nun wieder »gesund« sei und zum Verkauf für andere Banken bereitstehe, werden Unternehmen geplündert und die eigenen Bürger in die Arbeitslosigkeit geschickt.

Der Fall des einstigen deutschen Vorzeigeunternehmens Hochtief zeigt die Sogkraft eines schuldengetriebenen Systems. Auch hier wirken die Politiker nicht als ordnende »Schiedsrichter«, sondern sind direkte Beteiligte der Aushöhlung der Wirtschaftskraft im eigenen Land.

Im Januar 2011 brachte der SWR einen kurzen Stimmungsbericht aus dem Essener Bauunternehmen. Hochtief war jahrelang das Flaggschiff der deutschen Baubranche gewesen und nach einem verzweifelten Abwehrkampf zwei Monate zuvor in einer feindlichen Übernahme an den spanischen ACS-Konzern gefallen.

Der Betriebsrat war durch den damaligen IG-Bau-Chef Klaus Wiesehügel ausgetrickst worden: Gemeinsam mit ehemaligen Kanzleramts-Staatssekretär und nunmehrigen Lobbyisten Hans Martin Bury hatte der IG-Bau-Chef mit den Spaniern vereinbart, dass für alle Mitbestimmungsthemen nicht mehr der Betriebsrat, sondern direkt die IG-Metall zuständig sein sollte. Wiesehügel konnte den Vertrag als Erfolg verkaufen: Entlassungen wurden ausgeschlossen – bis ins Jahr 2013. Wiesehügel, damals auch Aufsichtsrat von Hochtief, brüstete sich damit, dass »die Übernahme nicht auf dem Rücken der Hochtief-Beschäftigten ausgetragen wird«.[423]

Als die Galgenfrist 2013 abgelaufen war, zog der neue Chef der Spanier, Marcelino Fernández Verdes, einen brutalen Sparkurs durch. Das »Projekt Mercure« (man beachte die originelle Terminologie – Merkur, der Gott der Händler und der Diebe, als Taufpate für Massenentlassungen) sah eine radikale Schrumpfkur vor. Fernández kündigte Stellenstreichungen in Europa an. Zu diesem Zweck wurde mit der IG-Bau ein Tarifvertrag unterzeichnet. Es gab eine erneute Galgenfrist, doch die war schon wesentlich kürzer als die erste: Betriebsbedingte Kündigungen können nun 2014 ausgesprochen werden.[424]

ACS hat sich seit Jahren immer stärker verschuldet, hat alles gekauft, was ihm zwischen die Finger kam. Der Konzern soll seine Bilanzen gefälscht haben, weshalb die Bafin die Übernahme zunächst nicht genehmigen wollte. Im Sommer berichtete *El País*, dass ACS auch in den Korruptionsskandal der konservativen Partei verwickelt ist.[425] Im August 2013 musste ACS die Hochtief-Aktien an die spanische BBVA-Bank, einen der Hauptgläubiger von ACS, verpfänden. Das Unternehmen braucht neue Kredite.

Wenn ACS nicht auf die Beine kommt, dann kann die Bank die Anteile an Hochtief verkaufen. Das Modell folgt exakt demjenigen, welches die RBS bei den britischen Mittelständlern praktiziert: Schulden werden zu Instrumenten der Enteignung. Die Plünderung ist völlig legal, weil die Unternehmen als »Schuldner« in der Defensive sind.

Bei ACS gibt es keine »Unternehmer« im klassischen Sinn, die das Unternehmen möglichst klug in eine erfolgreiche Zukunft führen wollen. Die Spanier selbst können, von Schulden getrieben, nur durch Verkäufe an der großen Plünderung teilhaben. Sie haben bereits zahlreiche Tochterunternehmen abgestoßen. Hochtief ist bald nur noch eine Hülle. Ein ehemaliger Hochtief-Manager sagte: »ACS ist es von Anfang an nur um die Zerschlagung gegangen. Die Spanier interessieren sich nur für die Auslandstöchter des Konzerns. Der Standort Deutschland ist für sie unbedeutend. Sie haben die Übernahme benutzt, um sich als hoch verschuldetes Unternehmen eine gesunde, profitable Firma zu schnappen – und sich auf diese Weise zu sanieren. Die haben Hochtief gebraucht, um die eigene, marode Bilanz aufzubessern.«[426]

Hochtief ist kein Einzelfall.

An der Spitze vieler großer Konzerne stehen heute Finanzjongleure. Sie sind Söldner des »staatenlosen Kapitals«. Sie bilden die Scharniere, an denen sich die künstliche Welt des Schuldgelds mit den realen Werten verbindet.[427]

Diese Söldner haben wenig Interesse am operativen Geschäft des Konzerns, den sie leiten: Wie ist es sonst zu erklären, dass der Chef einer Druckerei aus dem Stand zum Chef der Deutschen Bahn, danach Chef einer Fluglinie und schließlich Chef des Berliner Großflughafens wird? Oder ein Pharmamanager aus dem Stand heraus einen Technologiekonzern wie Siemens übernimmt? Ein Luftfahrtmanager wird nahtlos Chef eines Pharmakonzerns? Oder ein Automobilmanager Chef eines Industriegas-Herstellers?[428]

Diese Manager haben Verantwortung über Tausende Mitarbeiter. Sie müssten etwas von ihrer Branche verstehen. Leute, die für DAX-Konzerne arbeiten, sagen jedoch: »Die meisten Manager interessieren sich nur für Zahlen, Fußball und Autos.«

Wie abgehoben dieses Milieu agiert, zeigt das Statement eines Headhunters in der *Süddeutschen Zeitung*. Der Headhunter lebt davon, dass möglichst oft gewechselt wird. Demnach »lautet die Faustformel: Je größer ein Konzern, desto weniger Gewicht hat das branchenspezifische Detailwissen des Chefs«. Die *SZ* fragt nach: Warum? Antwort: »Weil es dann eher um universelle und unternehmerische Führungsqualitäten geht. Darum, die grundsätzliche Strategie vorzugeben, die Unternehmenskultur zu gestalten. Und darum, die richtigen Leute an die richtigen Positionen zu setzen.« Die *SZ* zieht den Schluss: »Wer das hinbekommt, muss sich um tagesaktuelle Details kaum kümmern – weil das ja die handverlesene Truppe verlässlich erledigt.«[429]

Es stellt sich die Frage: Nach welchen Kriterien werden denn »die richtigen Leute in die richtigen Positionen gesetzt«? Wie soll der Manager kompetent beurteilen, ob jemand fachlich qualifiziert ist, wenn der Manager keine Ahnung von der Branche hat? Mit dieser Haltung ist die Saat gelegt für Intrigen und innere Starre, Günstlingswirtschaft und Quotendruck.

Tatsächlich finden wir an vielen Top-Managern heute nichts mehr von dem, was Joseph Schumpeter als ihr wichtigstes Merkmal bezeichnet hat – dass sie nämlich »als Agenten der Innovation der Dreh- und Angelpunkt der ganzen Wirtschaft« sein müssen. Nur diese Entrepreneure sind nach Schumpeters Ansicht »kreditwürdig«. Sie sollen Geld aufnehmen, um Innovationen voranzubringen, und nicht, um sich als »universelle« Bilanztrickser von einer Umschuldung in die nächste zu retten.[430]

Die modernen Manager werden in einem System des künstlichen Geldes gebraucht, um mit den Unternehmen, die sie eigentlich »führen« sollen, Profite zu »erwirtschaften«, die in künstlichen, von Manipulationen und Bilanz-Kosmetik getriebenen Märkten erzielt werden können. Dies geschieht, wie wir gesehen haben, am schnellsten durch spekulative Finanzgeschäfte, Kunstprodukte und andere Tricks. Wenn das nicht mehr geht oder die Wetten verloren wurden, dann verlangen die Eigentümer von den Söldnern höhere Profite, indem sie Leute entlassen, Fabriken schließen, Fabriken kaufen, Unternehmensteile verkaufen. Bei jeder dieser »Maßnahmen« spielen alle mit, weil alle daran verdienen: Banken, Anwälte, Berater, Politiker, Wirtschaftsprüfer.[431][432][433]

Die fatale Logik dieses Prozesses besteht darin, dass die meisten großen Unternehmen längst im Eigentum des »staatenlosen Kapitals«, also der 0,123 Prozent, sind. Es ist absurd, von der Lufthansa, der Deutschen Bank oder von Daimler als »deutschen Unternehmen« zu sprechen. Air France ist nicht französisch, Vattenfall ist nicht schwedisch, Turk Telekom ist nicht türkisch. Die Eigentümer all dieser Firmen sitzen, wie wir gesehen haben, im Kontrollzentrum für die Plünderung der Welt. Es sind die 0,123 Prozent, über die uns der junge Schweizer Physiker aufgeklärt hat. James Glattfelder spricht von einem globalen »Superunternehmen«, das auf diese Weise entstanden ist.

Für die Manager als Söldner in Diensten des globalen Superunternehmens ist es daher auch völlig belanglos, welche Produkte das von ihnen geführte Unternehmen herstellt. Sie müssen nur wissen, wie sie den »Unternehmenswert« steigern – der in Wahrheit kein Wert, sondern ein manipulierter »Preis« ist. Auf diesen Preisen beruht das ganze hyperglobale Schneeballsystem.

Die Manager bilden ein enges Netzwerk, wie eine Untersuchung nachweisen kann: »Um einige der größten Dax-Unternehmen herum gibt es einen sehr eng verknüpften Kern von Managern, dessen Dichte auch über die Jahre nicht abnimmt«, so Thomas Lux, Professor für internationale Finanzmärkte an der Universität Kiel.[434] Die Forscher aus Kiel haben einen interessanten Trend ermittelt, der sich mit der Netzwerkanalyse der Eigentumsverhältnisse deckt. Es gibt einen harten Kern. Um diesen Kern herum gibt es ein Zentrum. In diesem Zentrum wechseln in einer gleichbleibenden Gruppe die Manager ihre Positionen. Dies ist der Tatsache geschuldet, dass die Finanz-Eliten vor allem vom ständigen Kaufen und Verkaufen von Aktienpaketen und Unternehmensanteilen profitieren. Die Aufsichtsräte ziehen mit dem vagabundierenden Kapital mit. Auf diese Weise entsteht ein Geflecht, das von der Realwirtschaft lebt, mit ihr aber in keiner Weise mehr etwas zu tun hat.

Verschärft wird diese Entwicklung durch die neuen Technologien. Sie ermöglichen dramatische Steigerungen der Profitabilität. Doch der Effizienzgewinn beruht nicht auf ständiger Innovation oder »schöpferischer Zerstörung«. Er beruht ausschließlich darauf, dass der Mensch als geldwerter Nachteil gesehen wird. Massenentlassungen, wie wir sie früher nur aus den USA kannten, sind heute weltweit üblich. Die Produktion wird, dank der Hyperglobalisierung, beliebig von einem Kontinent auf den anderen verlagert. Die Steigerung der Produktivität, die in den Bilanzen als leuchtende Zahl hervorsticht, wird vor allem über globales Lohndumping erreicht. Was sich heute Fortschritt nennt, ist nichts anderes als Ausbeutung der Arbeiter.[435]

Der Versandhändler Amazon ist in Deutschland in die Schlagzeilen geraten, weil er sich weigerte, den Mitarbeitern die von den Gewerkschaften geforderten Löhne zu zahlen. Interessanterweise kam es in diesem Zusammenhang nicht – wie vor 150 Jahren – zu einer Solidarisierung der Arbeiter, die in einem lückenlosen Streik die höheren Löhne durchzusetzen versucht hätten. Es gab zwar einen Streik – doch schon bald wurden die Gewerkschafter von den Billigarbeitern attackiert, weil Amazon drohte, sich komplett aus Deutschland zurückzuziehen.[436]

Ein schlechtes System begünstigt schlechte Handlungen, und umgekehrt. Betrügerische und kriminelle Handlungen, die im System nicht geahndet werden, machen das System immer schlechter. Für das System der Konzerne hat der Ökonom Joel Bakan gesagt: »Die Herrschaft der Konzerne muss herausgefordert werden, um die Werte und Praktiken wiederzubeleben, denen sie sich widersetzt: Demokratie, soziale Gerechtigkeit, Gleichheit und Solidarität. Konzerne und die Ideologie, auf der sie basieren, sind viel zu verzerrt und einfallslos, um auf Dauer in unseren Vorstellungen Fuß zu fassen. Auch wenn Eigeninteresse und Konsumwünsche ein Schlüsselmerkmal unserer Identität sind, dessen wir uns schämen müssten, machen sie nicht den ganzen Menschen aus.«[437]

All diese Auswüchse wären nicht möglich, wenn der Staat nicht in der Lage wäre, nach Belieben Geld zu drucken. Sind die Grenzen des Wachstums erreicht, weil die Gesellschaft die vielen Versprechen aus der Vergangenheit nicht mehr einlösen kann, dann kommt es zum Zusammenbruch.

Zuerst verschwindet die Moral.

Schließlich das Recht.

Und am Ende die Freiheit.

Wenn die Leistungsfähigkeit der Menschen (Demografie) und die Ressourcen der Erde (Rohstoffe) nicht mehr ausreichen, um all die ungedeckten Schecks mit realen Werten zu decken, dann werden die Regierungen weiter von ihrem »Recht« zur Plünderung der Welt Gebrauch machen.

Vor 40 Jahren stand genau dieses Dilemma schon einmal im Mittelpunkt einer weltweiten, heftigen Kontroverse. Der Club of Rome, eine Gruppe von Wissenschaftlern, Unternehmern und Ökonomen unter der Leitung des charismatischen Italiener Aurelio Peccei, hatte mit seinem Buch *Die Grenzen des Wachstums* aufgezeigt, dass die Menschheit an einem äußerst kritischen Punkt angelangt war.[438] Der Amerikaner Chris Martenson hat die Ideen des Club of Rome im Jahr 2011 zu Ende gedacht. Er kommt in seinem Buch *The Crash Course* zu dem Ergebnis, dass die Zukunft von »Wirtschaft, Energie und Umwelt« zur großen Katastrophe führen werde, weil die Bedürfnisse in diesen drei Bereichen exponentiell wachsen, während die Ressourcen der Erde begrenzt sind.

Martenson weist auf die »Tendenz der Menschheit hin, wie eine Motte ins Feuer zu fliegen und Geld zu drucken«. [439]

Doch wie kann man die Motte vor dem Feuer retten? Ist das Feuer, angefacht durch die Billionen an wertlosem Papiergeld, nicht schon zu mächtig geworden?

Ist das Feuer, das am Ende genau jene 0,123 Prozent wärmt, die der Physiker Glattfelder als »Kern« des Weltfinanzsystems ermittelt hat, nicht eine ewige Flamme, die zuerst alles und am Ende sich selbst verzehrt?

Können wir uns dem Sog von Hyperglobalisierung und Beschleunigung durch die modernen Technologien entziehen?

Lohnt der Versuch überhaupt?

Der Norweger Jørgen Randers war einer der Mitautoren des Berichts an den Club of Rome. Randers lebt heute in einem kleinen Haus an einem Fjord. Er beobachtet von dort aus, wie sich die Vegetation in seinem Wald verändert. Er kann gewissermaßen die Tundra wachsen hören. Trotz seiner Warnungen vor über 40 Jahren hat die Menschheit weitergemacht, als gäbe es kein Morgen. Trotzdem hat er nicht resigniert. 20 Jahre nach dem Bericht *Die Grenzen des Wachstums* überprüften die Forscher ihre Prognosen und kamen zu dem Ergebnis: Ihre Sorge war berechtigt, die Lage hat sich verschlechtert. Dennoch schrieben sie, mit ungebrochenem Elan, *Die neuen Grenzen des Wachstums*.[440] Randers reist, obwohl inzwischen 69 Jahre alt, immer noch durch die Welt. Vor einigen Jahren überprüfte er seine Forschungen und kam zu dem Ergebnis: Die Welt ist weiter auf einem schlechten Weg. Er schrieb einen weiteren Bericht – unbeeindruckt von den Beharrungskräften eines marodierenden Systems.[441]

Goethes Faust, der am Ende tot vor dem triumphierenden Teufel liegt, ist nicht verloren.

Der Finanzpolitiker Goethe liefert die Antwort, warum es nie zu spät ist.

KAPITEL 14: AM SCHEIDEWEG

In seinem Buch *Geld und Magie* hat der Schweizer Nationalökonom Hans
Christoph Binswanger die Wirtschaftstheorie erklärt, wie Goethe sie im
Faust darlegt. Binswanger schreibt, es sei »kein Zufall, wenn Faust im zwei-
ten Teil des Dramas sein Wirtschaftsvorhaben mit dem Geldschöpfungsakt
beginnt. Er hat damit den magischen Schlüssel, den Nachschlüssel in der
Hand, der Zugang schafft zu allen Tresoren den Welt«.[442]

Der Volkswirt Binswanger deutet Goethes Darstellung als die Grundlage
der modernen Gesellschaften, in der die Religion durch die Wirtschaft er-
setzt wurde. Dazu erklärt Binswanger, dass die Erfindung des Papiergeldes
als ein »alchemistischer Prozess« zu verstehen sei. Faust steht stellvertre-
tend für das Streben des Menschen nach Beherrschung der Welt und weist,
in seiner vom Teufel geschürten Hybris, am Ende brüsk die ihm als Frau er-
scheinende »Sorge« zurück – jene Figur, der in der griechischen Mythologie die Erde anvertraut war.

Binswanger beschreibt den Augenblick, in dem die moderne Wirtschaft
an ihren letzten Scheideweg gerät. Fausts Scheitern wird unausweichlich,
nachdem Mephisto im Auftrag Fausts die Hütte von Philemon und Bau-
cis niedergebrannt hat. Das alte Ehepaar hatte sich dem Befehl Fausts zur
Umsiedlung widersetzt. Dieser wollte das Grundstück der Alten für sein
größenwahnsinniges Projekt verwenden. Binswanger analysiert: »Es wäre
möglich, dass sich Faust mit ›Sorge‹ auseinandersetzt und damit die irdi-
schen Dinge so nimmt, wie sie sind, in ihrer Vergänglichkeit und Hinfäl-
ligkeit, dass er die mit der modernen Wirtschaft verbundenen Gefahren
sieht, die Vernichtung des Schönen, die Risiken der Technik, die Unge-
wissheit der künftigen wirtschaftlichen Entwicklung, und versucht, die
sich daraus ergebenden Probleme sorgend zu bewältigen. Aber Faust findet sich dazu nicht bereit, denn dann könnte er sein großes Werk nicht

vollenden ...Faust sucht den Ausweg durch den Fortschritt in die selbst geschaffene, in die alchemistische Welt der Geld- und Wertschöpfung, von der die ›Sorge‹ ausgeschlossen zu sein scheint, weil in ihr die Begrenzung der Welt, die Begrenzung der Zeit, aufgehoben ist. Es handelt sich um die Überzeugung des modernen Menschen, er könne alle negativen Folgen der Technik und des wirtschaftlichen Wachstums mit immer noch mehr Technik und immer noch mehr wirtschaftlichem Wachstum überwinden, aus eigener Machtvollkommenheit den grenzenlosen Schöpfungsprozess fortsetzen.«[443]

Im November 2009, als die Welt gerade unter den Folgen der großen Finanzkrise nach den US-Immobilienkrediten stöhnte, sagte der Chef der Investmentbank Goldman Sachs, Lloyd Blankfein, der *Sunday Times* aus London, dass die hohen Bonuszahlungen für Banker gerechtfertigt seien. Banken hätten eine wichtige gesellschaftliche Aufgabe: »Wir helfen den Unternehmen zu wachsen, indem wir ihnen helfen, Kapital zu bekommen. Unternehmen, die wachsen, schaffen Wohlstand. Und das wiederum ermöglicht es den Menschen, Jobs zu haben, die noch mehr Wachstum und noch mehr Wohlstand schaffen.« Daher verrichteten die Banken, so Blankfein, »Gottes Werk«.[444]

Dieser Ausspruch, der damals von der Öffentlichkeit und den Kirchen heftig kritisiert wurde, ist tatsächlich zutreffend: Die moderne Geldschöpfung aus dem Nichts, in der noch nicht erwirtschaftete Gewinne aus realen Werten oder realer Produktion mit dem Schuldenturbo durch das globale Finanzsystem gepeitscht werden, diese Welt aus falschen Versprechungen ist zum Religionsersatz geworden. Nur als Quasi-Religion ist ein globales Zwangssystem möglich, dessen Notwendigkeit niemand beweisen, der Staat jedoch stets verordnen kann.

Die moderne Technik hat die Alchemisten in die Lage versetzt, Wirtschaft als Glaubensfrage zu definieren. Das Wort »Kredit« kommt schließlich vom lateinischen »Credo« und bedeutet nichts anderes als eine Verheißung der

Glückseligkeit in der Zukunft. Damit kann man gutes Geld verdienen. Auch die Religionen haben ein ähnliches Geschäftsmodell: Sie versprechen das ewige Leben oder 70 Jungfrauen oder das Nirwana oder die Wiedergeburt. Sie haben allerdings den Vorteil, dass die Kunden erst nach dem Tod überprüfen können, ob die Ware, für die sie ein Leben lang ihre Ratenkredite in Form von Kirchensteuern oder Spenden entrichtet haben, auch geliefert wird. Reklamationen aus dem Jenseits sind bekanntlich schwer, weshalb die Weltreligionen ein sehr viel robusteres Geschäftsmodell verfolgen als die staatlichen Falschgelddrucker.

Binswanger zeigt jedoch, dass Religion wenigstens noch die zentrale Begründung für sich selbst außerhalb von sich selbst sieht. Wie Rousseau in seinem Gesellschaftsvertrag kommen Theologen und Humanisten zu demselben Schluss. Um die Freiheit des Menschen zu sichern, kann nicht ein Teil der Welt (der Staat) über dem anderen stehen (die Bürger). Deshalb entwirft Rousseau ja auch einen Vertrag: Gleichberechtigte Subjekte stehen einander gegenüber.

In diesem Zusammenhang ist es wichtig, sich die Charakterisierung Fausts als Alchemisten vor Augen zu führen. Die Autoren des Club of Rome haben darauf hingewiesen, dass der Mensch in komplexen Strukturen überfordert ist. Er kann bestenfalls begreifen, was in seinem Dorf geschieht, versteht mit Müh und Not Zusammenhänge, bei denen er schon gewisse Vorkenntnisse oder aber ein gesteigertes Interesse aufweisen kann.

Daher kann man mit einigem Recht zu dem Schluss kommen: Die »Alchemie« des aus dem Nichts geschaffenen Geldes erzeugt nichts als eine große Illusion. Sie treibt, trotz all ihrer computertheoretischen Maskerade, Menschen, Wirtschaft und Gesellschaft in eine Falle.

Die scheinbar so logische Welt der internationalen Finanzen ist nichts anderes als eine Sekte. Der Glaube an das wertlose Geld kettet sie aneinander. Kalkulationen, Wetten, Algorithmen, Kunstprodukte mit unaussprechlichen

Namen, Vorhersagen, Computermodelle – all das erweist sich als das tönerne Werk von Alchemisten. Das Credo der Geldfälscher besteht darin, dass, wenn alles gut geht, die »unsichtbare Hand« erfolgreich steuert. Wenn es schlecht geht, dann muss der Steuerzahler diese unsichtbare Hand ersetzen.

Diese Überhöhung kommt in besonders feierlichen Augenblicken wie der Garantie der Spareinlagen durch Merkel und Steinbrück zum Ausdruck. Der Zwang, den der Staat durch sein Geld- und Gewaltmonopol ausüben kann, ist zur Ideologie geworden. Wie bei einem anderen Faustus – jenem des Briten Christopher Marlowe – ist das Ziel dieser Ideologie, »die Macht des Menschen so lange zu steigern, bis alles Denkbare realisiert ist«. Mit den Milliarden an uneinlösbaren Versprechen durch die Schulden der Welt versuchen die Staaten und die ihnen dienstbaren Hohepriester des geschenkten Geldes, »die Wirklichkeit den Wünschen des Menschen gefügig zu machen«.[445]

Von dieser Ideologie profitieren 0,123 Prozent, die über 80 Prozent herrschen.

C. S. Lewis hat in seiner *Abschaffung des Menschen* eine radikal andere Weltsicht entwickelt: Diese folge einem »Tao«, wie Lewis schreibt, also einer Rückbindung auf höhere Werte als das rein Materielle oder Machbare. Lewis, ein irischer Katholik, hat bewusst den chinesischen Begriff gewählt. Es ist einerlei, ob jemand Humanist, Buddhist, Jude, Muslim oder Existenzialist im Sinne von Albert Camus ist. Der Mensch, für den das Geld nicht die letzte Instanz ist, wird die Welt anders gestalten als die Zauberer und Magier wertlosen Geldes. Lewis: »Für die Weisen der Vergangenheit hatte das Hauptproblem darin bestanden, die Seele mit der Wirklichkeit in Einklang zu bringen.« Das werden wir am Ende auch bei Goethes Schlussgedanken sehen. Mephisto verliert am Ende seine Wette, weil er diesen Zusammenhang nicht versteht.

Lewis schreibt, dass die Weisen aller Welt als Lösung der Probleme der Welt nicht im hemmungslosen Konsum und der rücksichtslosen Plünderung der Welt gesehen haben, sondern in der »Einsicht, Selbstbeherr-schung und Tugend«.[446]

Um echte Alternativen zu finden, müssen sich zwei wesentliche Dinge än-dern. Die Komplexität der Systeme muss reduziert werden. Und alle Teil-nehmer am Wirtschaftsleben müssen, um zu einem gerechteren System zu kommen, zu jenen Spielregeln zurückkehren, die man mit den klassischen Begriffen Recht, Gesetz und Moral umschreiben kann. Rousseau schreibt in seinem »Gesellschaftsvertrag«, dass die Idee der Demokratie fast zu an-spruchsvoll für die Menschen ist: »Wenn es ein Volk von Göttern gäbe, wür-de es sich demokratisch regieren. Eine so vollkommene Regierung passt für die Menschen nicht.«[447] Daher brauchen wir Gesetze und Regeln – die be-folgt werden und deren Verletzung sanktioniert werden kann. Doch wirk-lich funktionieren wird die in der globalisierten Welt größer und gleichzei-tig kleiner gewordene Gesellschaft nur, wenn sie einen gemeinsamen Geist der Koexistenz entwickelt. Rousseau: »Gemeinsam stellen wir alle, jeder von uns, seine Person und seine ganze Kraft unter die oberste Schnur des Gemeinwillens; und wir nehmen, als Körper, jedes Glied als untrennbaren Teil des Ganzen auf.«[448]

Unter dieser Annahme werden wir sehen, dass die Plünderung der Welt kein Schicksal ist, dem wir uns wehrlos ergeben müssen. Wir können sie verhindern – wenn wir wollen.

KAPITEL 15: RECHT UND GESETZ – DOCH IN WELCHER SPRACHE?

Bevor wir zu Vorschlägen kommen, wie wir das zum Scheitern verurteilte System des Falschgelds und der endlosen, niemals einlösbaren Versprechungen überwinden können, wollen wir noch kurz auf ein grundlegendes Problem blicken, das in allen Betrachtungen über Schulden und Globalisierung zu kurz kommt. Um ein System gerecht zu gestalten, müssen die Bürger die Gesetze verstehen. Nur so können sie die Gesetze befolgen und die Regierungen kontrollieren.

Hier stößt die Hyperglobalisierung am deutlichsten an ihre Grenzen.

Das Aufkommen des Internets hat für viel Euphorie und auch für einige Enttäuschung gesorgt. Es wurde als die neue globale Kommunikation gefeiert, die endgültig alle kulturellen und nationalen Barrieren durchbrechen und die Welt endlich zu einer großen Familie von Brüdern und Schwestern machen werde. Die neuen Technologien haben jedoch im Finanzbereich dazu geführt, dass der Netzwerkeffekt die 0,123 Prozent der Profiteure stärkt – und alle anderen schwächt.

Die Finanz-Eliten haben das Internet zum Werkzeug für ihre Ziele perfektioniert. Die einfachen Bürger dagegen kommunizieren, wie Studien ergeben haben, auch über das Internet vor allem mit ihren unmittelbaren Freunden, Nachbarn und Kollegen. 80 Prozent aller Aktivitäten in den sozialen Netzwerken erfolgen lokal.[449]

Die Entscheidung darüber, ob der technologische Fortschritt zum Nutzen oder zum Schaden der Menschheit eingesetzt wird, fällt im Kopf eines jeden Einzelnen. Hier zeigt sich: Die Mehrheit der Menschen wird benachteiligt.

Im Wettstreit der Ideen und Ideologien muss jeder seine Gedanken erst einmal artikulieren können. Dies geschieht auch im Internet lokal und in der Muttersprache.

Die Sprache ist das einzige Mittel des Menschen, um sich verständlich zu machen und tatsächlich mit anderen Menschen Übereinkünfte zu treffen.

Faust streicht, als er zu Beginn des Ersten Teils das Johannesevangelium studiert, den Satz: »Im Anfang war das Wort!« durch und schreibt: »Im Anfang war die Tat!« Damit sollte die Menschheit mit einem Federstrich in eine Maschine verwandelt werden, die funktioniert – gleichgültig, ob die Menschen überhaupt verstehen, wie und warum sie funktionieren sollen.

Die UNESCO hat in ihrem Jahresbericht 2013 ermittelt, dass einer von fünf jungen Europäern nicht lesen und schreiben kann, das sind 20 Prozent. Die Analphabeten stellen, politisch gesehen, in vielen Ländern die stärkste Partei.[450]

Zugleich wird erwartet, dass sich eine hyperglobalisierte Welt auf eine Sprache verständigen soll, die für die meisten Menschen der Erde eine Fremdsprache ist: auf Englisch.

Ulrike Guérot hat in einem Beitrag für die Heinrich-Böll-Stiftung umrissen, warum die Europäer ihre Nationalsprachen hintanstellen und sich dem Englischen als der Sprache der EU zuwenden sollten: »Ich möchte den gerade ins 21. Jahrhundert Hineingeborenen zurufen: lernt Englisch, Denglish, Frenglish, lernt Englisch, lernt Englisch! Englisch ist die Sprache von Google und damit der Welt. Die Sprache der Computer, der Science und der World of Finance. Neben der Welt der Mode, Fashion oder Music, generell die Welten der Jugend. Alles Dämonen, aber auch Domänen, in denen Europa mitsprechen möchte, sollte, global impact haben sollte (wie sagt man das gleich noch auf Deutsch?).«[451]

Guérot kommt zu dem Schluss: »Wenn wir bei Europa im 21. Jahrhundert alle mitnehmen wollen«, dann müsse auch im »bildungsfernen Milieu klar sein: English is it and if you don't speak it, you are out«.[452]

Dieser Gedankengang zeigt, wie elitär supranationale Projekte sein können. Wenn all diejenigen, die die vorgeschriebene Sprache nicht als Muttersprache beherrschen, sondern auf die Unterweisung durch Lehrer in zunehmend überforderten Schulen angewiesen sind, »draußen sind«, dann gibt es keine Demokratie mehr. Diese Entwicklung hatten die Bürger nicht vor Augen, als sie die Entstehung der EU mit Freuden begrüßt hatten. Sie hofften auf politische Teilhabe, weil sie sich von den »Interessen der nationalen politischen und (finanz)wirtschaftlichen Eliten« übervorteilt fühlen.[453]

Der Europäische Rechnungshof hat festgestellt, dass die Mitarbeiter der EU nicht Englisch sprechen, sondern eine Kunstsprache verwenden. Sogar die Briten und Iren seien verwirrt. Unter dem Titel »Eine kurze Liste von falsch verwendeten englischen Begriffen in EU-Publikationen« macht der Rechnungshof auf ein fundamentales Problem aufmerksam: »Im Laufe der Jahre haben die europäischen Institutionen ein Vokabular entwickelt, das sich von jeder anerkannten Form der englischen Sprache unterscheidet.« Die Sprache der EU-Mitarbeiter enthalte »Wörter, die nicht existieren oder für Muttersprachler außerhalb der EU-Institutionen relativ unbekannt sind und sogar oft nicht dem Standard der Rechtschreibprüfung und Grammatik entsprechen«.[454]

Der Rechnungshof zählt sodann 100 Begriffe auf, die die EU-Mitarbeiter falsch verwenden würden. Nur Insider verstünden die falsche Verwendung.

Doch das babylonische Dilemma, dem jede supranationale Organisation ausgesetzt ist, kann nicht mit einem klugen Wörterbuch gelöst werden.

Das Dilemma der unterschiedlichen Sprache ist eines, wenn nicht das Grundproblem der hyperglobalisierten Welt. Die Mehrzahl der Menschen auf der Welt hat auch im 21. Jahrhundert noch Schwierigkeiten, sich in der eigenen Muttersprache einigermaßen korrekt in Wort und Schrift auszudrücken. Die Vielfalt der Sprachen und Dialekte ist kein Relikt der Vergangenheit, sondern eine Folge der Vielfalt der Kulturen der Welt. Die Sprachgruppen sind nicht immer identisch mit den Nationen, wie das Beispiel der Katalanen und ihrer Sezessionswünsche von Spanien zeigt. Im Norden Italiens gibt es eine Sprachgruppe, die Friulanisch spricht – eine romanische Sprache, die sich erheblich vom Italienischen unterscheidet. Die Slowenen im Süden Österreichs sprechen ein anderes Slowenisch als die Bürger Sloweniens. Und die Iren sprechen ein ganz anderes Englisch als die Engländer. Andere Volksgruppen sind bereits perfekt dreisprachig, wie die Südtiroler – sie sprechen Italienisch, Deutsch und ihren Tiroler Dialekt. Die Türken in Deutschland haben alle Hände voll zu tun, Türkisch und Deutsch zu lernen. Nebenbei müssen sie noch die Schwaben oder die Sachsen verstehen. Das alles sollen sie über Bord werfen – nur um in einem elitären Projekt nicht nach »draußen« verbannt zu werden?

Nuancen entscheiden darüber, ob man einen komplexen Sachverhalt versteht oder nicht. Selbst gut ausgebildete Akademiker kommen ganz schön ins Stottern, wenn sie Verträge in anderen Sprachen formulieren oder Verhandlungen in anderen Sprachen folgen müssen.

Aktuelle Untersuchungen des Ökonomen Pankaj Ghemawat von der Universität Barcelona zeigen, dass die meisten Menschen weder ihre Heimatländer jemals verlassen noch irgendwo anders studiert oder außerhalb ihren Geburtslandes gearbeitet haben. Die Menschen telefonieren innerhalb ihrer Nationalstaaten, lesen die Medien der Nationalstaaten und dort vor allem lokale und regionale Nachrichten. In Europa beschäftigen gerade mal 19 Prozent aller Nachrichten des durchschnittlichen Medienkonsumenten mit dem europäischen Ausland – und da sind alle Unterhaltungs- und Katastrophenmeldungen eingeschlossen.[455]

Tatsächlich hat es die hyperglobalisierte Welt nicht geschafft, traditionelle Zugehörigkeiten zu verdrängen. Dani Rodrick referiert aus der Umfrage »World Values Surveys«: »Bei einer jüngst durchgeführten Umfragerunde wurden Menschen in 55 Ländern befragt, um Erkenntnisse über die relative Intensität ihrer lokalen, nationalen und globalen Identitäten zu gewinnen. Es ergaben sich überall ähnliche Resultate, die interessante Schlussfolgerungen zulassen. Es zeigt sich, dass die Bindung an die eigene Nation stärker ist als alle anderen Identitäten. Die Menschen sehen sich in erster Linie als Bürger ihres Landes, in zweiter als Bewohner ihrer Stadt oder ihres Dorfs und erst in letzter Linie als ›Bürger der Welt‹. Nur in zwei Ländern identifizierten sich die Bewohner stärker mit der Welt als mit ihrer Nation: im unter Gewaltexzessen leidenden Kolumbien und im Zwergstaat Andorra.«[456]

Im Zuge der Verbreitung des Falschgeldes in aller Welt ist ein paralleler Rechtsraum entstanden. Hier wird, was der normale Bürger als Unrecht empfindet, zu Recht erklärt. In jedem Fall können Recht und Gesetz jedoch durchgesetzt werden, wenn sie in verständlicher Weise geschrieben und bekannt gemacht werden. Nur dann können sich die Bürger an die Gesetze halten und die Einhaltung der Gesetze durch ihre Regierungen kontrollieren.

Die Muttersprache ist für die meisten Menschen kein Luxus, sondern die einzige Sprache, die sie leidlich beherrschen. Sie werden heute vielfach von den demokratischen Entscheidungsprozessen ausgeschlossen, weil sie vom gesellschaftlichen Diskurs nicht mehr folgen können. Der Verdruss der Bürger mit der EU ist zu einem guten Teil auf dieses Unverständnis zurückzuführen.

Bei internationalen Verträgen wird das Problem besonders deutlich. Denn niemand kann die Übersetzungen wirklich so minutiös aufeinander abstimmen, dass sie den Geist einer Vereinbarung in mehreren unterschiedlichen Sprachen wiedergeben. Die Zwischentöne bestimmen auch die Substanz von Gesetzen. Die nationalen Gesetze sind oft gerade in den entscheidenden Feinheiten nicht in Übereinstimmung zu bringen mit dem Technokraten-Englisch, das die internationale Politik und die globale Wirtschaft dominiert. Gesetze haben einen anderen Wortschatz. Vereinbarungen und Verträge brauchen mehr als ein paar holprige Sätze. Nur wenn die Vertragsparteien Buchstaben und Geist eines Gesetzes verstehen, werden sie sich auch daran halten.[457]

Die Sprache jedoch, mit der die Alchemisten des Falschgelds operieren, ist eine reine Kunstsprache. Sie wird bewusst der Komplexität des Systems angepasst. Die Bürger sollen nicht verstehen, wie sie an der Nase herumgeführt werden. Wer will schon wissen, was sich hinter exotischen Begriffen wie »Collateralized Debt Obligations«, »Asset Backed Securities« oder »Credit Default Swaps« verbirgt?

Um diesen Kunstprodukten den Anschein der Seriosität zu verleihen, sind die großen angelsächsischen Anwaltskanzleien damit beschäftigt, Vertragswerke für die »Produkte« so zu konstruieren, dass sie »wasserdicht« sind. Als die US-Regierung Ende 2013 einige neue Regulierungsvorschläge unterbreitete, trafen sich, wie die *New York Times* berichtete, Hunderte von Anwälten in einer großen New Yorker Kanzlei, um die neuen Gesetze nach Schlupflöchern zu durchsuchen.[458]

Für den einfachen Bürger ist das alles längst undurchschaubar geworden. Wer aber vor einer scheinbar rationalen Komplexität kapitulieren muss und sich im bürokratischen Kauderwelsch nicht mehr artikulieren kann, ist ein willfähriger Untertan. Je weniger die Leute die Gesetze verstehen, desto einfacher wird es für die Obrigkeit, die Einhaltung der Gesetze zu erzwingen. Hier wird die Utopie zur Ideologie, deren letzte Konsequenz ein totalitäres System ist.[459]

Utopien sind, wie wir bei Faust gelernt haben, nicht geeignet, um die Welt human zu gestalten.

Mit staatlichem Zwang durchgesetzte Ideologien führen in die Unfreiheit.

Die Sprache – als letzte Verdichtung von Kultur, Ethnie und Geschichte – zeigt uns unsere Vielfalt, aber auch unsere natürlichen Grenzen auf. Das müssen wir akzeptieren, wenn wir dieses System so verändern wollen, dass Freiheit und Vielfalt tatsächlich als universelle Werte anerkannt werden. Wenn wir die Demokratie als beste Gesellschaftsform nicht abschaffen wollen, dann müssen wir allen Bürgern die Möglichkeit geben, an der Willensbildung – und damit an der Gesetzgebung – in ihrer Muttersprache mitzuwirken. Alles andere ist eine Diktatur der Eliten, ein Feudalismus der Intellektuellen – so verständlich der Wunsch nach dem »Weltbürger« auch sein mag.

Doch nicht als Sklaven unter ein Joch – den »Weg der Knechtschaft« zu Ende gehend, wie Friedrich Hayek sein Buch über die Tyrannei der Bürokratie nennt. Ein solches System degradiert die Bürger zu willenlosen »Geschöpfen ihrer eigenen Reklame, Vergrößerungen ihrer eigenen Photographien, Funktionen gesellschaftlicher Prozesse«, denen von ihren Herrschern »Muster kollektiver Nachahmung auferlegt« wurden, wie Max Horkheimer befürchtete.[460]

Dani Rodrik schreibt, dass wir bei der Verklärung der Globalisierung einem Denkfehler unterliegen: »Diesem Szenario zufolge sind die nationalen Volkswirtschaften unserer Welt mittlerweile so untrennbar miteinander verflochten, dass nur noch so etwas wie eine neue Weltordnung und ein neues globales Bewusstsein eine angemessene Antwort auf die heutigen Herausforderungen geben können. Wir teilten, so sagt man uns, ein gemeinsames wirtschaftliches Schicksal. Wir müssten uns über unsere engstirnigen Interessen erheben, beschwören uns verantwortliche politische Führer, müssten gemeinsame Lösungen für gemeinsame Probleme finden.«

Das mag, so Rodrik, für übergeordnete Themen wie den Klimawandel oder die Menschenrechte richtig sein. Es gilt nicht für die Weltwirtschaft. »Die Achillesferse der Weltwirtschaft ist nicht ein Mangel an internationaler Zusammenarbeit, sondern das Unvermögen, die Implikationen einer simplen

Idee voll und ganz zu erkennen: Die Reichweite globaler Märkte muss ihre Grenzen finden in den meist nationalen Mechanismen ihrer Überwachung. Unter der Voraussetzung, dass wir die richtigen Verkehrsregeln anwenden, fahren wir auch dann recht gut, wenn die Nationalstaaten am Steuer sitzen.«[461]

Diese Erkenntnis ist ein erfrischender Gegenentwurf zum faustischen Konzept der Beherrschung der Welt. Rodrik bietet Anhaltspunkte, wie wir uns der Plünderung der Welt entziehen können. Er versöhnt in seinem Ansatz die einander widerstrebenden Ziele der 0,123 Prozent mit jenen der bedingungslosen Globalisierungsgegner des Club of Rome oder der Anarchisten von Occupy Wall Street.

Wir wollen daher abschließend sehen, mit welchen »Verkehrsregeln« die Plünderung der Welt verhindert und den kommenden Generationen eine Welt übergeben werden kann, die das Prädikat »lebenswert« verdient.

KAPITEL 16: WAS WIR NICHT VERHINDERN KÖNNEN

Einmal im Jahr treffen sich Hacker aus aller Welt auf Einladung des Chaos Computer Clubs, um darüber zu diskutieren, welche neuen Trends in der Computertechnologie von Bedeutung sind. Der Programmierer Eric Raymond hat die pulsierende Atmosphäre der Programmiererszene als einen »Basar« beschrieben – im Gegensatz zu den »Kathedralen« der traditionellen Wirtschaft, in denen alles von oben herab organisiert ist. Auf dem Basar herrschte bis vor kurzem noch eine euphorische Stimmung.[462]

Doch bei der Konferenz Ende 2013 in Hamburg waren resignative Töne zu hören. Nach einem Vortrag stand ein junger Programmierer auf und sagte: »Ich habe Angst. Ich habe Angst, dass ich eines Tages aufwachen werde und sehen muss, dass die Dinge, die ich selbst gebaut habe, um die Welt zu verbessern, alles zerstören werden, was ich liebe.«[463] Die Hackerszene war zu diesem Zeitpunkt wegen der Enthüllungen um die umfangreiche Spionagetätigkeit der US-Geheimdienste verunsichert.

Die Avantgarde hatte nicht damit gerechnet, dass die Maschine, die sie entwickelt hatte und an deren Verbesserung sie mit Leidenschaft Tag und Nacht arbeitete, außer Kontrolle geraten könnte. Ihre Klage erinnert an die Frage, die der Zukunftsforscher Robert Jungk im Jahr 1957 formulierte. Fasziniert und irritiert von einer Reise durch die USA, wo er die Möglichkeiten einer großen technologischen Revolution kennengelernt hatte, fragte Jungk: »Das ist aber etwas ganz Neues für unser industrielles Zeitalter, ist vielleicht das erste Anzeichen zu einem gewandelten Berufsethos, das nicht mehr fragt: ›Was produziere ich?‹ oder ›Wie viel produziere ich?‹, sondern ›Wozu produziere ich?‹ oder ›Für wen produziere ich?‹ Und schließlich: ›Welche Wirkung hat meine Arbeit? Ist sie gut? Ist sie böse?‹«[464]

Die Welt muss sich diese Frage offenbar alle 50 Jahre neu stellen.

Es wird immer dringlicher, die Frage auch zu beantworten.

Die Schulden der Welt sind in der Zeit von 2000 bis 2005 in etwa genauso angewachsen wie in der Zeit von 1950 bis zum Jahr 2000. Eine solche Entwicklung nennt man exponentielles Wachstum.

Der Ökonom Chris Martenson erklärt, was man sich unter diesem »exponentiellem Wachstum« vorstellen muss. Wenn man in einem Fußballstadion ganz oben sitzt, durch eine technische Vorrichtung einen Tropfen Wasser in das Stadion fallen lässt und dafür sorgt, dass sich dieser Tropfen Wasser jede Minute verdoppelt (also die Wassermenge exponentiell wächst), so geschieht Folgendes: Wenn man um 12 Uhr den ersten Tropfen fallen sieht, so wird das Stadion um 12.50 Uhr vollständig überflutet sein. Das wirklich Interessante bei diesem Gedankenexperiment: Um 12.45 Uhr wird das Stadium nur zu drei Prozent gefüllt sein. Die Katastrophe kommt in den letzten fünf Minuten. Martenson stellt diese überraschende Erkenntnis in den Zusammenhang mit dem Wachstum der Weltbevölkerung: »Die Menschheit hat von ihren dunklen Anfängen bis ins Jahr 1960 gebraucht, um auf drei Milliarden Menschen anzuwachsen. In nur weiteren 40 Jahren ist die Weltbevölkerung um weitere drei Milliarden Menschen gewachsen.«[465] Im Jahre 2025 wird die Weltbevölkerung über acht Milliarden Menschen zählen.[466]

Es ist 12.45 Uhr: Wir können nicht so weitermachen wie bisher.

Die Autoren Matthias Weik und Marc Friedrich haben eine knappe Antwort auf die Frage, wer schuld an der Krise ist und wer die Leitragenden sein werden. Sie kommen zu dem Ergebnis: »Täter: Die Finanzindustrie mithilfe der Politiker und der Notenbanken!« und »Opfer: 99 Prozent der Menschen – wir alle!«[467]

Viele Experten warnen vor dem großen »Crash«. Nur wenigen kann man in diesen Fragen vertrauen. Max Otte rät: »Sie müssen Ihre Geldanlagen selber in die Hand nehmen. Keine Investmentstrategie ist sicher. Es ist eine Illusion, RE-agieren zu wollen, wenn die Krise da ist. VOR-Sorge ist notwendig.«[468]

Der Bankier Bert Flossbach schreibt: »Für viele Menschen wird die Schuldenkrise zum bedrohlichsten finanziellen Ereignis ihres Lebens werden.«[469]

Denn die Staatengemeinschaften und die einzelnen Regierungen werden das von ihnen entwickelte Waffenarsenal zum Einsatz bringen, um die Schuldenkrise zu lösen. Die nächsten Opfer der Plünderung der Welt werden in Europa jene Sparer sein, die nie in ihrem Leben Schulden gemacht, sich wenig gegönnt und hart gearbeitet haben. Die Staaten, denen im Schuldenozean das Wasser bis zu Hals steht, werden nach dem greifen, was die Sparer auf der hohen Kante haben.

Adam Smith schrieb schon 1776: »Überall in der Welt haben Herrscher und unabhängige Staaten in ihrer Habsucht und Ungerechtigkeit das Vertrauen der Menschen missbraucht, indem sie nach und nach den ursprünglichen Metallgehalt ihrer Münzen herabgesetzt haben.«[470]

Die Betrogenen werden jene Bedürftigen sein, die wirklich auf staatliche Transferleistungen angewiesen sind: Langzeitarbeitslose, Hartz-IV-Empfänger, kinderreiche Familien, Alleinerziehende. Die Schuldenstaaten können sie nicht mehr stützen. Der aufgeblähte Staat ist ein schwacher Staat, weil er seinen ureigenen Aufgaben nicht mehr nachkommen kann.

Hayek war 1977 der Auffassung, dass man den Regierungen schleunigst »das Geld entziehen müsse«, »um zu verhindern, dass man durch andauernde Inflation in eine zentral gelenkte Wirtschaft hineingleitet«.[471]

Roland Baader, der große Gelehrte und Unternehmer, der wie kaum ein anderer imstande war, das Problem zu analysieren, schreibt: »Die Ausbeutung der Menschen durch die Herrschenden und der Betrug des Staates an seinen Bürgern mittels Geldfälschung sind … uralt. Neu daran ist nur die unvorstellbare Größenordnung, die das Unheil heute angenommen hat, die Tausende von Milliarden an Dollar und Euro – oder welche Namen die Papierfetzen und Luftbuchungen auch immer tragen.«[472]

Baader war im Jahr 2010 skeptisch, ob eine Veränderung des Systems noch möglich sei: »Es ist zu spät«, schrieb er. Er prognostizierte: »Chaos und Panik, Hungertod und Revolten – und ein eiserner Ring totalitärer Gebote und Verbote« werden die Folgen sein, wenn »die Netze der weltweiten Arbeitsteilung auch nur an einigen Stellen reißen, wenn die Globalisierung zusammenbricht, weil sie vom papierenen Falschgeld namens Dollar getragen wird«.[473]

Guido Hülsmann dagegen glaubt, dass eine Art geordneter Schuldenschnitt möglich ist und lehnt die Resignation als »moralisch falsch« ab.

Grundsätzlich ist es müßig zu fragen, wer an der Krise schuld ist. Wir stehen vor dem Problem, dass der Schaden bereits eingetreten ist. Die Tausenden Papierfetzen sind verteilt, die Luftnummern wurden gebucht. Sie sind leere Versprechungen, deren Einlösung nun jedoch in schneller Folge von jenen gefordert wird, denen man etwas versprochen hat. Die Rentner wollen ihre Renten auf dem Konto sehen. Die Sozialhilfeempfänger brauchen ihre Unterstützung. Die Banken stellen ihre Kredite fällig. Die Investoren verlangen Zinsen von den Staaten. Die Schuldenpolitiker brauchen mehr Steuern. Norden gegen Süden, Ost gegen West. Alles gerät ins Wanken.

Die Plünderung der Welt ist in ihre entscheidende Phase getreten.

Wir müssen das Problem kurzfristig und langfristig betrachten. Kurzfristig, weil die Uhr im Schuldenstadion bald auf 12.50 stehen wird, um mit den Worten von Chris Martenson zu sprechen. In solch einer Situation reicht ein minimales Ereignis, und alle werden hinweggeschwemmt.

Wir haben in diesem Buch durchgängig vor den Folgen des unkontrollierten Gelddruckens durch den Staat gewarnt. Der Staat hat die zwei wichtigsten Instrumente in der Hand, mit der er die Bürger im Grunde nach Belieben plündern kann: das Geld- und das Gewaltmonopol. Auf diese Weise kann er die Bürger zwingen, für Schulden zu bezahlen, die andere gemacht haben.

Wie wir gesehen haben, haben die Staaten in den vergangenen Jahrzehnten machtvolle internationale Organisationen aufgebaut. Sie koordinieren die Zwangsmaßnahmen der verschiedenen Staaten. Sie sollen sicherstellen, dass die Bürger nicht vor dem Staat davonlaufen können. Bei ihrer Tagung im Herbst 2013 haben die G 20 – von der Öffentlichkeit weitgehend unbemerkt – beschlossen, dass sich die Staaten untereinander vernetzen, um auf alle Steuererklärungen weltweit zugreifen zu können. Solch eine Maßnahme wird nicht aus Gründen der Verwaltungsvereinfachung beschlossen. Die Regierungen wollen den weltweiten Zugriff auf die Informationen der Steuerzahler und Sparer griffbereit haben.[474]

Die vom Staat gelenkten und im Interesse der Finanzindustrie handelnden Zentralbanken werden noch eine gewisse Zeit den Staaten für die Plünderung der privaten Vermögen und Spareinlagen den Rücken freihalten können. Eng verwoben mit den Zentralbanken werden die Banken in enger Abstimmung mit den Staaten an der Plünderung der privaten Vermögen mitwirken. Sie werden, wir an vielen Beispielen gesehen haben, die unübersichtliche Lage dazu nutzen, sich selbst schadlos zu halten.

Wir sollten uns keiner Illusion hingeben: Die Plünderung der Welt wird jene 0,123 Prozent, die im Netzwerk 80 Prozent kontrollieren, kurzfristig stärken.

Komplexe Netzwerke sind, wie die Forschung belegt, sehr stabil. Die feudalistische Struktur der Weltwirtschaft kann nicht durch politische Willensbildung aufgebrochen werden. Immerhin wird in diesem Kern der 0,123 Prozent auch ein Teil der Vermögen von kleinen Anlegern und Pensionsfonds mitverwaltet. Die Stabilität der Superreichen wird also in einem gewissen Ausmaß auch den Rentnern zugutekommen. Das kann dazu führen, dass der eine oder andere Rentner oder Anleger noch eine Zeitlang am Reichtum, den die Plünderung der Welt den großen Finanzinstitutionen beschert, mitnaschen darf.

Diese Entwicklung, so hoffen jedenfalls die Staaten, könnte systemstabilisierend wirken. Im Windschatten der Almosenvergabe für die Rentner werden die Staaten jedoch ihr Geld- und ihr Gewaltmonopol zusammenführen und alle Waffen einsetzen, um an die Ersparnisse der Bürger zu kommen und um die gemachten Versprechen (Sozialleistungen) zu kündigen.

Der Ökonom Philipp Bagus hat das Arsenal beschrieben, gegen das sich die Bürger wappnen sollten. Es besteht aus finanzieller Repression, Steuern auf Immobilien, Vermögensabgaben, Währungsreform, Enteignung. Jede dieser Maßnahmen geht zulasten der Sparer und Geldbesitzer.[475]

Die Betreiber des Falschgeldsystems werden in enger Zusammenarbeit mit den Zentralbanken, dem IWF, der BIZ, der Weltbank zunächst versuchen, mehrere Testläufe nach dem Beispiel Zypern durchzuführen. Als solche Tests kann man die Krisen in den Schwellenländern sehen, bei denen Ende 2013 die einstigen Hoffnungsträger wie die Türkei oder Brasilien plötzlich massiv unter Druck geraten sind.

Die Tatsache, dass der IWF in seiner Vorstellung einer Zwangsabgabe ausgerechnet die Zahlen für Europa ermittelt hat, legt die Vermutung nahe, dass die Repression auch in Europa verschärft wird. Hier liegen die Ersparnisse und Vermögen, auf die die Plünderer ihre begehrlichen Blicke geworfen haben.

Wenn nicht ein unvorhergesehenes Ereignis (etwa eine Bankenpleite) eintritt, welches das ganze Kartenhaus durch eine Kettenreaktion unvermittelt zum Einsturz bringt, ist der gezielte Einsatz dieser Zwangsmaßnahmen kaum noch abzuwenden. Die Enteignung ist die logische Konsequenz in einem hyperglobalisierten, hochtechnologischen Netzwerk, durch das wertloses Geld ohne Grenzen gepumpt wird. Am Ende wird mit staatlichem Zwang und in internationaler Absprache hoheitlich verfügt, wer zu bezahlen hat, wenn das Pyramidenspiel zu Ende geht. Die Geschichte hat gezeigt, dass sich gewissenlose Regierungen immer bei den Sparern und den Fleißigen bedienen – und nicht bei den Politikern oder Bankern, die das Spiel losgetreten haben.

Die Plünderung der Welt ist ein langsamer, quälender Prozess. Die verschiedenen Methoden der Plünderung im Bereich der Realwirtschaft haben gezeigt, dass es noch viel zu holen gibt bei jenen, die ein Leben lang fleißig, innovativ und engagiert gearbeitet haben. Die Früchte des Lebenswerks von Arbeitern und Unternehmern werden andere ernten.

In einem kleinen Zeitfenster haben die Bürger sicherlich noch Möglichkeiten, ihr Vermögen zu schützen. Es ist allerdings nicht Aufgabe und Anspruch dieses Buchs, Empfehlungen in diesem Bereich abzugeben.

Wir wollen nun abschließend, trotz der vielen berechtigten Sorgen, einige Vorschläge machen, wie man verhindert, dass ein solch monströses System nach der Plünderung der Welt erneut entsteht. Wir setzen dabei auf eine junge Generation, der die Schuldenpolitiker der vergangenen Jahrzehnte eine gewaltige Last aufgebürdet haben. Doch junge Leute sind flexibel, innovativ, kreativ und mutig.

Sie können die Welt anders gestalten. Sie haben durch das Internet ein hohes Maß an Freiheit gewonnen. Die Vorteile der Öffnung der Welt – Reisen, Vielsprachigkeit, Kenntnis anderer Kulturen und Vielfalt – versetzen sie in die Lage, die Fehler ihrer Eltern und Großeltern zu vermeiden.

KAPITEL 17: WAS WIR ANDERS MACHEN MÜSSEN

Frankfurt am Main, Bankentürme, Frühjahr 2014: Das Lächeln ist in die Gesichter der Banker zurückgekehrt. Doch es ist ein gefrorenes Lächeln, sehr geschäftsmäßig. Bei Vielen hat man das Gefühl, sie tragen eine Maske. Das sind nicht mehr die Siegertypen von 2000, und auch nicht die Alles-oder-Nichts-Spieler von 2007. »Würden Sie heute gerne in einer Bank arbeiten?«, fragt ein graumelierter Manager, der sein ganzes Leben in der »Hochfinanz« gearbeitet hat. »Wir haben Schwierigkeiten, junge Leute zu finden. Als Banker gilt man heute als Verbrecher.«

Die Frankfurter Bankenszene hat in den vergangenen Jahren schweren Schaden genommen: Vom selbstbewussten Stolz der Banker ist nicht viel geblieben. Die Commerzbank musste teilverstaatlicht werden, nachdem sie mit der Eurohypo voll in den Immobilen-Strudel geraten war. Die Deutsche Bank brauchte US-Hilfen und hat kaum einen Skandal ausgelassen. Die Dresdner Bank ist verschwunden – bleiben wird von ihr in der Branche die spöttische Interpretation ihres Slogans als »Die Beraterbank« – weil sie von zahllosen Beratungsfirmen in den Untergang eskortiert wurde.[476]

In ihren teilweise frisch renovierten Wolkenkratzern versuchen die Banker, Haltung zu bewahren. Dennoch blicken sie mit Sorge auf die größte Baustelle der Stadt – dem alle Kostenrahmen sprengenden Turm der künftig mächtigsten Bank in Frankfurt, der Europäischen Zentralbank.[477] Die EZB soll nicht nur baulich ein Gegengewicht zu den klassischen Türmen bilden. Sie soll die privaten Banken beaufsichtigen.[478]

Die machtvolle Präsenz des Falschgeldsystems kratzt an der Ehre der Banker. Auch wenn der eine oder andere mit einer Gehaltserhöhung profitiert hat, weil die EZB für die Bankenaufsicht Mitarbeiter abwerben will: Der staatliche Kontrolleur als direkter Konkurrent vor der Nase sorgt für Unbehagen.[479]

Eine spießige Gehaltserhöhung als Bleibe-Motiv. Das wäre zu Hype-Zeiten unvorstellbar gewesen. Damals ging es auch für die kleinen Lichter immer um Millionen. Heute fühlen sie sich alle wie Schalterbeamte. Das Geschäft ist unsexy geworden.

Im Frühjahr 2014 bewegt sich die Frankfurter Bankenszene im Krebsgang.

In der Analyse der Geschichte der Krise sind die Banker vorsichtig geworden. Sie versuchen Schuldzuweisungen zu vermeiden. Sie wissen, dass sie selbst am Pranger stehen.

Eine Prognose wollen die meisten nicht wagen. Sie reden von neuen Kunstprodukten. Doch diesmal sind das nicht ihre eigenen, sondern die Waffen der Staaten, die die Banken ärgern. Ein Banker sagt: »Basel III, EMIR; Liikanen-Report, G20-Beschlüsse, zentrales Clearing für Derivate – wir sind deutlich risikobewusster geworden, weil es die Regulatoren verlangen.«[480] Da klingt nicht einmal ein Bedauern durch. Denn die Finanzleute wissen genau: Hinter den Kulissen wird weiter gezockt.

Ein junger Banker mit sächsischem Akzent erklärt wortgewandt, was es mit den niedrigen Zinsen auf sich hat. Faule Kredite, so sagt er, sind heute ein gutes Investment: Weil die Zentralbanken die Zinsen niedrig halten, kauft die Finanzindustrie die riskanten Investments und hält sie möglichst lange. Die Superreichen profitieren, weil faule Kredite stets höher verzinst werden. Die Käufer dieser faulen Kredite gehören zu den 0,123 Prozent.

Verstehen wir das richtig? Die niedrigen Zinsen der Zentralbanken entschulden nicht bloß die Staaten, sondern mehren die Vermögen der 0,123 Prozent? Die Sparer werden also gezwungen, für die Entsorgung der Schulden dieser Welt zu bezahlen?

Der Banker blickt zu seinem Kollegen, dann auf den Boden. Er streicht sich die Krawatte zurecht.

Kleinlaut bestätigt er, was wir in diesem Buch zu beweisen versucht haben: »Ja, es ist eine gewisse Umverteilung.«[481]

Wir haben gezeigt, dass die Ozeane aus leeren Papiergeld-Versprechungen zwangsläufig zur Plünderung der Welt führen werden.

Politik, die auf künstlichem Geld beruht, erzeugt Blasen. Blasen sind jedoch, anders als von Bankern und Berufspolitikern behauptet, nicht notwendiger Teil des Wirtschaftskreislaufs.

Auch Revolutionen sind nicht zwingend notwendig im Zusammenleben der Menschheit.

Doch wer die Blase anfacht, wird in der Blase umkommen. Das ist wie mit dem Schwert in der Bibel.

Die Versuchung des Papiergelds ist für Regierungen unwiderstehlich. Sie glauben, dass sie ihre Versprechungen einlösen können, wenn immer mehr Falschgeld produzieren. Der Boom-and-Bust-Zyklus der Politik beträgt meist vier Jahre – von einer Wahl zur nächsten. Je größer die zwischen den Wahlen aufgeblasenen leeren Versprechen sind, umso stärker wird der Druck auf die neuen Regierungen, zu Zwangsmaßnahmen zu greifen. Gesetze werden gebrochen, Willkür herrscht.

Ludwig von Mises hat in seiner Analyse der Bürokratie geschrieben, dass die pedantische Einhaltung bürokratischer Regeln zwar für die Bürger manchmal lästig oder unverständlich sein mag. Doch seien diese Regeln »das einzige Mittel, um das Gesetz zum Herrscher bei der Führung öffentlicher Geschäfte zu machen und um den Bürger gegen die despotische Willkür zu schützen«.[482]

Das Gesetz als Herrscher?

Genau da müssen wir hin.

Die Kernaufgabe des Staates besteht in der Sicherstellung der Gewaltenteilung: Gesetzgebung, Verwaltung und Gerichtsbarkeit sind für die Bürger da. Sie sind als oberste Ebenen der Willensbildung, der öffentlichen Ordnung und der Gerechtigkeit unantastbar. Voraussetzung für einen guten Staat sind integre Politiker, sachkundige Beamte und unabhängige Richter.

Um gut zu funktionieren, braucht der Staat nicht viel. Er benötigt jedoch Personal mit überdurchschnittlicher Qualität – in fachlicher und moralischer Hinsicht.

Für die staatlichen »Dienstleistungen« gibt es keinen »Markt«: Sie sind zu wertvoll. Sie dürfen nicht käuflich sein. Für weitsichtige Minister, kompetente Finanzbeamte und unbestechliche Richter wird jeder Bürger gerne Steuern zahlen.

Wir brauchen starke und gleichzeitig schlanke Staaten. Der Staat kann nicht wie ein Unternehmen geführt werden. Friedrich Hayek schreibt: »Es ist wichtig, sich klarzumachen, warum ein Parlament zugegebenermaßen unzulänglich ist, wenn es sich darum handelt, das Wirtschaftsleben einer Nation in allen Einzelheiten zu einer Regierungsangelegenheit zu machen. Die Schuld liegt weder bei den einzelnen Volksvertretern noch bei den parlamentarischen Einrichtungen als solchen, sondern in der widerspruchsvollen Aufgabe, die man ihnen aufgebürdet hat.«[483] Hayek ist der Auffassung, dass wirtschaftliche Fragen zu vielschichtig sind, um mit »Ja« oder »Nein« zu beantwortet zu werden.

Doch diese Grenzen des Staats bedeuten nicht, dass der Staat überflüssig ist, im Gegenteil: Die Staaten müssen wieder handlungsfähig werden. Sie sollen in den zentralen Fragen regulierend eingreifen – indem sie die Spielregeln vorgeben und deren Einhaltung überwachen und sanktionieren. Sie müssen sich jedoch auf jene Bereiche beschränken, wo sie das auch sicherstellen können.

Der starke Staat ist das Gegenteil vom »großen Staat«. Eine aufgeblähte Bürokratie und die überbordende Einmischung des Staates in konkrete Wirtschafts- und Lebensbereiche führt nicht zu mehr Kontrolle, sondern zur hemmungsloseren Mitwirkung an der großen Plünderung – wie wir an vielen Beispielen gesehen haben.

Dieses Idealbild ist uns heute fremd, weil uns der Staat in erster Linie als Parteienherrschaft begegnet. Eine der Konsequenzen der globalen Schuldenkrise ist: Die Parteienherrschaft muss beschnitten werden, damit der Staat als Vertreter der Bürger wieder zum Vorschein kommt. Die Parteien haben in allen Demokratien die maßlose Geldschöpfung vorangetrieben. Sie sind zum Staat im Staate geworden. Der Wirtschaftsjournalist Mathew D. Rose spricht von »Politik als Big-Business« und von der »Politik-AG«.[484] Parteien bündeln nicht mehr den Willen verschiedener Interessen, sondern agieren als institutionelle Lobby-Vereine. Mathew D. Rose: »Die Parteien sind ein Wirtschaftszweig geworden, eine gewinnorientierte Dienstleistung, die einen Service anbietet: die Umwandlung von Partikularinteressen in Gesetze. Sie haben auch viel im Angebot: Förderungen, Subventionen, Steuerbegünstigungen, wirtschaftlich vorteilhafte Bestimmungen und jährlich rund 40 Milliarden Euro in Aufträgen von Bundes-, Landes- und Kommunalregierungen. Die Parteien sind Konzerne geworden. Insgesamt verfügen diese Parteiunternehmen über Jahresumsätze in Milliardenhöhe und beschäftigen, konservativ berechnet, direkt und indirekt rund 20.000 Menschen.«[485]

Die Diskussion bei der Regierungsbildung der Regierung Merkel/Gabriel um die Stärkung der direkten Demokratie in Deutschland hat diesen »Zwischenstaat« in unangenehmer Weise zum Vorschein gebracht. Bundespräsident Joachim Gauck hat die direkte Demokratie gar als Gefahr bezeichnet, weil die Bürger dann über Sachen entscheiden könnten, von denen sie nichts verstehen. Solche Überheblichkeit muss Widerspruch provozieren und fordert Widerstand heraus.

In Deutschland ist sogar der Bundespräsident auf die Gunst der Parteien angewiesen. Er wird nicht vom Volk gewählt. Die Parteien müssen zugunsten der Bürger zurückgedrängt werden. Die einzelnen Abgeordneten sollen ihrem Gewissen Folge leisten, wie es das Grundgesetz ausdrücklich vorsieht. Das ist ganz leicht zu kontrollieren: Wenn immer alle Mitglieder einer Fraktion identisch abstimmen, liegt der Verdacht nahe, dass die Fraktionsführung gegen das Grundgesetz verstoßen hat und die Parlamentarier manipuliert. Dazu könnte sich der Bundestag einen eigenen »Watchdog« verordnen, eine Art »Ombudsmann der Gewissensfreiheit für Abgeordnete«.

Steuerverschwendung muss aufgedeckt und strafrechtlich verfolgt werden. Bei einer Umfrage der *Deutschen Wirtschafts Nachrichten* haben 90 Prozent aller Abgeordneten des Bundestags gesagt, dass sie die Bestrafung von Steuerverschwendung ablehnen. Als Grund gaben die meisten an, dass es zu kompliziert sei, nachzuverfolgen, wer für eine Verschwendung zuständig sei.[486]

Das ist absurd: Die Aufklärung der großen Bankenskandale – Libor, Devisenmanipulationen, Anlegerbetrug – ist weitaus komplexer. Doch keine Regierung der Welt würde auf die Idee kommen, deshalb auf die Strafverfolgung zu verzichten. Wie beim Disziplinarrecht der Beamten muss es auch für Politiker eine direkte Haftung für die eigenen Taten geben. Wer Steuermittel mutwillig, fahrlässig oder gar vorsätzlich missbraucht, ist zu bestrafen. In den vergangenen Jahren sind die Parteienvertreter nicht müde geworden, die Solidarität der Steuerzahler für die Gemeinschaft zu beschwören. Wer Steuern hinterzieht, schadet der Gesellschaft – und muss bestraft werden, so ist es aus allen Parteien zu vernehmen.

Doch das gilt auch für Steuerverschwendung: Wer Steuern verschwendet, schadet der Gesellschaft – und muss bestraft werden.

Hier müssen die Bürger die Politik vermutlich auf der Straße in die Knie zwingen. Die Politik hat sich immer mehr außerparlamentarische Regierungsvehikel geschaffen – wie etwa den Europäischen Stabilitätsmechanismus ESM. Als der Bundesverfassungsgerichtshof die Rechtmäßigkeit dieser zutiefst demokratiefeindlichen Einrichtung im März 2014 bestätigte, sagte der CSU-Abgeordnete Peter Gauweiler – einer der Kläger gegen den ESM: »Wir bedauern, dass der Senat einer inhaltlichen Befassung der von uns beanstandeten Immunitätsregelung und der Target-Kredite aus verfahrensrechtlichen Gründen (Zulässigkeit) ausgewichen ist. Die lebenslange Immunität der Gouverneursrats- und Direktoriumsmitglieder ist ein Skandal. Aufgrund dieser vordemokratischen Privilegien können die ESM-Lenker ohne jede Sanktion Milliardenbeträge veruntreuen und können nicht einmal für Schadensersatz in Anspruch genommen werden.«[487]

Weil die Parteien in Europa ganz unverfroren außerparlamentarisch regieren, haben die Bürger nicht bloß das Recht, sondern sogar die Pflicht zur außerparlamentarischen Opposition. Die vollständige Entkoppelung der Verteilung von Steuergeldern und persönlicher Verantwortlichkeit der Politiker zersetzt die Demokratie und provoziert vorrevolutionäre Zustände.

Die Anmaßung der Parteien, über alles und jedes entscheiden zu wollen, zerstört die Substanz der repräsentativen Demokratie (für die es viele gute Gründe gibt!). Hayek schreibt über die Grenzen des Parlamentarismus: »Mehrheiten sind möglich, wo man nur zwischen wenigen Dingen die Wahl hat; es ist jedoch ein Irrtum, zu glauben, daß sich für die Entscheidung einer jeden Frage eine Mehrheit finden müsse.«[488] Das kann man auch als Plädoyer für Volksbegehren und Volksabstimmungen interpretieren – dort wo es um wirtschaftliche Güter wie Wasser, Energie, Bildung oder Gesundheit geht. Wenn sich bei einer Privatisierung die Frage stellt, wer als Versorger einen Auftrag bekommen soll, wird es den Unternehmen nicht schaden, wenn sie eine »Road-Show« beim Bürger machen müssen. Die Unternehmen werden so gezwungen, die versprochene Qualität zum vereinbarten Preis zu liefern. Der Staat wird entlastet. Die Bürger behalten die Kontrolle über lebenswichtige Güter in ihrem Staat, ihrem Land oder ihrer Kommune.

Die enge Zusammenarbeit von Bürgern und Unternehmen ist heute schon längst kein Neuland mehr. Modelle des »Social Entrepreneurship« zeigen, dass die junge Generation nicht mehr auf Karrieren in Konzernen aus ist, sondern auf eine Form des partizipativen Unternehmertums. Yochai Benkler hat beobachtet, dass es heute schon »eine signifikante Bewegung in den USA, Europa und der Welt gibt, die den Bemühungen Widerstand leistet«, die geballte Machtkonzentration der Konzerne um jeden Preis am Leben zu erhalten.[489] Benkler sieht starke Verbündete in Unternehmen wie IBM, Cisco oder Hewlett Packard, die erkannt haben, dass die Förderung der Kreativität des Individuums auch wirtschaftlich effizienter ist als die pure Umwandlung von Macht in Herrschaft (Max Weber).

Die Zentralbanken in ihrer heutigen Form sollten abgeschafft werden. Angesichts ihrer zahlreichen Fehlleistungen fällt es schwer zu glauben, dass die Zentralbanker etwas anderes können als Gelddrucken.

Ein Blick auf die Geschichte der Deutschen Bundesbank zeigt, dass ein anderes Modell der Zentralbanken möglich ist und funktioniert. Die Bundesbank war vor dem Euro nicht bloß ein Hort der Stabilität für die D-Mark. Im Rahmen des Europäischen Währungssystems hat sie, wie Philipp Bagus zeigt, »auch im Rest Europas für relative Geldstabilität gesorgt«.[490] Die Bundesbank hat sich mit eiserner Disziplin der Stabilität der D-Mark gewidmet und damit ganz Europa stabilisiert.

Wenn man weiter Notenbanken betreiben will, sollten diese nach dem Vorbild der »alten« Bundesbank organisiert werden. Zur Festsetzung der Leitzinsen sollte diese ausschließlich der Preisstabilität verpflichtete, unabhängige Notenbank massiv mit Computertechnologie aufgerüstet werden. Es muss möglich sein, alle Zinsentwicklungen bei freien, jedoch haftenden Banken zu realistischen Durchschnittswerten zusammenführen. Wenn es möglich ist, einen Roboter auf den Mars zu schicken, kann die Technologie auch diese vergleichsweise simple Rechenaufgabe lösen.

Staatsanleihen müssen auf dem freien Markt nach ihrem tatsächlichen Risiko bewertet werden. Die Manipulation von Staatsanleihen mit der pauschalen Gewährung des Attributs »absolut risikolos« durch die EZB zerstört die Möglichkeit einer nachhaltigen Staatsfinanzierung, weil sie diese Garantie nur mit illegalen Mitteln einlösen kann (unerlaubte Staatsfinanzierung). Auf diese Weise wird ein sinnvoller Marktmechanismus außer Kraft gesetzt. Es gibt keine faire Bewertung für Investments in Staaten mehr. Damit aber werden die Staaten vollends vom Falschgeld abhängig – wie heute schon die USA von den Aufkäufen durch die Fed. Dieses Schneeballsystem stellt eine massive Gefährdung des sozialen Friedens dar und muss unterbunden werden.

Die ursprüngliche Aufgabe der Banken ist die Kreditvergabe an die Staaten, an die reale Wirtschaft und untereinander. Zu dieser Aufgabe sollen sie zurückgeführt werden.

Das Modell des »free banking« wäre die modernste Form, die man sich vorstellen kann. Banken können machen, was sie wollen – doch ihre Eigentümer haften zu 100 Prozent mit ihrem Vermögen. Nicht der Staat ist für die Einlagensicherung verantwortlich, sondern die Banken. Wenn die Verantwortung tatsächlich eine persönliche Haftung einschließt, die auch rechtlich eingeklagt werden kann, dann seien den Bankern die Millionengehälter vergönnt.

Das herrschende Falschgeldsystem muss entmythologisiert werden. Die Alchemisten der wertlosen Versprechen müssen entzaubert werden.

Die »unsichtbare Hand«, die den Markt angeblich geheimnisvoll lenkt, ist im Hinblick auf die Finanzmärkte der größte Aberglaube der Geschichte. Die Banken brauchen vielmehr eine sehr sichtbare Hand in der Form, dass Recht und Gesetz für sie gelten – und zwar bis ins Kleingedruckte.

Eine wirksame Bankenaufsicht wäre in einem solchen Modell sehr leicht möglich. Sie würde nämlich zuallererst von den Kunden wahrgenommen, die entscheiden, wem sie ihr Geld anvertrauen.

Der Staat kann in einem System des »free banking« auch Banken betreiben. Wenn er es professionell macht, den Kunden bessere Konditionen bietet als andere Banken – warum nicht?

Doch in unserem System, in welchem die Regierungen mit Billionen von Falschgeld um sich werfen, kann das nicht funktionieren. Auch »Haftungen« und »Garantien« sind Papiergeld.

Im Jahr 2007 hatte der damalige Landeshauptmann Kärntens, Jörg Haider, »seine« Hypo so angepriesen: »Wir werden den Löwenanteil der Hypo-Millionen für die kommenden Generationen anlegen. Damit handeln wir im Sinne der jungen Menschen dieses Landes nachhaltig und zeigen Weitblick. Deswegen wird Kärnten reich. Kärnten wird aber nicht nur reich, sondern ist auch vorne, weil wir dieses Land auf Zukunftskurs gebracht, neue Arbeitsplätze geschaffen und wirtschaftliche Perspektiven geschaffen haben. Auf diesem Zukunftskurs werden wir bleiben. Und das mit voller Kraft.«[491] Sieben Jahre später stand fest: Der Größenwahn eines Politikers kostet die Steuerzahler Österreichs vermutlich 19 Milliarden Euro.[492] Diese Hybris sagt alles über den verantwortungslosen Umgang von Politikern mit Geld der andern. Der »Zukunftskurs« staatlicher Banken in Kombination mit der Illusion des Papiergeldes führt direkt ins Verderben für die Bürger und Steuerzahler.

Im Zeitalter der Informationstechnologie, in dem Reisen ins Weltall genauso möglich sind wie Herzoperationen per Videokonferenz über Kontinente hinweg, ist es kein Problem, sich mit kritischem Blick ausreichend Daten über die wirtschaftliche Lage von Staaten zu beschaffen. Das geschenkte Geld hat das Vertrauen zerstört – auch das Vertrauen in die Qualität der Informationen, die Staaten und internationale Organisationen liefern. Die Investoren, die das Geld von Millionen Menschen verwalten, müssen für ihre Investments mehr direkte Verantwortung übernehmen: Der reflexartige Bezug auf das »Triple A« von Ratingagenturen kann nicht mehr ausreichen, wenn institutionelle Anleger über das Schicksal von Sparern, Rentnern und öffentlichen Einrichtungen entscheiden.

Die internationalen Organisationen im Geldbereich können ersatzlos gestrichen werden. Friedrich A. von Hayek schrieb:»Was wir brauchen und worauf wir hoffen können, ist nicht eine Steigerung der Macht in den Händen unverantwortlicher Wirtschaftsinstanzen, sondern im Gegenteil eine internationale politische Organisation, die die Wirtschaftsinteressen in Schach halten und im Falle eines Konflikts ausgleichend wirken kann, da sie selber nicht in Wirtschaftsangelegenheiten verstrickt ist. Wir brauchen eine internationale politische Instanz, die zwar nicht die Macht hat, den Völkern zu befehlen, was sie tun sollen, aber imstande sein muß, sie von Handlungen zurückzuhalten, die anderen schaden.« Stärker noch als im Nationalstaat müssten die Befugnisse einer solchen Einrichtung »genau durch die Normen des Rechtsstaats festgelegt werden«.[493]

Dani Rodrik schreibt mit Blick auf die Wirtschaft:»Märkte müssen fest in politische Ordnungssysteme eingebettet werden. Es gibt nicht den einen Weg zum Wohlstand. Länder haben das Recht, ihre eigenen sozialen Strukturen, Vereinbarungen, Regelwerke und Institutionen zu verteidigen. Länder haben nicht das Recht, anderen ihre Institutionen aufzuzwingen. Sinn und Zweck internationaler Wirtschaftsabkommen muss es sein, Verkehrsregeln für die Schnittstellen zwischen nationalen Institutionen festzulegen.«[494]

Nur eine wirklich globale Ordnung kann dazu führen, dass das Gravitationsgesetz der 0,123 Prozent von einem System abgelöst wird. Nicht die Zugehörigkeit zu einem Netzwerk, sondern Leistung, Kreativität und Innovation müssen belohnt werden. Heute schreiben sich die Vertreter der internationalen Organisationen hehre Ziele auf ihre Fahnen. Die Weltbank sagt, die Bekämpfung der Armut sei ihr oberstes Ziel. Der IWF sagt, die Schere zwischen Arm und Reich müsse geschlossen werden. Warum haben diese Organisationen dann in all den Jahrzehnten nichts gegen die Entwicklung auszurichten vermocht? An finanziellen Ressourcen und quasi-staatlichen Befugnissen hat es ihnen nicht gefehlt. Die alten Organisationen haben versagt. Sie müssen von unbelasteten, neuen Strukturen abgelöst werden.

Nur eine globale Ordnung, die auf Freiheit, Recht und Gesetz, auf Transparenz und Fairness, auf Selbstbestimmung und Solidarität aufbaut, kann die aktuelle Form der Hyperglobalisierung ausgleichen. Denn heute gelten das Recht des Stärkeren, der Kult der Geheimhaltung und das Gewohnheitsrecht der Übervorteilung in allen Lebensbereichen.

Eigentum muss wieder direkt an soziale Verantwortung gekoppelt werden. Das römische »dominium«, in dessen Wortstamm auch die »Dominanz« steckt, ist, wie wir bei Faust gesehen haben, der Anfang aller Fehlentwicklungen: »Herrschaft gewinn ich, Eigentum!«, ruft Faust. Diese Herrschaft zerstört die Welt. Der Eigentumsbegriff muss wieder auf das Verständnis des »patrominiums« zurückgeführt werden, auf einen Eigentumsbegriff, der die soziale Verantwortung zur Bedingung dieses Eigentums macht. Diese Verantwortung muss auch den angemessenen Umgang mit der Natur beinhalten. Unsere bisherige Bewertung von Unternehmen setzt voraus, dass die Natur »gratis« ist, also im Grunde ausgebeutet werden kann, als gäbe es kein Morgen.

Die EU in ihrer jetzigen Form muss dringend reformiert werden. So großartig die Idee eines vereinten Europa ist: Die gute Idee wird wegen der Komplizenschaft der Europäer am globalen Falschgeldsystem desavouiert.

Ein wirklich vereintes Europa wird durch die Unantastbarkeit jener Prinzipien verwirklicht, die zur Reform der Gesellschaft nötig sind: Legitimität, Mitwirkung der Bürger in Form von repräsentativer und deutlich mehr direkter Demokratie, Kontrolle, Trennung von Konzerninteressen und politischen Zielen, Verantwortlichkeit, Legitimität, penible Einhaltung von Recht und Gesetz. Die EU wird sich in diesem Geist neu erfinden müssen, wenn sie verhindern will, dass sie gewaltsam von innen aufgebrochen wird – mit dauerhaften Flurschäden in Europa.[495]

Der Euro muss sich ebenfalls radikal ändern. Mit der Einführung der Kapitalverkehrskontrollen in Zypern haben wir ja faktisch bereits zwei Euros in Europa, auch wenn das der Öffentlichkeit verborgen geblieben ist.[496] Vielleicht muss es einen Nord- und einen Südeuro geben, vielleicht die Rückkehr zu nationalen Währungen. Währungsreformen waren immer Teil der Wirtschaftsgeschichte. Ob dies gelingt, kann niemand sagen. Es ist jedenfalls bemerkenswert, dass das Europäische Währungssystem (EWS) genau an diesem Punkt zerbrochen ist: Die Bundesbank hatte sich geweigert, Falschgeld zu drucken, obwohl die Bundesregierung und die südeuropäischen Notenbanken dies von ihr gefordert hatten. Die Folge: Die Wirtschaft in Europa prosperierte, weil den Schuldenpolitikern die Grenzen aufgezeigt wurden. Es spricht gegen die Weitsicht der Euro-Gründer, dass sie das Scheitern des EWS nicht als Warnung begriffen haben. Die Zwangseinführung des Euro mag eine historisch einmalige Leistung gewesen sein. Nachhaltig war sie jedenfalls nicht.

Der freie Handel zwischen den Völkern ist gut und sinnvoll. Der Freihandel, wie er allerdings heute praktiziert wird, ist kein Handel, sondern Teil der Plünderung der Welt. Regierungen verschieben mit Lobbyisten hinter dem Rücken der Völker die Güter eines Landes. Dazu wird in vielen Fällen die nationale Gerichtsbarkeit umgangen und durch Schiedsgerichte ausgehebelt. Dies läuft dann unter »Investitionsschutzabkommen« und ist faktisch ein Freibrief für die Unternehmen, die Steuerzahler nach Belieben zu verklagen und zu kassieren. Trotzdem ist die Idee nicht grundsätzlich falsch – dass sich nämlich Staaten und Konzerne rasch und außergerichtlich einigen, wenn eine mögliche Zusammenarbeit nicht funktioniert hat. Die entscheidende Voraussetzung aufseiten des Staates ist vollständige Offenheit gegenüber den Bürgern, um die berüchtigten Hinterzimmerdeals zu vermeiden. Die Schiedsgerichte wiederum müssen Standards unterliegen, wie sie die klassische Rechtsprechung aufweist: Vermeidung von Interessenskonflikten, Gewaltenteilung, Rechtsweg – das alles gehört in ordentliche Verfahren gebündelt.

Im Übrigen sind auch Schiedsgerichte nur dann wirkungsvoll, wenn bei allen Beteiligten ein übereinstimmendes Rechtsempfinden gibt: Der ehemalige hessische Ministerpräsident Roland Koch hat als CEO des Baukonzerns

Bilfinger alle Schiedssprüche ignoriert, die seinem Unternehmen eine Millionenzahlung an einen türkischen Subunternehmer auferlegt hatten. Die Absicht war klar: Das kleine Unternehmen sollte ausgehungert werden. Wenn im Wirtschaftsleben das Recht des Stärkeren über allen rechtlichen Instanzen steht, dann wird das Recht zur destruktiven Kraft. Roland Kochs Machiavellismus ist offenbar das Ergebnis der jahrelangen Arbeit in einem verkommenen politischen Milieu.[497]

Internationale Wirtschaftsvereinbarungen, die wesentlich zur Globalisierung gehören, müssen öffentlich und transparent verhandelt werden. Es kann nicht sein, dass Politiker die Güter eines Landes ohne Wissen der Bürger verschachern. Wenn private Firmen Geschäfte mit Rohstoffen oder lebenswichtigen Gütern machen, die substanziell wichtig für ein Land sind, dann sind die Bürger einzubeziehen – etwa in Form eines Weisenrats für Wirtschaftsabkommen, der im Zweifel entscheiden kann, ob über ein Abkommen eine Volksbefragung stattfinden soll oder nicht.

All diese Veränderungen können nur erreicht werden, wenn sich die Gesellschaft vom globalen Falschgeldsystem verabschiedet. Die Behauptung, dass das Falschgeld das notwendige Korrektiv zur »unsichtbaren Hand« sei, die die Märkte steuert, ist nichts anderes als ein Schreckensszenario – aufgebaut von den Eliten, die von diesem System der ewigen uneinlösbaren Versprechen profitieren.

Der Mythos, dass der Staat Geld drucken muss, um die Menschen in einer Krise zu schützen, nährt das zentrale moralische Defizit der globalen Schuldenökonomie. David Graeber, der OWS-Anarchist, schreibt in seinem Schulden-Buch: »Dies ist in meinen Augen so verderblich an der Moral der Schulden: Die finanziellen Imperative sollen uns alle zu Plünderern herabwürdigen, zu Menschen, die ihre Umwelt nur als Ansammlung von Dingen betrachten, die potenziell zu Geld gemacht werden können. Mehr noch, nur Personen, die bereit sind, die Welt mit den Augen eines Plünderers zu sehen, verdienen Zugang zu den Ressourcen, die man braucht, um im Leben nach irgendetwas außer Geld zu streben. Diese Moral mündet auf fast allen Ebenen in Perversion.«[498]

Der Mensch ist mehr als das Objekt eines von 0,123 Prozent der Welt kontrollierten Schuldensystems. Die Reduktion allen menschlichen Handelns auf das Ökonomische führt zur Abschaffung des Menschen. Zu viele uneinlösbare Versprechen, ausgegeben als Billionen an Falschgeld, sprengen jedes Rechtssystem. Sie schaffen den globalen Unrechtsstaat und zerstören die Moral und das Gewissen des Einzelnen – der Reichen wie der Armen, wenn auch aus unterschiedlichen Gründen.

Eine hoch komplexe, global-arbeitsteilige Gesellschaft kann nur funktionieren, wenn die Menschen nicht nur deswegen moralisch handeln, weil sie »erwischt« werden könnten. Sie kann nur funktionieren, wenn jeder fair handelt, das heißt, wenn jeder auf jenen persönlichen Vorteil verzichtet, den er nur erringt, indem er andere hintergeht.

Nicht die staatlichen Aufsichtsbehörden, so sehr diese auch verbessert werden müssen, entscheiden über den Erfolg unserer Gesellschaft. Wir selbst entscheiden jedes Mal, wenn wir vor der Frage stehen: Handle ich so, dass ich auf einen eigenen Vorteil verzichte – auch wenn derjenige, dem ich schaden könnte, niemals von meinem Handeln erfährt?[499]

Die letzte Instanz ist das Gewissen aller am gesellschaftlichen Leben Beteiligten. Verantwortung ist der Preis der Freiheit. Wir müssen ihn bezahlen, weil wir aus der Freiheit so viele andere Vorteile ziehen. Hayek war der Überzeugung, »dass eine freie Gesellschaft nur dort gut funktioniert, wo freies Handeln von starken Moralvorstellungen geleitet ist.« Es muss verhindert werden, dass diese Entscheidungsmöglichkeiten dazu missbraucht werden, »die Freiheit und mit ihr die Grundlage aller moralischen Werte« zu zerstören.[500]

Das ist auch Goethes Antwort auf eine hyperglobalisierte Welt. Als Gott und der Teufel zu Beginn des *Faust II* wetteten, wer das letzte Wort über das

Schicksal der Menschheit haben würde, hatte Gott lakonisch zu Pragmatismus gemahnt: »Es irrt der Mensch, solang er strebt.«

Am Ende retten die Engel Faust aus den Klauen des enttäuschten Teufels mit den Worten: »Wer immer strebend sich bemüht/Den können wir erlösen.«

Diese scheinbar banale Weisheit ist der Schlüssel, wenn wir die Plünderung der Welt verhindern wollen. Es ist denkbar, dass sich in bestimmten gesellschaftlichen Situationen das »strebende Bemühen« nur in Form einer Revolution Bahn brechen kann. Wir wollen hoffen, dass trotz der immensen globalen Probleme ein Umdenken von möglichst vielen Einzelnen noch reicht, um die Plünderung der Welt zu stoppen.

Möglich ist das allemal.

Die gute Nachricht kommt auch hier von einem Physiker, der, wie der junge Schweizer James Glattfelder, etwas von komplexen Strukturen versteht.

Carl Friedrich von Weizsäcker hat sich schon vor Jahrzehnten genau mit dieser Frage beschäftigt: Kann eine komplexe Welt so gesteuert werden, dass genügend Leute das Richtige tun? Kann verhindert werden, dass sich die Menschen im Schatten der Globalisierung in gutgekleidete Raubtiere verwandeln? Auf die exemplarische Frage, ob eine internationale Rechtsordnung die Situation der Menschen auf aller Welt verbessern könnte, sagte Weizsäcker, vor einer Almhütte in den Osttiroler Bergen auf das grandiose Panorama der Alpen blickend: »Der Problemkreis, von dem wir hier sprechen, ist der, dessen Lösung mir am schwierigsten erscheint. Wenn Sie aber eine Mehrheit von Meinungsbildnern auf der ganzen Welt überzeugen können, daß genau dieses notwendig ist, dann wird es auch geschehen. Ich habe mir da so eine komische Formel überlegt. Darf ich das mathematisch sagen: wenn wir ›n‹-Menschen haben, dann genügt es, daß ›Wurzel n‹-Menschen das Richtige wollen. Und es geschieht. Wenn man auf einer Fakultät sitzt:

Da gibt es 64 Professoren – dann sind es Wurzel aus 64, also 8 Menschen, die in Wirklichkeit bestimmen, was geschieht. Und wenn sie eine Nation haben von 64 Millionen Menschen, wie in der Bundesrepublik, dann sind es 8.000 Menschen, die bestimmen. Wenn Sie nun 4,9 Milliarden Menschen haben, das sind 49 mal 10 hoch 8, dann ziehen Sie die Wurzel, das ist 7 mal 10 hoch 4, das sind 70.000 Menschen. Wenn Sie die richtigen 70.000 Menschen auf der Welt überzeugen, was geschehen muss, dann wird es geschehen.«[501]

Diese Rechnung entspricht genau der Berechnung unserer 0,123 Prozent, die über 80 Prozent des Vermögens bestimmen.

Die Plünderung der Welt kann, rein mathematisch, abgewendet werden.

Dieses Buch will einen Beitrag leisten, um die 70.000 Menschen zu überzeugen. Es ist möglich, die Welt auch für die nachfolgenden Generationen als einen lebenswerten Ort zu erhalten.

DANKSAGUNG

Dieses Buch hätte nicht geschrieben werden können ohne die Unterstützung der Redaktionen der *Deutschen Wirtschafts Nachrichten*, der *Deutschen Mittelstands Nachrichten* und der *Deutsch-Türkischen Nachrichten*. Die Redakteure dieser Publikationen haben mich bei der Recherche unermüdlich unterstützt und mir geholfen, die im Buch angesprochenen Themen aus unterschiedlichen Blickwinkeln zu betrachten.

Ich danke auch allen Lesern dieser Publikationen: Ich habe von ihnen viele Anregungen und oft entscheidende Hinweise erhalten. Sie haben mir geholfen, Fährten zu verfolgen, auf die ich selbst nicht gekommen wäre.

Ich danke vielen Gesprächspartnern aus dem Finanzbereich, aus Unternehmen und aus der Politik. Viele sind in exponierten Positionen und wollten daher ungenannt bleiben. Ihre Informationen und Einschätzungen waren wichtig für einen Reality-Check, an dem ich meine These messen konnte. Mein besonderer Dank gilt dem FinanzBuch Verlag in München. Er hat mich zu diesem Buch auch durch sein exzellentes Programm ermuntert. Viele der Themen, die in diesem Buch behandelt werden, sind in Büchern des Verlags in die Tiefe ausgeführt und verständlich geschrieben. Ich danke der Redaktion des Verlags für das aufmerksame Lektorat und die Unerbittlichkeit des Fakten-Checks.

Ich danke sehr herzlich Georg Hodolitsch, dessen beharrlichem Drängen und kompetenter Begleitung dieses Buch sein Entstehen verdankt.

Christoph Hermann, Verlagsleiter bei Blogform Social Media, danke ich dafür, dass er mir die Auszeit ermöglicht hat, um dieses Buch zu schreiben.

Ich danke meinen Kindern: Susanna für zahlreiche kritische Anmerkungen, Bernhard für viele nächtliche Diskussionen, Anna und Ruth für ihr stets spürbares Wohlwollen, Jonathan und Rebecca für ihr Verständnis für meine häufige Abwesenheit.

Meiner Frau Ilka danke ich für ihre perfekte Mischung aus Skepsis und Wohlwollen.

Schließlich danke ich all jenen kritischen Geistern in der Zivilgesellschaft, die sich nicht einfach mit dem Lauf der Dinge abfinden wollen. Für jene, die über den Tag und den persönlichen Vorteil hinaus denken, ist dieses Buch geschrieben.

ANMERKUNGEN

1   John Cunningham ist das Pseudonym für einen Gesprächspartner, der unter der Bedingung der Anonymität mit dem Autor gesprochen hat.

2   Der Gesprächspartner hat mit dem Autor nur nach Zusicherung der Anonymität gesprochen.

3   Privates Gespräch mit dem Autor.

4   Roland Baader, Geldsozialismus. Die wirklichen Ursachen der neuen globalen Depression, Gräfelfing 2010, S. 129.

5   Baader, ebd.

6   Baader, a.a.O, S. 21.

7   »Deutsche Sparer besitzen fünf Billionen Euro«, in: *Rheinische Post*, 5.6.2013.

8   Deutsche Bundesbank, »Private Haushalte und ihre Finanzen – Ergebnisse der Panelstudie zu Vermögensstruktur und Vermögensverteilung«, 21.3.2010.

9   Roland Baader, Geldsozialismus. Die wirklichen Ursachen der neuen globalen Depression, Gräfelfing 2010, S. 127.

10 Amnesty International, »Qatar: The dark side of migration – spotlight on Qatar's construction sector ahead of the World Cup«, 18.11.2013.

11 Baader, a.a.O., S. 106.

12 »Fed verrechnet sich beim Stresstest«, in: *Handelsblatt*, 22.3.2014.

13 »Österreichs Filz als Humus für die Hypo-Pleite«, in: *Neue Zürcher Zeitung*, 15.2.2014.

14 Roland Baader, Geldsozialismus. Die wirklichen Ursachen der neuen globalen Depression, Gräfelfing 2010, S. 94.

15 »Goldman Sachs' Fabrice ›Fabolous Fab‹ Tourre: Wall Street's Fall Guy?« in: *ABC News*, 21.4.2010.

16 Anat Admati/Martin Hellwig, Des Bankers neue Kleider. Was bei Banken wirklich schiefläuft und was sich ändern muss, München 2013, S. 354.

17 Carl Friedrich von Weizsäcker, »Der bedrohte Friede«, München-Wien 1981, S. 12.

18 »Jeder zweite Daimler wird auf Kredit gekauft«, in: *Deutsche Wirtschafts Nachrichten*, 17.3.2014.

19 Schön beschrieben bei Vito Tanzi, Governments versus Markets. The changing economic role of the state, Cambridge 2011.

20 »Party ohne Rechnung: Die überdimensionierten Wohlfahrtsstaaten sind an der Krise schuld«, in: *Frankfurter Allgemeine Zeitung*, 18.11.2011.

21 Regierungserklärung Angela Merkel am 19.05.2010.

22 Thronrede von König Willem-Alexander der Niederlande, am 17.09.2013.

23 »Mittelloser Mittelstand«, in: *Die Zeit*, 3.3.2011.

24 »So viele Deutsche wie nie haben einen Zweitjob«, in: *Handelsblatt*, 12.8.2013.

25 »Superreiche kennen keine Krise«, in: *Süddeutsche Zeitung*, 7.11.2013.

26 Aldous Huxley, Schöne neue Welt, Frankfurt am Main 2012, Vorwort S. 19.

27 Matthias Weik und Marc Friedrich, Der größte Raubzug der Geschichte, Marburg 2012.

28 Schumpeter hat beschrieben, wie schwer es für die Zeitgenossen ist, festzustellen, was sich gerade ändert – weil die »Umwandlung einer gesellschaftlichen Ordnung« einen »sehr langsamen Prozess darstellt, in: Joseph A. Schumpeter, Kapitalismus, Sozialismus und Demokratie, Tübingen 2005.

29 Hans Weiss/Ernst Schmiederer, Asoziale Marktwirtschaft. Insider aus Politik und Wirtschaft enthüllen, wie die Konzerne den Staat ausplündern, Köln 2004.

30 Landtag Brandenburg, Ausschuss für Inneres: Protokoll vom 28.10.2010, P-AI 5/10-1.

31 Steven Solomon, The Confidence Game, New York 1995.

32 Solomon, a.a.O., S. 512.

33 Ludwig Mises, Die Gemeinwirtschaft, Jena 1932.

34 Friedrich A. von Hayek, Der Weg zur Knechtschaft, München 2011.

35 Baader, a.a.O., S. 94.

36 Interessanterweise ist damit eingetreten, was einer der Väter der Ökonomie, Adam Smith, vorhergesehen hatte. Noam Chomsky schreibt, dass bereits Smith in Betracht zog, »dass die Kaufleute und Fabrikanten Englands beschließen könnten, ihre Geschäfte im Ausland abzuwickeln«. Doch Smith hatte erwartet, dass die Unternehmer niemals so weit gehen würden. Chomsky weist darauf hin, dass Smith nur ein einziges Mal von der »unsichtbaren Hand« sprach – und zwar in diesem Zusammenhang: Die Kaufleute würden aus »Heimatinstinkt« die Arbeiter im eigenen Land in Lohn und Brot halten: »So würde England dann wie durch eine ›unsichtbare Hand‹ vor den Verheerungen dessen gerettet werden, was heute als neoliberale Globalisierung bezeichnet wird.« In: Noam Chomsky, Occupy!, Münster 2012, S. 26.

37 Daniel Stelter unter Mitarbeit von Veit Etzold, Ralf Berger, Dirk Schilder, Die Billionen-Schuldenbombe. Wie die Krise begann und warum sie noch lange nicht zu Ende ist, Weinheim 2013.

38 David Graeber, Schulden: Die ersten 5000 Jahre, Stuttgart 2012.

39 George A. Akerlof und Paul M. Romer, Looting: »The economic underword of bankruptsy for profit«, in: Brookings Papers on Economic Activity 2/1993.

40 Der Deutsche Richterbund warnte 2012 vor der vollständigen Immunität, die die ESM-Mitarbeiter genießen: »Der Rettungsschirm genießt nach dem ESM-Vertrag volle Immunität vor Gerichtsverfahren jeder Art«, sagte DRB-Vorsitzender Christoph Frank. Sein

Eigentum und seine Vermögenswerte genössen uneingeschränkten Schutz vor Durchsuchung, Beschlagnahme, Einziehung, Enteignung oder anderen Zugriffen durch Behörden und Gerichte. »Auch die Bediensteten des ESM genießen persönliche Immunität.« Unter: »Europäischer Rettungsschirm: Richterbund warnt vor Ausstieg aus dem Rechtsstaat«, Pressemeldung 07/12, 17.9.2012.

41 Johannes Rehan, »Regulierung von ›Schattenbanken‹: Notwendigkeit und Inhalt«, in: *Beiträge zum Transnationalen Wirtschaftsrecht*, Heft 125/April 2013.

42 European Parliament backs Commission proposals on new rules to improve the quality of statutory audit, Pressemitteilung der EU-Kommission, 3.4.2014.

43 Den besten Überblick über das oft undurchschaubare Wirken der Ratingagenturen liefert Ulrich Horstmann, Die geheime Macht der Ratingagenturen. Die Spielmacher des Weltfinanzsystems, München 2013.

44 »US-Investorin zum Finanzmarkt: ›Es müsste tausende Anklagen wegen Betrugs geben‹«, in: *Deutsche Wirtschafts Nachrichten*, 2.6.2012.

45 Dani Rodrik, Das Globalisierungs-Paradox. Die Demokratie und die Zukunft der Weltwirtschaft, München 2011, S. 21.

46 So berichtete ein Mitglied der amerikanischen Federal Communications Commission, dass die US-Regierung beschlossen habe, Kommissare in die Nachrichtenredaktionen der Medien zu entsenden, um die Journalisten auf »Critical information needs« hinzuweisen, unter: »The FCC wades into the newsroom«, in: *The Wall Street Journal*, 10.2.2014.

47 Pressemitteilung der EU-Kommission: »EU and Canada strike free trade deal«, 18.10.2013.

48 »Freihandel mit Kanada: EU-Kommission verweigert Auskunft«, in: *Deutsche Wirtschafts Nachrichten*, 19.11.2013.

49 Die dänische Website Notat hatte das Papier aufgetrieben, unter: Lækage: EU-Kommissionen indkalder medlemslande til spin-møde om frihandelsaftale, in: Notat, 22.11.2013.

50 Eine Analyse des Papiers unter »EU schwört Staaten auf neue Weltwirtschafts-Ordnung ein«, in: *Deutsche Wirtschafts Nachrichten*, 28.11.2013.

51 Gespräch mit dem Autor.

52 So erfährt man aus dem Marktbericht der ARD: »Selbst mau ausgefallene Bilanzen und schwächere Konjunkturdaten aus den USA schlugen nicht nachhaltig auf die Stimmung.«, unter: »Dax zeigt Stärke«, Marktbericht der ARD vom 13.2.2014.

53 Das aus dem bayrischen Chiemgau stammende Analystenunternehmen Prime Quants hat in einem interessanten Beispiel nachvollzogen, wie das läuft: Als Anfang Februar die neuen Arbeitslosenzahlen für die USA veröffentlicht wurden, hatte das Bureau for Labor Statistics (BLS) eine Überraschung parat: Die Zahlen waren, dank eines an plumpe Manipulation grenzenden Tricks, ausgesprochen positiv . Das BLS meldete einen Zuwachs von 243.000 neuen Stellen, während die meisten Volkswirte lediglich mit einem Anstieg von rund 140.000 gerechnet hatten. Prime Quants: »Die wirkliche Überraschung liegt allerdings in der schnellen Reaktion, mit der die Märkte daraufhin nach oben katapultiert wur-

den.«, unter: »US-Arbeitslosen-Statistik: Manipulation der Zahlen soll Märkte beruhigen«, *Deutsche Mittelstands Nachrichten*, 4.2.2012.

54 Als Beispiel für die Symbiose von Politik und Finanzindustrie gelten die Aktivitäten des AWD-Gründers Carsten Maschmeyer, unter: Der Drückerkönig und die Politik. Die Karriere von AWD-Gründer Carsten Maschmeyer, ARD-Exklusiv Doku/Reportage vom 12.1.2011.

55 Der Verbraucherschützer und Versicherungskritiker Axel Kleinlein erklärt im Interview mit dem *Handelsblatt*: »Einige Vorstände mögen mir nicht immer gut gesonnen sein. Von der Basis der Versicherungsbranche erhalte ich aber viel Zuspruch. Ich besuche etwa häufiger Veranstaltungen für Vermittler. Die sind dankbar, dass ich ihnen die Produkte erkläre. Wer versteht schon einen zweifach gesicherten Dreifach-Hybrid? Die Gesellschaften lassen den Vertrieb ja bewusst in Unwissenheit.«, in: *Handelsblatt*: »Die Versicherer haben in der Altersvorsorge versagt«, 27.7.2012.

56 »Mathematiker kritisiert Abzocke bei Riester-Rente«, *Die Welt*, 23.9.2012.

57 »Das leere Versprechen«, in: *Die Zeit*, 16.9.2013.

58 »I politici italiani? Tutti uguali. Blocchi e presidi a oltranza finchè non cadrà il governo«, in: *La Repubblica*, 13.12.2013.

59 »Jede Nacht ein neuer Protest«, in: *Die Zeit*, 5.7.2013.

60 Der Einfluss der griechischen Neonazis ist auch bei den rechtsradikalen Gruppen in Deutschland beträchtlich, unter: »Der NSU, ein braunes Haus und ›Chrysi Avgi‹: Der Jahresrückblick 2013 aus Bayern«, in: *Netz gegen Nazis*, 4.12.2013.

61 »Roma-Hasser gewinnt Regionalwahl«, in: *Rheinische Post*, 24.11.2013.

62 Far-right Jobbik gains ground in early Hungary poll results, in: *The Times of Israel*, 6.4.2014.

63 Götz Aly, Hitlers Volksstaat, Frankfurt am Main 2005.

64 Die Rentenversicherung wurde im Übrigen für die Rüstung geplündert und war nach dem 2. Weltkrieg faktisch pleite – eine ähnliche Situation wie nach der Wiedervereinigung. Mehr dazu unter: »Brüning und die Riesterrente«, in: Telepolis, 23.3.2005.

65 Harold James, Der Rückfall. Die neue Weltwirtschaftskrise, München 2003, S. 322.

66 »Ukrainian rabbi tells Kiev's Jews to flee city«, in: *Haaretz*, 22.2.2014.

67 Martin van Crefeld, Aufstieg und Untergang des Staates, München 1999.

68 Z. B. Standesamt Friedrichshain-Kreuzberg, Vornamenstatistik 1.1.2013 bis 31.12.2013, 6.1.2014.

69 Versicherungsbote, Keine Veröffentlichung der Parteispenden – Absage an die Allianz, 15.1.2013.

70 Max Weber, Wirtschaft und Gesellschaft, Tübingen 1972, S. 129.

71 Michael Maier, Die ersten Tage der Zukunft. Wie wir mit dem Internet unser Denken verändern und die Welt retten können, München 2008, S. 241.

72 David Graeber, Kampf dem Kamikaze-Kapitalismus, München 2012, S. 72.

73 »Working for the few. Political capture and economic inequality.«, Oxfam-Studie vom 20.1.2014.

74 Ebd.

75 Kai Daniel Schmidt, Ulrike Stein, »Explaining rising income inequalit in Germany 1991-2010«, Institut für Makroökonomie und Konjunkturforschung, September 2013.

76 »Studie: Reallöhne sind seit 1990 um bis zu 50 Prozent gesunken«, in: *Der Spiegel*, 6.1.2010. Dazu auch sehr umfassend die Langzeitbeobachtung, die vor allem im Zusammenhang mit dem globalen Lohndumping von Interesse ist, unter: Joachim Jahnke, »Es war einmal eine soziale Marktwirtschaft. Die lange Geschichte ihres Untergangs.«, Books on Demand 2014.

77 Positionspapier der Nationalen Armutskonferenz, Grundsicherung für Arbeitsuchende: Armutsverwaltung oder Armutsbekämpfung?, 31.05.2011.

78 Pressemitteilung von Eurostat: »Im Jahr 2012 war ein Viertel der Bevölkerung von Armut oder sozialer Ausgrenzung bedroht«, 5.12.2013.

79 Ebd.

80 Pressemitteilung von Destatis, »Zahl der Empfänger von Grundsicherung im Alter 2012 um 6,6% gestiegen«, 22.10.2013.

81 »Bund Deutscher Kriminalbeamter fordert Seniorenstrafrecht«, in: *Wolfsburger Allgemeine*, 3.2.2013.

82 »Finanzkrise: ›Der Staat hat den Gesellschaftsvertrag gebrochen‹«, in: *Deutsche Mittelstands Nachrichten*, 15.10.2011.

83 Beschluss des XII. Zivilsenats vom 7.8.2013 – XII ZB 269/12.

84 »Reiche, kluge, glückliche Kinder? Der UNICEF-Bericht zur Lage der Kinder in Deutschland 2013«, 24.10.2013.

85 UNICEF, ebd.

86 »Zahl der ausgesetzten Kinder in Europa steigt dramatisch«, in: *Deutsche Wirtschafts Nachrichten*, 12.8.2012.

87 Ebd.

88 »Ex-Minister sieht Jugendarbeitslosigkeit als Problem«, *General-Anzeiger*, 20.1.2014.

89 Ursula Engelen-Kefer, Eine verlorene Generation. Jugendarbeitslosigkeit in Europa, Berlin 2013.

90 Die Statistik betrifft die saisonbereinigte Jugendarbeitslosenquote in den Mitgliedsstaaten der Europäischen Union im Dezember 2013. Die Angaben beziehen sich auf die Altersgruppe unter 25 Jahren. In Spanien lag die Jugendarbeitslosenquote im Dezember 2013 saisonbereinigt bei 54,3 Prozent. Unter: Statista, Jugendarbeitslosigkeit in den Mitgliedsstaaten der Europäischen Union im Dezember 2013.

91 Pressemitteilung der EU-Kommission, »Commission proposes rules to make youth employment initiative a reality«, 12.3.2013.

92 Gros erklärt sehr anschaulich, wie sich die Politik von dem Fetisch »Jugendarbeitslosigkeit« treiben lässt, obwohl vermutlich das Problem der älteren Arbeitslosen volkswirtschaftlich viel schwerwiegender ist, unter: »Europas Jugendarbeitslosigkeit ist nicht das Problem«, in: Project Syndicate, 6.6.2013.

93 »Aufgebauschte Zahlen«, in: *Neue Zürcher Zeitung*, 22.1.2014.

94 Zitiert nach: »Global youth unemploment: powder keg to explode capitalism?«, in: *Workers World*, 9.1.2014.

95 »Amid slow economic recovery, more Americans identify as ›lower class‹«, in: *Los Angeles Times*, 15.9.2013.

96 The United States Conference of Mayors, »Hunger and homelessness survey. A status report on hunger and homelessness in America's cities«, Dezember 2012.

97 »Indien: Krise verursacht Anstieg der Armut«, *Deutsche Wirtschafts Nachrichten*, 9.6.2012.

98 In Indien macht sich besonders die Präsenz von internationalen Konzernen bemerkbar, deren Interesse vor allem den billigen Arbeitskräften gilt, ausführlich dazu: »Mass poverty and social inequality in India: The devastating impacts of the neoliberal economic development model«, in: *Global Research*, 30.10.2013.

99 Robert Kappel und Marie Müller, Breites Wirtschaftswachstum in Afrika – die große Wende?, Deutsches Institut für Afrika-Studien, Nr. 6/2007.

100 *Workers World*, ebd.

101 »Africa: Despite education, African youth remain stubbornly unemployed«, in: *All Africa*, 28.1.2014.

102 Rodrik, Globalisierungs-Paradox, a.a.O., S. 199.

103 Baader, Geldsozialismus, a.a.O., S. 134.

104 The Nobel Peace Prize 2012, Begründung auf der offiziellen Website Nobelprize.org.

105 Mickey Kaus, The end of equality, New York 1992.

106 Robert T. Kiyosaki, Rich Dad, Poor Dad. What the Rich Teach Their Kids About Money – That The Poor And Middle Class Do Not!, New York 2000.

107 TED-Präsentation von James B. Glattfelder, Zürich, Oktober 2012.

108 Stefania Vitali, James B. Glattfelder, Stefano Battiston, The Network of Global Corporate Control, Zürich 2011.

109 Stanley Milgram, The Small World Problem, in: *Psychology Today*, Mai 1967, S. 60–67.

110 Mark Newman, Albert-László Barabási, Duncan Watts: The Structure and Dynamics of Networks, Princton 2006.

111 Duncan J. Watts, Steven H. Strogatz, Collective dynamics of 'small-world' networks, in: Nature 393 (6684), S. 440–442.

112 James B. Glattfelder, Decoding Complexity. Uncovering Patterns in Economic Networks, Heidelberg 2013.

113 Max Weber, Wirtschaft und Gesellschaft, Tübingen 1972, S. 28.

114 Yochai Benkler, The Wealth of Networks. How Social Production Transforms Markets and Freedom, Yale 2006.

115 Glattfelder, Decoding Complexity, a.a.O., S. 157.

116 C. S. Lewis, Die Abschaffung des Menschen, Einsiedeln 1983, S. 61 f.

117 »Ansteckungsgefahr – Züricher Physiker und die vernetzte Wirtschaft«, gesendet bei: *3sat*, 13.12.2012.

118 Stefano Battiston/Michelangelo Puliga/Rahul Kaushik/Paolo Tasca/Guido Caldarelli, Debt Rank, in: *Nature*, August 2012.

119 Andrew Ross Sorkin, Too big to fail. The inside story of how Wall Street and Washington fought to save the financial system – and themselves, New York 2009.

120 »Die törichteste Politik in hundert Jahren«, in: *Neue Zürcher Zeitung*, 14.12.2013.

121 Glattfelder, Decoding Complexity, a.a.O., S. 206.

122 Battiston, ebd.

123 »147 Finanzkonzerne regieren die Welt«, in: *Schweiz am Sonntag*, 22.10.2011.

124 Ebd.

125 William Pfaff, The wrath of nations. Civilization and the furies of nationalism, New York 1994, S. 234.

126 Rodrik, Globalisierungs-Paradox, a.a.O., S. 187.

127 Solomon, a.a.O., S. 510.

128 Vertrag über die Europäische Union, Maastricht, 7.2.1992, Amtsblatt der Europäischen Union C 326/13.

129 Gesetz zur Einführung des Euro vom 9.6.1998, BGBl. I S. 1242.

130 »Die Macht des Bimbes«, in: *Die Welt*, 18.12.1999.

131 Deutscher Bundestag, Beschlussempfehlung und Bericht des 1. Untersuchungsausschusses nach Artikel 44 des Grundgesetzes, Drucksache 14/9300, 2002.

132 »Was kommt da auf uns zu?«, in: *Süddeutsche Zeitung*, 17.5.2010.

133 »Schäuble und die CDU-Spenden«, gesendet bei: NDR Panorama, 20.1.2000.

134 Hans-Hermann Hertle, »Die DDR an die Sowjetunion verkaufen? Stasi-Analysen zu ökonomischen Niedergang der DDR«, in: *Deutschland Archiv 3*/2009 S. 476-495.

135 »Schnell privatisieren, entschlossen sanieren, behutsam stilllegen.« Ein Rückblick auf 13 Jahre Arbeit der Treuhandanstalt und der Bundesanstalt für vereinigungsbedingte Sonderaufgaben, Abschlussbericht der Bundesanstalt für vereinigungsbedingte Sonderaufgaben (BvS), Berlin 2003.

136 In ihrem Schlussbericht erweckt die UKPV den Eindruck, als hätte ihre Hauptleistung darin bestanden, dass sie kostenbewusst gearbeitet hatte. Das Interesse an der Aufklärung des verschwundenen Volksvermögens hielt sich in Grenzen, unter: »Schlussbericht der Unabhängigen Kommission zur Überprüfung des Vermögens der Parteien und Massenorganisationen der DDR«, Berlin, Juli 2006.

137 Weidmann hielt am 18.09.2012 die Begrüßungsrede anlässlich des 18. Kolloquiums des Instituts für bankhistorische Forschung (IBF) »Papiergeld – Staatsfinanzierung – Inflation. Traf Goethe ein Kernproblem der Geldpolitik?«

138 Bruce Rich, Die Verpfändung der Erde. Die Weltbank, die ökologische Verarmung und die Entwicklungskrise, Stuttgart 1998, S. 114 f.

139 Jens Peter Paul, Bilanz einer gescheiterten Kommunikation. Fallstudien zur deutschen Entstehungsgeschichte des Euro und ihrer demokratietheoretischen Qualität, Dissertation, Frankfurt am Main 2010.

140 Lafontaines Positionen, die auch zu einem scharfen Konflikt mit der Ost-SPD geführt hatten, schildert Gehard A. Ritter ausführlich in: Der Preis der deutschen Einheit. Die Wiedervereinigung und die Krise des Sozialstaats, München 2006.

141 Ebd.

142 »Von ganz oben«, in: *Der Spiegel*, 28.5.1990.

143 Antoin E. Murphy, John Law. Economic Theorist and Policy Maker, New York 1997, S. 123 f.

144 Ebd, S. 188.

145 Bundesgerichtshof, Urteil II ZR 113/03.

146 »Insolvenzrecht für Staaten – keine ganz neue Idee«, in: *tagesschau.de*, 4.5.2010.

147 President Clinton Inaugural Adress, gesendet von: C-Span, 20.1.1993.

148 Ludovic Roy, Die Finanz- und Wirtschaftspolitik des US-Präsidenten William Jefferson Clinton 1993–2001, Marburg 2003, S. 115.

149 »Wie die Reduzierung der Staatsausgaben Schwedens große Depression beendete«, Per Bylund unter Ludwig von Mises Institut Deutschland, 3.3.2014.

150 Der Begriff stammt vom Chefvolkswirt von Morgan Stanley, Stephen Roach, in: *The Economist*, Breaking the deflationary spell, 26.1.2003.

151 »Alan Greenspan: Der Magier des Geldes«, in: *Bilanz*, 17.1.2006.

152 Fleckenstein zitiert eine entsprechende Analyse von Robert J. Gordon für das Haushaltsbüro des Kongresses, in der dieser zu dem Ergebnis kommt: »In 99 Prozent der Wirtschaft außerhalb des Sektors, der Computer-Hardware herstellt, hat sich das Produktivitätswachstum nicht beschleunigt.«, in: William A. Fleckenstein und Frederick Sheehan, Mr. Bubble. Wie Alan Greenspan die Welt an den Abgrund führte, München 2008, S. 100.

153 Fred Hickey, Kolumne in: High Tech Strategist Newsletter, Dezember 2009, zitiert nach Fleckenstein ebd.

154 »The Stock Market«, in: Blog Maverick, 10.1.2013.

155 Es gibt eine interessante Schilderung des Wahnsinns der damaligen Zeit von Jonathan Wallace: »The Internet Bubble«, Januar 2001.

156 Alex Berenson, The Number. How the Drive for Quarterly Earnings Corrupted Wall Street and Corporate America, New York 2003.

157 »Navigating today's complex business risks. Europe, Middle East, India and Africa Fraud Survey«, Ernst & Young Studie 2013.

158 Fleckenstein, ebd.

159 Greenspan hat stets bestritten, dass die Politik der Fed für den Crash verantwortlich gewesensei, unter: »The Fed Didn't Cause the Housing Bubble«, in: *The Wall Street Journal*, 11.3.2009.

160 James K. Galbraith und Travis Hale, »Income distribution and the information technology bubble«, Working Paper University of Texas, Januar 2004.

161 »14 Facts About the Absolutely Crazy Intenet Stock Bubble That Could Crash And Burn In 2014«, in: *The Economic Collapse*, 5.11.2013.

162 Ebd.

163 Federal Reserve, Community Reinvestment Act (CRA) 12 CFR 228.

164 »Blame The Subprime Meltdown On The Repeal Of Glass-Steagall«, in: *The Consumerist*, 17.4.2008.

165 »The Clinton Housing Bobble«, in: The Mess That Greenspan Made, 18.12.2007.

166 »Regulation, Innovation, and Wealth Creation. Remarks by Chairman Alan Greenspan«, in: The Federal Reserve Board, 5.9.2002.

167 Siehe die allgemeinen Regeln für Börsengeschäfte, unter: 15 U.S. Code § 78g – Margin requirements.

168 CFTC-Mitglied Brooksley Born ließ keinen Zweifel, dass diese Produkte dringend und streng reguliert werden müssten. Er wies auf das systemische Risiko dieser Produkte hin; unter: »Remarks of Brooksley Born, Chairperson Commodity Futures Trading Commission«, 24th Annual International Futures Industry Conference, Boca Raton, 18.3.1999.

169 The regulation of OTC derivatives. Testimony of Chairman Alan Greenspan, in: The Federal Reserve Board, 24.7.1998.

170 CFTC Commodities Futures Trading Handbook, New York 2013, S. 227.

171 »Rubin Leaving Citigroup«, in: *The New York Times*, 9.1.2009.

172 Eine interessante Dokumentation liefert dazu Frontline von PBS, unter: »A Major Derivatives Scandal Surfaces«, Februar 1994.

173 Weitere 13 Jahre später erklärte der Ökonom Alan Blinder, dass die Gesellschaft im Zusammenhang mit den Schrottprodukten und ihrer Gefährlichkeit für das Finanzsystem immer

noch nichts gelernt habe: »Alan Blinder: Five Years Later, Financial Lessons Not Learned«, in: *The Wall Street Journal*, 10.9.2013.

174 Der irische *Independent* enthüllte im Juni 2013, wie sich Banker über die Deutschen lustig machen – im Wissen, dass im Crash-Fall der deutsche Steuerzahler den Schaden, den sie angerichtet haben, begleichen werde, unter: »Abuse the bank guarantee, don't get caught«, in: *Irish Independent*, 28.6.2013.

175 »Haben wir denn im Kapitalismus gelebt?«, in: *Frankfurter Allgemeine Zeitung*, 3.8.2009.

176 »Ex-Pleitekandidat Fannie Mae verdient 84 Milliarden Dollar«, in: *Die Zeit*, 21.2.2014.

177 »Attacke auf den Banken-Retter«, in: *Süddeutsche Zeitung*, 17.5.2010.

178 Im Detail beschreibt Michael Lewis, wie fatal die Globalisierung der Finanzprodukte war und warum die Deutschen die Lachnummer an der Wall Street waren, in: The Big Short. Wie eine Handvoll Trader die Welt verzockte, München 2011.

179 »WestLB: In Düsseldorf tickt eine 1,5 Billionen Euro Derivaten-Bombe«, in: *Deutsche Wirtschafts Nachrichten*, 27.4.2013.

180 »Ein Mittelmeerhafen für Österreich«, in: *Süddeutsche Zeitung*, 27.1.2014.

181 »Umstrittener Beratervertrag belastet Rettung«, in: *Handelsblatt*, 9.12.2009.

182 »Kemmer wird Bankenverband leiten«, in: *Frankfurter Allgemeine Zeitung*, 31.8.2010.

183 »Sie reiten ein totes Pferd«, in: *Süddeutsche Zeitung*, 18.3.2014.

184 »Ich bin sehr verärgert«, in: *Kleine Zeitung*, 15.2.2014.

185 »Faymann Evokes 1931 Austria Creditanstalt Crash on Hypo Alpe«, in: Bloomberg, 17.2.2014.

186 »HSH Nordbank schreibt 1,1 Milliarden ab«, in: *FAZ*, 10.3.2008,

187 »Nonnenmacher startet Gegenangriff«, in: *NDR info*, 2.9.2013.

188 »Chronik der Sachsen-LB-Krise«, *MDR*, 5.2.2014.

189 Ebd.

190 Mitteilung eines dem Autor bekannten Beraters.

191 Mathew D. Rose, Die ehrenwerte Gesellschaft. Die Bankgesellschaft Berlin, Transit 2003.

192 Bettina Röhl versuchte nachzurechnen: »Was kostet der Berliner Bankenskandal«, in: *Die Welt*, 15.6.2008.

193 Brief der Initiative Berliner Bankenskandal an Eberhard Diepgen, 1.10.2007.

194 »Der Regierende Bürgermeister Wowereit gratuliert Diepgen zum 70. Geburtstag«, 11.11.2011, Pressemitteilung der Senatskanzlei.

195 »Die Stadt verklagte die Bawag, die ihr diese Produkte verkauft hatte. Interessant: Am Ende des Streits dürfte ein Vergleich stehen, mit dem die Stadt den Schaden zwar begrenzt, die Steuerzahler aber trotzdem belastet. Für die Bawag könnte das Geschäft dann trotz der Klage profitabel gewesen sein, unter: »Bawag und Linz kommen einander näher«, *Der Standard*, 24.1.2014.

196 »Wenn der Kämmerer sich verzockt«, *Deutsche Welle*, 23.1.2014.

197 »BVG zahlt nicht für Finanzdeals«, in: *Berliner Zeitung*, 20.3.2014.

198 Beispielhaft ist die Argumentation der Stadt Pforzheim im Streit mit JPMorgan, unter: »Pforzheim im Duell mit JPMorgan«, in: *Frankfurter Allgemeine Zeitung*, 16.1.2012.

199 »Alan Greenspan: Der Magier des Geldes«, in: *Bilanz*, 17.1.2006.

200 »The Unites States Matters Less and Less to the Oil Market«, in: *The Daily Reckoning Australia*, 24.4.2008.

201 Alexander Cockburn und Jeffrey St Clair, Five Days That Shook the World, London 2000.

202 »Real battle for Seattle«, in: *The Guardian*, 5.12.1999.

203 »The Insider«, in: *New Republic*, 17.4.2000.

204 Bruce Rich, Die Verpfändung der Erde. Die Weltbank, die ökologische Verarmung und die Entwicklungskrise, Stuttgart 1998, S. 63.

205 Ebd.

206 Rice, a.a.O., S. 65.

207 Karen Hudes hat sich als Whistleblowerin der Weltbank einen Namen gemacht. Sie kritisiert den Reformunwillen der Weltbank, unter: »Whistleblower fordert Reformen bei der Weltbank«, in: *Deutsche Wirtschafts Nachrichten*, 17.9.2013. PricewaterhouseCoopers hat in einer Studie festgestellt, dass auch in den EU-Organisationen eine effiziente Kontrolle durch Whistleblower dringend geboten erscheint, unter: »Corruption and conflict of interest in the European Institutions: the effectiveness of whistleblowers, herausgegeben vom Directorate-General fo Internal Policies«, Mai 2011.

208 »Bank of England: Geld basiert nur auf Vertrauen der Bürger«, in: *Deutsche Wirtschafts Nachrichten*, 22.3.2014.

209 Dennis Meadows, Die Grenzen des Wachstums. Bericht des Club of Rome zur Lage der Menschheit, Stuttgart 1972.

210 Ernst Friedrich Schumacher, Small is beautiful. Die Rückkehr zum menschlichen Maß, München 2013, S. 22.

211 Ugo Bardi, Der geplünderte Planet. Die Zukunft des Menschen im Zeitalter schwindender Resourcen, München 2013, S. 318.

212 »Rot-Grün Macht Kasse«, NDR panorama, 17.8.2011.

213 John Perkins, Bekenntnisse eines Economic Hit Man. Unterwegs im Dienst der Wirtschaftsmafia, München 2007.

214 Perkins, ebd. S. 16.

215 Ernst Friedrich Schumacher, Small is beautiful. Die Rückkehr zum menschlichen Maß, München 2013, S. 22.

216 Rich, Verpfändung, a.a.O., S. 389.

217 »IMF's four steps to damnation«, in: *The Guardian*, 29.4.2001.

218 »Coruscating criticism of the free market ideology of the IMF«, gesendent bei: *BBC Newsnight*, 27.4.2001.

219 *The Guardian,* ebd.

220 Baader, Geldsozialismus, a.a.O., S.153.

221 Obwohl eine virtuelle Währung auf den ersten Blick aussieht wie Papiergeld, weil sie nicht greifbar ist, so besteht doch ein entscheidender Unterschied: Bitcoin ist keine staatliche Zwangswährung, sondern ein Peer-to-Peer-Produkt. Bill Bonner hat den Unterschied zwischen Bitcoin und dem klassischen Fiat-Geld ananlysiert, unter: »Bitcoin: a libertarian Ponzi scheme«, in: *MoneyWeek*, 22.11.2013. Interessant sind in diesem Zusammenhang auch Regionalwährungen wie das Rheingold oder der Chiemgauer. Im Detail beschrieben in: Christine Koller, Markus Seidel, Geld war gestern. Wie Bitcoin, Regionalgeld, Zeitbanken und Sharing Economy unser Leben verändern werden, München 2014.

222 Adam LeBor, Der Turm zu Basel. BIZ – Die Bank der Banken und ihre dunkle Geschichte, Zürich 2014.

223 Gian Trepp, Bankgeschäfte mit dem Feind. Die Bank für Internationalen Zahlungsausgleich im Zweiten Weltkrieg. Von Hitlers Europabank zum Instrument des Marshallplans, Zürich 1996, S. 195.

224 Die beste Zusammenfassung bei Margret MacMillan, Paris 1919: Six Months That Changed the World, New York 2001.

225 Dazu die sehr interessante Monografie: John Maynard Keynes, Freund und Feind. Zwei Erinnerungen, Berlin 2004.

226 LeBor, a.a.O., S. 10.

227 Christopher Kopper, Hjalmar Schacht. Aufstieg und Fall von Hitlers mächtigstem Banker, München 2006.

228 »Ein Schuldenschnitt für Griechenland«, in: *Frankfurter Allgemeine Zeitung*, 27.10.2011.

229 Ein genaues Bild bietet die offizielle Website der Partei: http://www.syriza.gr/.

230 Ein genaues Bild bietet die offizielle Website der Partei: http://www.xryshaygh.com/.

231 Trepp, ebd.

232 Trepp, a.a.O., S. 11.

233 Trepp, a.a.O., S. 8.

234 Trepp, a.a.O., S. 162 ff.

235 LeBor, a.a.O., S. 19.

236 »Ich sehe die Risiken genau«, Interview mit Alfred Herrhausen, in: *Der Spiegel* 25/1987.

237 »Uns hilft kein Gott«, Gespräch mit Peter Sloterdijk, in: *FAZ*, 10.9.2009.

238 LeBor, a.a.O., S. 10.

239 Wie unwohl sich sogar die EU bei diesen Maßnahmen fühlt, zeigt eine entsprechende Initiative des Europaparlaments, mithilfe der Bürger herauszufinden, was die Troika

in den betroffenen Staaten eigentlich gemacht hat, unter: »Folgen der Troika-Rettungs-pakete: Bürger bereicherten Bericht via LinkedIn«, in: Europäisches Parlament REF: 20140214STO36150.

240 »Schulden-Explosion: ›Niemand wird ungeschoren davonkommen!‹«, in: *Deutsche Wirtschafts Nachrichten*, 16.12.2013.

241 *Der Spiegel*, Herrhausen-Interview, ebd.

242 Über eine Möglichkeit der Lösung, nämlich Eurobonds, gibt es einen heftigen Streit in Europa: Die gemeinsame Verschuldung könnte durch Eurobonds erzielt werden, also eine Art gemeinsamer Staatsanleihen. Bundeskanzlerin Angela Merkel hatte diese Variante jedoch kategorisch ausgeschlossen, unter: »Solange ich lebe – Merkel meißelt Nein! in Stein«, in: *Die Welt*, 27.6.2012.

243 Statista, Entwicklung der Staatsverschuldung von Deutschland von 1950 bis 2013.

244 Hier ist interessant zu beobachten, dass das Wachstum meist höher vorhergesagt wird, als es dann tatsächlich eintritt: Das DIW sagte in seinem Frühjahrsgutachten 2013 ein Wachstum von 0,7 Prozent voraus. Tatsächlich waren es dann 0,4 Prozent, unter: »Frühjahrsgrundlinien 2013«, in: DIW Wochenbericht 15/2013; und: »Deutschland 2013 nur mit Mini-Wachstum«, in: *Focus*, 15.1.2014.

245 Heiko T. Burret, Lars P. Feld, Ekkehard A. Köhler, Sustainability of German Fiscal Policy and Public Debt: Historical and Time Series Evidence for the Period 1850-2010, München 2013.

246 »Marc Faber on shadow banking, market psychology & the global impact of American monetary policy«, in: *The Prospect Group*, 23.7.2013.

247 »How America is exporting inflation«, in: *The Independent*, 10.9.2011.

248 James Rickards, Currency wars. The making of the next global crisis, New York 2011.

249 Daniel D. Eckert, Weltkrieg der Währungen. Wie Euro, Gold und Yuan um das Erbe des Dollar kämpfen, München 2012.

250 Thomas de Maizière, Stefan Braun, Damit der Staat den Menschen dient. Über Macht und Regieren, Berlin 2013, S. 284 f.

251 Ebd.

252 Thomas de Maizière, Stefan Braun, ebd.

253 »Regierung gibt Garantie für Spareinlagen«, in: *Manager Magazin*, 5.10.2008.

254 »Milliardengrab Bankenrettung«, in: *FAZ*, 16.08.2013.

255 »Bankenrettung kostet Steuerzahler Milliarden«, in: *Börse ARD*, 17.10.2013.

256 »Milliardengrab Bankenrettung«, in: *FAZ*, 16.08.2013.

257 Achim Dübel, Wiener Märchenstunden zu deutschen Bad Banks, Berlin 2014.

258 »Bankenrettung: Regierung verweigert Offenlegung der Zahlen«, in: *Deutsche Wirtschafts Nachrichten*, 14.4.2013.

259 »Frau Merkel, Sie haben uns den Banken ausgeliefert«, Rede von Sahra Wagenknecht (Die Linke) im Deutschen Bundestag, 18.12.2013.

260 »Staatsgeheimnis Bankenrettung«, in: *Arte*, 25. Juni 2013.

261 Über die verfehlte Struktur der Bankenrettung mit Steuergeldern: Hans-Joachim Dübel, Creditor participation in Banking Crisis in the Eurozone – A Corner Turned?, Berlin 2013.

262 »Die desaströsen Bankenrettungen in Europa«, in: *Wirtschaft und Gesellschaft*, 12.8.2013.

263 In einem Interview sagte der zypriotische Politiker Yiannakis Omirou: »In der langen Verhandlungsnacht im Fall Zypern am 16. März stellte die Eurogruppe etwa um 4 Uhr ihre Forderung nach einer Zwangsabgabe für die Sparer. Präsident Nikos Anastasiadis hat sofort entgegnet, dass Zypern eine Präsidialdemokratie ist, er also kein Premier mit Parlamentsmehrheit ist. Folglich werde er, ohne zu unterschreiben, nach Nikosia zurückfliegen, um die anderen Parteiführer darüber zu unterrichten. Daraufhin hat Jörg Asmussen von der EZB gesagt: ›Wenn du jetzt zurückfliegst, gebe ich sofort die Anweisung an die EZB, die Liquiditätsversorgung euer Banken zu beenden. Dann bricht eure ganze Wirtschaft zusammen.‹ Wie würden Sie solche Verhaltensweisen bezeichnen? Das ist Erpressung.«, unter: »Unsere EU-Partner haben uns erpresst«, in: *Frankfurter Rundschau*, 9.4.2013.

264 »Paying the price of procrastination«, in: *Gold Magazin*, Dezember 2013, S. 75.

265 »Oligarchen ran!«, in: *Süddeutsche Zeitung*, 21.12.2012.

266 »The Real Cyprus Template«, in: *Of Two Minds*, 8.4.2013.

267 »Flüchtiges Kapital – Russen ziehen (rechtzeitig) Geld aus Zypern ab«, in: *Finanzwelt*, 26.3.2013.

268 »Insider-Wissen aus Zypern: Griechische Reeder haben Milliarden nach Norwegen verschoben«, in: *Deutsche Wirtschafts Nachrichten*, 27.3.2013.

269 »Zypern: Nur 4 Prozent der Bank-Einlagen wurden rasiert«, in: *Deutsche Wirtschafts Nachrichten*, 18.3.2014.

270 Als Juncker Ende 2013 abgewählt wurde, reagierte die Bankenwelt irritiert und organisierte einen rauschenden Empfang zu seinen Ehren. Juncker wurde zu diesem Zeitpunkt bereits als aussichtsreicher Kandidat für das Amt des neuen EU-Kommissionspräsidenten gehandelt, siehe »Der Pate tritt ab: Banken nervös wegen Juncker-Abgang«, in: *Deutsche Wirtschafts Nachrichten*, 3.11.2013.

271 »Beteiligung reicher Anleger: Luxemburg warnt vor dem Modell Zypern«, in: *Der Spiegel*, 29.3.2013.

272 »Luxembourg: Financial System Stability Assesment – Update«, IMF IMF Country Report No. 11/148.

273 »Die Plünderung Irlands – ein Stück in 7 Akten«, in: *Tagesanzeiger*, 29.6.2013.

274 George Soros, How to Save the European Union from the Euro Crisis. Remarks delivered at the Center for Financial Studies, Goethe University in Frankfurt, Germany, 9.4.2013.

275 »Party ohne Rechnung: Die überdimensionierten Wohlfahrtsstaaten sind an der Krise schuld«, in: *Fazit - das Wirtschaftsblog*, 18.11.2011.

276 »Wie man den Sturm auf die Banken verhindern kann«, in: *Die Welt*, 3.4.2013.

277 Anat Admati und Martin Hellwig, Des Bankers neue Kleider. Was bei Banken wirklich schiefläuft und was sich ändern muss, München 2013, S. 219.

278 »Cyprus bailout a major game changer«, in: *TradingFloor.com*, 16.3.2013.

279 »Zervos: This Is A Nuclear War On Savings And Wealth«, in: *Businessinsider*, 17.5.2013.

280 Ebd.

281 »Zypern: Keine Münzen, keine Kreditkarten, keine Informationen«, in: *Deutsche Wirtschafts Nachrichten*, 21.3.2013.

282 »Schäuble: ›Bankeinlagen sind eine sensible Sache, daher macht man es am Wochenende‹«, in: *Deutsche Wirtschafts Nachrichten*, 16.3.2013.

283 »Am Schluss zahlt der Sparer«, in: *Neue Zürcher Zeitung*, 18.3.2013.

284 EZB-Chef Mario Draghi verkündete zur Beruhigung der Märkte das unbegrenzte Programm der Europäischen Zentralbank in einer Rede, in der er sagte, die EZB werde alles tun, was nötig sei, um den Euro zu verteidigen, unter: EZB Documents, Speech by Mario Draghi, President of the European Central Bank at the Global Investment Conference in London 26 July 2012.

285 Bundesverfassungsgericht, Entscheidungen zu 2 BvR 2728/13 -, 2 BvR 2729/13 -, 2 BvR 2730/13 -, 2 BvR 2731/13 -, 2 BvE 13/13 -.

286 Degenhart war einer der Kläger gegen das OMT-Programm und erwartet erhebliche Kollateralschäden in der Eurozone wegen des fortgesetzten Rechts- und Vertragsbruchs der Regierungen in Europa, unter: »Degenhart: Karlsruhe kann kalte Enteignung der Sparer nicht stoppen«, in: *Deutsche Wirtschafts Nachrichten*, 17.2.2014.

287 Aufstellung Deutschen Bundestag, Stand März 2014.

288 Jörg Guido Hülsmann, Die Ethik der Geldproduktion, Leipzig 2007, S. 274.

289 Artikel 125 des Vertrags über die Arbeitsweise der EU, AEU.

290 Pressemitteilung Attac, Greek Bail-Out: 77% went into the Financial Sector, 17.6.2013.

291 »Ireland bailout: full Irish government statement«, in: *The Guardian*, 28.11.2010.

292 »Anglo Irish Bank trial: executives lied before bailout«, Sean Quinn tells court, in: *The Guardian*, 10.2.2014.

293 »Der reiche Grieche vom Genfersee«, in: *Tagesanzeiger*, 2.6.2012.

294 Eurostat Pressemitteilung 10/2014, 22.1.2014.

295 Sven Giegold, Untersuchungsbericht: Klatsche für die Troika, 25.2.2014.

296 Deutsche Bundesbank Eurosystem, Target2-Saldo.

297 »Hans-Werner Sinns Euro-Buch: Auf verlorenem Rechnungsposten«, in: *Der Spiegel*, 8.10.2012.

298 Die Bertelsmannstiftung hat in einer Studie die Forderungsausfälle hochgerechnet, unter: »Wachstumswirkungen eines Euro-Ausstiegs. Welche Effekte hätte ein Euro-Ausstieg Griechenlands, Portugals, Spaniens oder Italiens auf Wachstum und Beschäftigung in Deutschland, Europa und der Welt?«, Gütersloh 2012.

299 »Bosbach gegen weitere Kompetenzübertragung an die EU«, in: *Die Welt*, 26.6.2012.

300 Vertrag zur Einrichtung des Europäischen Stabilitätsmechanismus, 2012.

301 Eine Umfrage der Deutschen Mittelstands Nachrichten bei allen Bundestagsabgeordneten förderte ein bemerkenswertes Maß an Unwissenheit und Gleichgültigkeit zu Tage. So glaubte etwa die CDU-Abgeordnete Heike Brehmer im März, bereits im Dezember über den ESM abgestimmt zu haben – obwohl der Bundestag den Vertrag erst am 29. Juni 2012 abstimmte, unter: "CDU-Abgeordnete glaubt, dass sie schon über den ESM abgestimmt hat", in: *Deutsche Mittelstands Nachrichten*, 15.3.2012. Die SPD verbot ihren Fraktionsmitgliedern, sich vor der Abstimmung öffentlich zu äußern, unter: "SPD verpasst ihren Bundestags-Abgeordneten Maulkorb zum ESM", in: *Deutschen Mittelstands Nachrichten*, 22.3.2012.

302 »Einigung über Bankenrettung durch den ESM«, in: *Frankfurter Allgemeine Zeitung*, 20.6.2013.

303 »Schuldenschnitt: Griechenland wird zum Testfall für die Transferunion«, in: *Ökonomenstimme*, 28.8.2013.

304 Statista, Griechenland: Staatsverschuldung von 2003 bis 2013 in Relation zum Bruttoinlandsprodukt (BIP).

305 »Apportioning blame between politicians and technocrats«, in: *Dani Rodrick's weblog*, 23.5.2012.

306 »Mehr als 10.000 Beamte helfen der Debeka«, in: *Handelsblatt*, 13.11.2013.

307 Ludwig von Mises, Die Bürokratie. Sank Augustin, 2004, S. 128.

308 Der Schriftsteller Rainald Goetz hat die bürokratischen Regeln und die Unterwerfung des Managers unter diese Regeln in seinem Roman *Johann Holtrop* beschrieben, Berlin 2012.

309 Allerdings gibt es auch hier gegenläufige Tendenzen: Die Eigentümer von großen Konzernen wollen die mächtigen CEOs seit den großen Skandalen der 1990er-Jahre stärker kontrollieren: Allan Murray, Revolt in the boardroom. The new rules of power in corporate America, New York 2007.

310 Robert Jackell hat beschrieben, dass das protestantische Ethos (Max Weber) bei den Entscheidungen von Managern längst einer geschickten Mischung aus Bürokratie, Selbstdarstellung und taktischem Verhalten gewichen ist, in: Moral Mazes. The world of corporate managers, New York 2010.

311 Dass es hier einen Kulturwandel gibt, schreiben Sumantra Ghoshal und Christopher A. Bartlett, Individualized corporation. A fundamentally new approach to management, London 1997.

312 »IMF Executive Board Approves €30 Billion Stand-By Arrangement for Greece«, IMF Press Release 10/187.

313 Georg Erber spricht von einer »Luftbuchung«, Ökonomenstimme, ebd.

314 »Griechisches Privatisierungsprogramm verfehlt die Ziele«, in: *Frankfurter Allgemeine Zeitung*, 20.6.2013.

315 Stelios Stavridis war im Privatjet eines Reeders nach Frankreich in den Urlaub geflogen, unter: «Griechenland feuert abermals Chef von Privatisierungsagentur«, in: *Frankfurter Allgemeine Zeitung*, 18.8.2013.

316 »Buffett warns on investment ›time bomb‹«, in: *BBC*, 4.3.2003.

317 »Banken leihen sich Rekordsumme von EZB«, in: *Frankfurter Allgemeine Zeitung*, 29.2.2012.

318 »Draghi bringt die Bazooka in Stellung«, in: *WirtschaftsWoche*, 9.8.2012.

319 Liaquat Ahamed, Die Herren des Geldes. Wie vier Bankiers die Weltwirtschaftskrise auslösten und die Welt in den Bankrott trieben, München 2012, S. 11.

320 Ahamed, a.a.O., S. 560.

321 Ahamed, a.a.O., S. 560.

322 Fritz Molden, Der Konkurs. Aufstieg und Fall eines Verlegers, Hamburg 1984.

323 Christopher Clark, Die Schlafwandler. Wie Europa in den Ersten Weltkrieg zog, München 2013.

324 »Angela Merkel : ›Tôt ou tard, la monnaie explosera, sans la cohésion nécessaire‹«, in: *Le Monde*, 21.12.2013.

325 Die Juristin und Ökonomin Ellen Brown sieht in dieser privaten Struktur eines der zentralen Probleme des Finanzsystems, unter: »Who Owns The Federal Reserve?«, in: *Global Research*, 8.2.2014.

326 Vertrag über die Arbeitsweise der Europäischen Union, Artikel 282.

327 Hjalmar Schacht, 76 Jahre meines Lebens, München 1953.

328 Gesetz über die Deutsche Bundesbank vom 26.7.1957. Neugefasst durch Bek. v. 22.10.1992 I 1782; zuletzt geändert durch Art. 23 G v. 4.7.2013 I 1981.

329 Adam Ferguson, Das Ende des Geldes. Hyperinflation und ihre Folgen für die Menschen am Beispiel der Weimarer Republik, München 2011.

330 »Die D-Mark ist die Leitwährung. Bundesbank-Präsident Helmut Schlesinger über den Streit um die Zinsen und die Europäische Währungsunion«, in: *Der Spiegel* 8/1992.

331 1969 musste sich allerdings sogar der Bundestag mit einer Franc-Abwertung auseinandersetzen, weil sie Auswirkungen auf die Grenzgänger hatten, unter: Kabinettsprotokolle der Bundesregierung. TOP 5. Kabinettssitzung am 13.11. 1969, Auswirkungen der Franc-Abwertung und der DM-Aufwertung auf Grenzgänger nach Frankreich; hier: Gewährung einer einmaligen Überbrückungshilfe, BMA.

332 Auch viele Sparkassen halten Anteile an der italienischen Notenbank. Banca d'Italia Eurosistema, Shareholders.

333 Encyclopaedia Britannica, Banque de France.

334 Jean-Claude Trichet, Europas Wege aus der größten Krise seit dem Zweiten Weltkrieg. Jean-Claude Trichet im Gespräch mit Andreas G. Scholz, Kulmbach 2013.

335 »La scellerata operazione del Monte dei Paschi di Siena«, in: Il Blog di Beppe Grillo, 6.10.2012.

336 In einem Gutachten von Goldman Sachs war die Bank zuvor als relativ unattraktives Investment beschrieben worden, unter: Goldman Sachs Quantum, European Banks Team, Apples and pairs, Februar 2005.

337 Esplora il significato del termine: Mps, sequestrati 40 milioni scudati La banca: ›Perdite sui derivati 730 milioni‹, in: Corriere della Sera, 6.2.2013.

338 »Monte Paschi: Wie Goldman Sachs und die Sozialisten von Siena die älteste Bank der Welt ruinierten«, in: Deutsche Wirtschafts Nachrichten, 26.1.2013.

339 »Esplora il significato del termine: Mps, Draghi: ›Bankitalia fu corretta e veloce In Italia rumore da campagna elettorale‹«, in: Corriere della Sera, 7.2.2013.

340 »Profumo: ›Se salta l'operazione non rischia solo il Monte ma tutto il sistema bancario‹«, in: La Repubblica, 15.1.2014.

341 »Monte dei Paschi, il mistero dei bilanci è un segreto di Stato«, in: Il Fatto Quotidiano, 2.2.2014.

342 «Romney persona non grata in Italy for Bain's deal skirting taxes«, in: Bloomberg, 6.8.2012.

343 »Griechenland erschwindelte Euro-Beitritt«, in: Frankfurter Allgemeine Zeitung, 16.11.2004.

344 »Wie die Griechen sich in den Euro schummelten«, in: Die Welt, 12.12.2012.

345 »Just What Is Mario Draghi Hiding? ECB Declines To Respond To Bloomberg FOIA Request On Greek-Goldman Swaps«, in: Zerohedge, 14.6.2012.

346 Hearing vor dem EU-Parlament vor der Bestellung zum EZB-Direktor am 14.6.2011.

347 Mario Draghi, Francesco Giavazzi, Robert C. Merton, Transparency, Risk Management and International Financial Fragility. NBER Working Paper Series, June 2003.

348 »Court blocks release of Greek accounts«, in: The Guardian, 29.11.2012.

349 »ECB Tells Court Releasing Greek Swap Files Would Inflame Markets«, in: Bloomberg, 14.6.2012.

350 Jörg Guido Hülsmann, Krise der Inflationskultur. Geld, Finanzen und Staat in Zeiten der kollektiven Korruption, München 2013.

351 Michael Rasch und Michael Ferber, Die heimliche Enteignung. So schützen Sie Ihr Geld vor Politikern und Bankern, München 2012, S. 214. In dem Buch erklären die Autoren sehr anschaulich, welche Wirkungen Inflation und Deflation auf die Gesellschaft, die Unternehmen und die individuellen Vermögen haben. Sie entwerfen fünf Szenarien, mit denen die Schuldenkrise beendet werden kann: Deflation, Inflation, Stagflation, Hyperinflation und »Durchwursteln«.

352 Japan kämpft mit diesem Problem, die große Depression in den 1939er-Jahren war die Folge einer Deflation, Rasch und Ferber, a.a.O., S. 192.

353 »IMF sees higher global growth, warns of deflation risks«, in: *Reuters*, 21.1.2014.

354 Rasch und Ferber, a.a.O., S. 193. Die Autoren verweisen auf Mauldin/Tepper, die diese Deflation als »Endgame im Schuldensuperzyklus« bezeichnen.

355 Baaders Erklärung von Inflation und Deflation räumt mit einigen Begriffsverwirrungen auf. Es gibt auch eine »gute Deflation«, wie Roland Baader in seinem Buch beschrieben hat: Diese entsteht, wenn die Kaufkraft des Geldes durch eine höhere Produktivität entsteht und dadurch die Preise sinken – und nicht, weil die Schuldenberge abgetragen werden müssen, in: Roland Baader, Geldsozialismus. Die wirklichen Ursachen der neuen globalen Depression, Gräfelfing 2010, S. 59 ff.

356 Greg Smith, »Why I am Leaving Goldman Sachs«, in: *The New York Times*, 14.3.2012.

357 U.S. Department of the Treasury, Henry M. Paulson, Jr. (2006 - 2009).

358 »Italy's Monti seals investment deal with Qatar«, in: *Reuters*, 19.11.2012.

359 Die EU-Kommission genehmigte die Milliardenspritze im Nachhinein, wohl vor allem, um der MPS nicht den endgültigen Todesstoß zu versetzen und das ganze italienische Finanzsystem zu gefährden, was MPS-Chef Profumo als mögliche Konsequenz genannt hatte, unter: EU-Kommission - IP/13/1174, 27.11.2013.

360 Draghi, Londoner Rede, ebd.

361 Deutsche Bundesbank, Monatsbericht Februar 2014.

362 »Bankenverbände befürchten Enteignung der Sparer«, in: *Manager Magazin*, 8.11.2013.

363 »Es kommt noch dicker – und keiner protestiert«, in: *Focus*, 26.6.2013.

364 Sven Giegold hat dazu eine Grafik erstellt, die die ganze Komplexität auf einen Blick zeigt, unter: Sven Giegold, Das verrückte Labyrinth, 31.1.2014.

365 »Europa schafft die Bankenunion«, in: *Süddeutsche Zeitung*, 20.3.2014.

366 BVerfG, 2 BvR 1390/12 vom 18.3.2014, Absatz-Nr. (1 - 245).

367 European Cental Bank, Banking supervision.

368 Anat Admati und Martin Hellwig, Des Bankers neue Kleider. Was bei Banken wirklich schiefläuft und was sich ändern muss, München 2013.

369 »EZB fordert bei Banken-TÜV mindestens 8 Prozent Eigenkapital«, in: *Dow Jones*, 23.10.2013.

370 »The Myth of Financial Reform«, in: *Time Magazine*, 23.9.2013.

371 »Banken-Krise: ›System der Risiko-Bewertung ist extrem problematisc‹«, in: *Deutsche Wirtschafts Nachrichten*, 12.12.2013.

372 »EZB nimmt Banken eine Sorge«, in: *Handelsblatt*, 15.1.2014.

373 »Italy biggest banks could pocket 3.5 bln euros from BOI's stake sale«, in: *Reuters*, 31.1.2014.

374 »State aid: Commission adapts crisis rules for banks«, Pressemitteilung EU-Kommission IP/13/672, 10.7.2013.

375 Der Deutsche Industrie- und Handelskammertag hat daher den Bankkunden empfohlen, die Bonität ihrer Bank zu prüfen, wenn sie sicher sein wollen – ein seltsamer Vorschlag angesichts der Tatsache, dass nicht einmal die Regulierungsbehörden bei den Banken den Durchblick haben, unter: »DIHK warnt Unternehmen: Bonität der Hausbank prüfen!«, in: *Deutsche Wirtschafts Nachrichten*, 12.4.2013.

376 »Schäuble sieht in Zypern doch eine Blaupause«, in: *Handelsblatt*, 20.4.2013.

377 Am 30. Juli 2013 warnte EZB-Chef Mario Draghi in einem Brief den Vizepräsidenten der Europäischen Kommission, Joaquim Almunia, vor der neuen Regelung: Die Bail-In-Regeln könnten das Vertrauen der Märkte in die europäische Banken zerstören. Wörtlich schrieb Draghi: »Eine unangemessen strikte Interpretation der Vorschriften für Staatshilfe dürfte das Vertrauen in die Banken der Eurozone zerstören, das wir alle wiederherstellen wollen.« Unter: »Draghi hebelt EU-Richtlinie aus: Steuerzahler müssen Banken retten«, in: *Deutsche Wirtschafts Nachrichten*, 22.10.2013.

378 »Als Abweichler in Berlin abgestraft«, in: *Frankfurter Allgemeine Zeitung*, 28.12.2013.

379 »Juncker nach falschen Dementis in der Kritik«, in: *Frankfurter Allgemeine Zeitung*, 10.5.2011.

380 »Eurogroup chief: ›I'm for secret, dark debates‹«, in: *EUObserver*, 21.4.2011.

381 Ebd.

382 *FAZ*, ebd.

383 »Die Brüsseler Republik«, in: *Der Spiegel* 52/1999.

384 Seeing in Crisis the Last Best Chance to Unite Europe", in: *The New York Times*, 18.11.2011.

385 »Eurokrise interessiert doppelt so viele Bürger wie Arbeitslosigkeit«, in: Langzeitstudie »Wirtschaftskommunikation – Innovationen und Trends« des Fachgebiets Kommunikationswissenschaft und Journalistik der Universität Hohenheim (Stuttgart) und der ING-DiBa AG (Frankfurt), Stand Juli 2013.

386 Hülsmann a.a.O., Die Ethik der Geldproduktion, Leipzig 2007, S. 195.

387 »Kreditneugeschäft: Trotz anziehender Investitionen rückläufig«, Kreditmarktausblick der KfW, September 2013.

388 Zuletzt am 9.1.2014, bei der Pressekonferenz der EZB, unter: »ECB's Draghi Explains Why He Did Not Cut Rates«, in: *Zerhohedge*, 9.1.2014.

389 Mehrere Gespräche des Autors mit Bank-Managern, geführt unter der Bedingung der Anonymität.

390 L. W. Reed, »Rome and the Great Depression«, unter: Foundation for Economic Education, 24.2.2009.

391 Bundesfinanzministerium, Entwicklung der Staatsquote, Stand 25. Februar 2014.

392 Destatis, Bevölkerung Deutschlands bis 2060, 12. koordinierte Bevölkerungsvorausberechnung, Berlin 2009.

393 L. W. Reed, »Rome and the Great Depression«, ebd.

394 Ebd.

395 Carmen M. Reinhart und Kenneth S. Rogoff, Dieses Mal ist es anders. Acht Jahrhunderte Finanzkrisen, München 2013.

396 »Eurokrise, Staatsverschuldung und privater Reichtum«, DIW Wochenbericht 28/2012.

397 David Rhodes and Daniel Stelter, Back to Mesopotamia. The Looming Threat of Debt Restructuring, September 2011.

398 Daniel Stelter unter Mitarbeit von Veit Etzold, Ralf Berger, Dirk Schilder, Die Billionen-Schuldenbombe. Wie die Krise begann und warum sie noch lange nicht zu Ende ist, Weinheim 2013, S. 168 f.

399 »Fiscal Monitor: Taxing Times«, IMF World Economic and Financial Surveys, Oktober 2013.

400 Monatsbericht der Bundesbank Januar 2014, S. 8.

401 »Einmalige Vermögensabgabe als Instrument zur Lösung nationaler Solvenzkrisen im bestehenden EWURahmen?«, Monatsbericht der Deutschen Bundesbank Januar 2014.

402 Ebd.

403 »Krisenländer sollen die Reichen zur Kasse bitten«, in: *Die Welt*, 28.1.2014.

404 Ebd.

405 »Bei Europas Bürgern sind 3853 Milliarden zu holen«, in: *Die Welt*, 27.1.2014.

406 Carmen M. Reinhart und Kenneth S. Rogoff, Financial and Sovereign Debt Crises: Lessons Learned and Those Forgotten, IMF Working Paper WP/13/266.

407 Sie übertrifft sogar jene, die behaupten, dass die Welt von Rieseneidechsen regiert wird. In: Jon Ronson, Them. Adventures With Extremists, New York 2002.

408 Stadt Ilmenau, Haushaltssatzung und Haushaltsplan 2013.

409 Eckhard Bauerschmidt, Abfallwirtschaft – Wir wollen Herr im eigen Haus sein, in: *Die Linke Ilmenau*, 21.2.2014 .

410 Sigrid Damm, Goethes letzte Reise, Frankfurt am Main 2009, S. 66 f.

411 »EU nickt Staatsgarantien für Peugeot ab«, in: *Handelszeitung*, 30.7.2013.

412 »Bei PPP werden die öffentlichen Kassen mit hoher Professionalität langfristig ausgeplündert«, Interview mit Werner Rügemer, in: *Telepolis*, 15.6.2011.

413 Man rechnet mit einer halben Milliarde Euro. Es ist zu erwarten, dass die Kommune die Bürger an diesen Kosten beteiligen wird, vermutlich mit höheren Strompreisen. Das Beispiel zeigt, dass vor allem das Fehlen von Transparenz dazu führt, dass die Bürger immer die Rechnung zahlen müssen. Unter: »Übernahme nach Volksentscheid, Hamburg zahlt halbe Milliarde für Vattenfall Netz«, in: *Der Spiegel*, 16.1.2004.

414 »Energie-Volksentscheid knapp am Quorum gescheitert«, in: *rbb online*, 3.11.2013.

415 Pia Eberhardt, »Konzerne versus Staaten: Mit Schiedsgerichten gegen die Demokratie«, in: *Blätter für deutsche und internationale Politik* 4/2013, S 29–33.

416 Ein besonders wichtiges Element sind in diesem Zusammenhang die sogenannten Investitionsschutzabkommen, mit denen sich Konzerne gegen politische Entscheidungen absichern. Zum Fall Hamburg dazu Rechtsanwälte Günter, Briefing Note. The Coal-fired Power Plant in Hamburg-Moorburg, ICSID proceedings by Vattenfall under the Energy Charter Treaty and the result for environmental standards, Hamburg, 11.04.2012.

417 »Goldman Deal Threatens Danish Government«, in: *The New York Times*, 30.1.2014.

418 »2,500 protest against Goldman Sachs deal«, in: *The Copenhagen Post*, 29.1.2014.

419 »China buys stake in Thames Water«, in: *Financial Times*, 20.1.2012.

420 »China Three Gorges buys EDP stake for 2.7 billion euros«, in: *Reuters*, 22.12.2011.

421 Lawrence Tomlinson, Banks' Lending Practices: Treatment of Businesses in distress, London 2013.

422 »Horrific stories' - RBS report author, Lawrence Tomlinson«, in: *BBC*, 25.11.2013.

423 »Hat die IG-Bau die deutschen Arbeitnehmer verraten?«, in: *SWR*, 24.1.2011.

424 »Brutale Schrumpfkur für Hochtief«, in: *WirtschaftsWoche*, 12.11.2013.

425 »Bárcenas ocultó donativos ilegales de FCC, OHL y ACS para el PP gallego«, in: *El País*, 16.7.2013.

426 »Hochtief: Das Ende einer deutschen Industrie-Legende«, in: *Deutsche Wirtschafts Nachrichten*, 15.11.2013.

427 »Steuerfrei – Wie Konzerne Europas Kassen plündern«, in: *ARD*, 19.8.2013.

428 Angelika Slavik, »Die Qualitäten der Quereinsteiger«, in: *Süddeutsche Zeitung*, 19.9.2013.

429 Ebd.

430 Zitiert nach Thomas K. McCraw, Prophet of Innovation. Joseph Schumpeter and creative destruction, Cambridge 2007, S. 7.

431 »It is time to audit our auditors«, in: *Financial Times*, 16.4.2013. Ein Wirtschaftsprüfer der KPMG hatte vertrauliche Informationen an einen Golfpartner weitergegeben, der sich für diese Insider-Infos mit einer Rolex-Uhr revanchierte.

432 »Ernst & Young fined record $2m over audit«, in: *Financial Times*, 8.2.2012. Diese Strafe wurde wegen Manipulationen bei der Bilanzprüfung verhängt und war ein neuer Rekord – den bis dahin Deloitte & Touche gehalten hatte, die 2007 zu einer Million Dollar Strafe verurteilt wurden.

433 Ein Fall von Korruption, in dem Accenture IT-Herstellern gegen Kickback-Zahlungen lukrative öffentliche Aufträge zuschanzte, unter: »Accenture to Pay $63.7M Fine to Settle DOJ Kickback Case«, in: *eWeek*, 12.9.2011.

434 »Der innere Zirkel der Wirtschaft«, in: *Handelsblatt*, 5.11.2011.

435 Diese Entwicklung wird sich durch die Weiterentwicklung des Internet beschleunigen, wie Jeremy Rifkin zeigt, in: »The zero marginal cost society«, New York 2014.

436 »Amazons gespaltene Belegschaft«, in: *Die Zeit*, 7.1.2014.

437 Joel Bakan, Das Ende der Konzerne. Die selbstzerstörerische Kraft der Unternehmen. Leipzig 2005, S. 198.

438 Dennis Meadows, Die Grenzen des Wachstums. Bericht des Club of Rome zur Lage der Menschheit, Stuttgart 1972.

439 Chris Martenson, The Crash Course. The unsustainable future of our economy, energy and environment, Hoboken 2011.

440 Donella und Dennis Meadows, Jørgen Randers, Die neuen Grenzen des Wachstums, Frankfurt am Main, 1993.

441 Jørgen Randers, 2052. Der neue Bericht an den Club of Rome. Eine globale Prognose für die nächsten 40 Jahre, München 2012.

442 Hans Christoph Binswanger, Geld und Magie. Eine ökonomische Deutung von Goethes Faust, Hamburg 2009, S. 154.

443 Binswanger, a.a.O., S. 78.

444 »I'm doing ›God's work‹. Meet Mr Goldman Sachs«, in: *The Times*, 8.9.2009.

445 C. S. Lewis, Die Abschaffung des Menschen, Einsiedeln 1983.

446 C. S. Lewis, a.a.O., S. 78.

447 Jean-Jacques Rousseau, Vom Gesellschaftsvertrag, Stuttgart 2013, S. 76.

448 Rousseau, a.a.O., S. 18.

449 »The case against globaloney«, in: *The Economist*, 20.4.2011.

450 UN-Bericht, Implementation of the International Plan of Action for the United Nations Literacy Decade, 26. Juli 2013, S. 6.

451 »Why English is it«, Heinrich-Böll-Stiftung, 5.12.2012.

452 Ebd.

453 Robert Menasse, Der europäische Landbote. Die Wut der Bürger und der Friede Europas, Wien 2012, S. 59.

454 European Court of Auditors, Secretariat General Translation Directorate, »Misused English words and expressions in EU publications«, September 2013.

455 Pankaj Ghemawat, World 3.0, Global Prosperity and how to achieve it, Cambridge 2011, S. 26.

456 Dani Rodrik, Globalisierungs-Paradox. a.a.O, S. 297.

457 Das ist keine Frage eines neuen Nationalismus. James C. Scott zeigt an Beispielen aus Afrika, warum die klassischen Staaten Vorteile bei der Umsetzung von gerechten Wirtschaftsprogrammen haben und Zentralismus – ob supranational oder national – zur Misswirt-

schaft führt, in: James C. Scott, Seeing like a state. How certain schemes to improve the human conditions have failed, Yale 1998.

458 »Near a Vote, Volcker Rule Is Weathering New Attacks«, in: *The New York Times*, 8.12.2013.

459 Das gilt auch für das Konzept des idealen Staates. Thomas Morus, Utopia, Hamburg 2011.

460 Max Horkheimer, Zur Kritik der instrumentellen Vernunft (Eclipse of Reason 1947), Frankfurt am Main 2007, S. 177.

461 Dani Rodrik, Globalisierungs-Paradox. a.a.O, S. 321.

462 Eric S. Raymond, The cathedral and the bazaar. Musings on Linux and Open Source by an accidental revolutionary, Sebastopol 1999.

463 Quinn Norton, Eleanor Saitta, No Neutral Ground in a Burning World, Präsentation auf der 30c3, Hamburg, 30.12.2013.

464 Robert Jungk, Die Zukunft hat schon begonnen. Amerikas Allmacht und Ohnmacht, Bern-Stuttgart-Wien 1957.

465 Chris Martenson, The Crash Course. The unsustainable future of our economy, energy and environment, Hoboken 2011, S. 31.

466 Deutsche Stiftung Weltbevölkerung, Datenreport 2013.

467 Matthias Weik und Marc Friedrich, Der größte Raubzug der Geschichte, Marburg 2012, S. 333.

468 Max Otte, Der Crash kommt. Die neue Wirtschaftskrise und wie Sie sich darauf vorbereiten, Berlin 2008, S. 280.

469 Bert Flossbach und Philipp Vorndran, Die Schuldenlawine. Eine Gefahr für unsere Demokratie, unseren Wohlstand und Ihr Vermögen, München, 2013, S. 15.

470 Adam Smith, Wealth of Nations, 1776, dt.: Wohlstand der Nationen.

471 Friedrich A. von Hayek, Entnationalisierung des Geldes, Tübingen 1977.

472 Baader, a.a.O., S. 157.

473 Ebd., S. 160.

474 »20-Gipfel beschließt weltweiten Austausch der Steuerdaten«, in: *Deutsche Wirtschafts Nachrichten*, 7.9.2013.

475 Philipp Bagus, Wie das Papiergeld-Experiment enden wird, Ludwig von Mises Institut Deutschland, 9.12.2013.

476 Ausführlich zu Bankenkrise – vorher und nachher bei: Tode Todev, Johann Brazda, Juhani Laurinkari, Vor und nach der Banken- und Finanzkrise. Realitäten und Illusionen, Bremen 2013.

477 Das ZDF berichtet, dass die Kosten im Oktober 2013 von ursprünglich 500 Millionen Euro auf 1,2 Milliarden Euro gestiegen waren, unter: »EZB-Neubau: Teure Türme in der Krise«, in: heute.de, 31.10.2013.

478 Legislative Entschließung des Europäischen Parlaments vom 12. September 2013 zu dem Vorschlag für eine Verordnung des Rates zur Übertragung besonderer Aufgaben im Zusammenhang mit der Aufsicht über Kreditinstitute auf die Europäische Zentralbank (COM(2012)0511 – C7-0314/2012 – 2012/0242(CNS)).

479 »EZB treibt Banker-Gehälter in die Höhe«, in: *Handelsblatt*, 10.1.2014.

480 Erkki Liikanen, Hochrangige Expertengruppe für Strukturreformen im EU-Bankensektor, Schlussbericht, Brüssel, Oktober 2012.

481 Gespräche mit dem Autor, geführt unter der Bedingung der Anonymität.

482 Ludwig von Mises, Die Bürokratie, Sank Augustin 2004, S. 126.

483 Friedrich A. von Hayek, Der Weg zur Knechtschaft, München 2011, S. 90 f.

484 »Die Parteien sind Konzerne geworden«, Interview mit Mathew D. Rose, in: *Telepolis*, 27.1.2012.

485 Ebd.

486 »Parteien lehnen Strafen für Steuer-Verschwendung strikt ab«, in: *Deutsche Wirtschafts Nachrichten*, 21.9.2013.

487 »Peter Gauweiler: ›Immunität der ESM-Lenker ist ein Skandal‹«, in: *Deutsche Wirtschafts Nachrichten*, 18.3.2014.

488 Friedrich A. von Hayek, Der Weg zur Knechtschaft, München 2011, S. 90 f.

489 Yochai Benkler, The Wealth of Networks. How Social Production Transforms Markets and Freedom, Yale 2006, S. 471.

490 Philipp Bagus, Die Tragödie des Euro. Ein System zerstört sich selbst, München 2012, S. 59.

491 APA-OTS, BZÖ-Haider: Kärnten wird reich. Kärnten ist und bleibt auf Zukunftskurs. 19.5.2007.

492 »Was man für 19 Milliarden Euro alles bezahlen könnte«, in: *Kleine Zeitung* 12.2.2014.

493 Friedrich A. Hayek, Der Weg zur Knechtschaft, München 2011, S. 286.

494 Rodrik, Globalisierungs-Paradox, a.a.O., S. 358.

495 Tatsächlich haben sich in Europa über die Jahrhunderte immer wieder supranationale Formen herausgebildet, die dann Erfolg hatten, wenn sie nicht zentralistisch, sondern regional angelegt waren. Mehr dazu bei: Norman Davies, Verschwundene Reiche. Die Geschichte des vergessenen Europa, Darmstadt 2013. Die undurchsichtigen Strukturen der EU in ihrer aktuellen Form laden dagegen eher zu Selbstbedienung und Privilegien-Wucher ein, wie Sven Kesch minutiös belegt hat, in: Sven Kesch, Kurs halten bis zum Untergang Europa. Unglaubliche Erfolgsgeschichten aus dem Brüsseler Tollhaus, Wien 2013.

496 Philipp Bagus, Die Tragödie des Euro. Ein System zerstört sich selbst, München 2012.

497 »Bilfinger klagt und klagt und klagt«, in: *Handelsblatt*, 19.3.2014, S. 18.

498 David Graeber, Schulden: Die ersten 5000 Jahre, Stuttgart 2012, S. 409.

499 David Graeber schreibt: »Legitimes politisches Handeln ist weiterhin möglich, vorausgesetzt es findet auf der persönlichen Ebene statt: in der Herausbildung subversiver Identitäten, durch kreative Formen des Konsums und anderes mehr. Solches Handeln ist in sich politisch und hat potenziell befreiende Wirkung.«, in: David Graeber, Die falsche Münze unserer Träume. Wert, Tausch und menschliches Handeln, Zürich 2011, S. 11.

500 Friedrich A. von Hayek, Das moralische Element in der Unternehmerwirtschaft, in: ders.: Grundsätze einer liberalen Gesellschaftsordnung, Aufsätze zur politischen Theorie und Philosophie, Bd.5, Abt. A der Gesammelten Schriften von F. A. v. Hayek, Tübingen 2002, S. 294-301, hier S. 295.

501 C. F. V. Weizsäcker, Die Geographie des Menschen. Gespräche mit Peter Handke, Reiner Kunze, Carl Friedrich von Weizsäcker und Leonardo Boff, Wien 1993, S. 66 f. Das Interview wurde an Goethes Geburtstag, dem 28.8.1989, geführt, weshalb sich die Zahlen auf diesen Zeitpunkt beziehen.

LITERATURVERZEICHNIS

Ahamed, Liaquat: *Die Herren des Geldes. Wie vier Bankiers die Weltwirtschaftskrise auslösten und die Welt in den Bankrott trieben*, München 2012.

Admati, Anat/Hellwig, Martin: *Des Bankers neue Kleider. Was bei Banken wirklich schiefläuft und was sich ändern muss*, München 2013.

Aly, Götz: *Hitlers Volksstaat*, Frankfurt am Main 2005.

Baader, Roland: *Geldsozialismus. Die wirklichen Ursachen der neuen globalen Depression*, Gräfelfing 2010.

Bagus, Philipp: *Die Tragödie des Euro. Ein System zerstört sich selbst*, München 2012.

Bakan, Joel: *Das Ende der Konzerne. Die selbstzerstörerische Kraft der Unternehmen*, Leipzig 2005.

Bardi, Ugo: *Der geplünderte Planet. Die Zukunft des Menschen im Zeitalter schwindender Ressourcen*, München 2013.

Berenson, Alex: *The Number. How the Drive for Quarterly Earnings Corrupted Wall Street and Corporate America*, New York 2003.

Binswanger, Hans Christoph: *Geld und Magie. Eine ökonomische Deutung von Goethes Faust*, Hamburg 2009.

CFTC Commodities Futures Trading Handbook, New York 2013.

Chomsky, Noam: *Occupy!*, Münster 2012.

Clark, Christopher: *Die Schlafwandler. Wie Europa in den Ersten Weltkrieg zog*, München 2013.

Cockburn, Alexander/St. Clair, Jeffrey: *Five Days That Shook the World*, London 2000.

Damm, Sigrid: *Goethes letzte Reise*, Frankfurt am Main 2009.

Davies, Norman: *Verschwundene Reiche. Die Geschichte des vergessenen Europa*, Darmstadt 2013.

de Maizière, Thomas/Braun, Stefan: *Damit der Staat den Menschen dient. Über Macht und Regieren*, Berlin 2013.

Dübel, Hans-Joachim: *Creditor participation in Banking Crisis in the Eurozone – A Corner Turned?*, Berlin 2013.

Eberhardt, Pia: »Konzerne versus Staaten: Mit Schiedsgerichten gegen die Demokratie«, in: *Blätter für deutsche und internationale Politik 4/2013*, S 29–33.

Eckert, Daniel D.: *Weltkrieg der Währungen. Wie Euro, Gold und Yuan um das Erbe des Dollar kämpfen*, München 2012.

Engelen-Kefer, Ursula: *Eine verlorene Generation. Jugendarbeitslosigkeit in Europa*, Berlin 2013.

Ferguson, Adam: *Das Ende des Geldes. Hyperinflation und ihre Folgen für die Menschen am Beispiel der Weimarer Republik*, München 2011.

Fleckenstein, William A./Sheehan, Frederick: *Mr. Bubble. Wie Alan Greenspan die Welt an den Abgrund führte*, München 2008.

Flossbach, Bert/Vorndran, Philipp: *Die Schuldenlawine. Eine Gefahr für unsere Demokratie, unseren Wohlstand und Ihr Vermögen*, München 2013.

Friedman, Thomas L.: *Die Welt ist flach. Eine kurze Geschichte des 21. Jahrhunderts*, Frankfurt am Main 2006.

Glattfelder, James B.: *Decoding Complexity. Uncovering Patterns in Economic Networks*, Heidelberg 2013.

Goetz, Rainald: *Johann Holtrop*, Berlin 2012.

Ghemawat, Pankaj: *World 3.0, Global Prosperity and how to achieve it*, Cambridge 2011.

Ghoshal, Sumantra/Bartlett, Christopher A.: *Individualized corporation. A fundamentally new approach to management*, London 1997.

Goethe, Johann Wolfgang von: *Faust. Der Tragödie erster Teil*, Stuttgart 2013.

Graeber, David: *Schulden: Die ersten 5000 Jahre*, Stuttgart 2012.

Ders.: *Kampf dem Kamikaze-Kapitalismus*, München 2012.

Ders.: *Die falsche Münze unserer Träume. Wert, Tausch und menschliches Handeln*, Zürich 2011.

Habermann, Gerd: *Der Wohlfahrtsstaat, Ende einer Illusion*, München 2013.

Horkheimer, Max: *Zur Kritik der instrumentellen Vernunft (Eclipse of Reason 1947)*, Frankfurt am Main 2007.

Hülsmann, Jörg Guido: *Krise der Inflationskultur. Geld, Finanzen und Staat in Zeiten der kollektiven Korruption*, München 2013.

Ders.: *Die Ethik der Geldproduktion*, Leipzig 2007.

Huxley, Aldous: *Schöne neue Welt*, Frankfurt am Main 2012.

Jackell; Robert: *Moral Mazes. The world of corporate managers*, New York 2010.

James, Harold: *Der Rückfall. Die neue Weltwirtschaftskrise*, München 2003.

Jungk, Robert: *Die Zukunft hat schon begonnen. Amerikas Allmacht und Ohnmacht*, Bern-Stuttgart-Wien 1957.

Kaus, Mickey: *The end of equality*, New York 1992.

Kappel, Robert/Müller, Marie: *Breites Wirtschaftswachstum in Afrika – die große Wende?*, Deutsches Institut für Afrika-Studien, Nr. 6/2007.

Keynes, John Maynard: *Freund und Feind. Zwei Erinnerungen*, Berlin 2004.

Kiyosaki, Robert T.: *Rich Dad, Poor Dad. What the Rich Teach Their Kids About Money – That The Poor And Middle Class Do Not!*, New York 2000.

Kopper, Christopher: *Hjalmar Schacht. Aufstieg und Fall von Hitlers mächtigstem Banker*, München 2006.

LeBor, Adam: *Der Turm zu Basel. BIZ – Die Bank der Banken und ihre dunkle Geschichte*, Zürich 2014.

Lewis, Michael: *The Big Short. Wie eine Handvoll Trader die Welt verzockte*, München 2011.

Lewis, C. S.: *Die Abschaffung des Menschen*, Einsiedeln 1983.

MacMillan, Margret: *Paris 1919: Six Months That Changed the World*, New York 2001.

Martenson, Chris: *The Crash Course. The unsustainable future of our economy, energy and environment*, Hoboken 2011.

McCraw, Thomas K.: *Prophet of Innovation. Joseph Schumpeter and creative destruction*, Cambridge 2007.

Meadows, Donella und Dennis/Randers, Jørgen: *Die neuen Grenzen des Wachstums*, Frankfurt am Main 1993.

Meadows, Dennis: *Die Grenzen des Wachstums. Bericht des Club of Rome zur Lage der Menschheit*, Stuttgart 1972.

Menasse, Robert: *Der europäische Landbote. Die Wut der Bürger und der Friede Europas*, Wien 2012.

Molden, Fritz: *Der Konkurs. Aufstieg und Fall eines Verlegers*, Hamburg 1984.

Morus, Thomas: *Utopia*, Hamburg 2011.

Murphy, Antoin E./Law, John: *Economic Theorist and Policy Maker*, New York 1997.

Murray, Allan: *Revolt in the boardroom. The new rules of power in corporate America*, New York 2007.

Otte, Max: *Der Crash kommt. Die neue Wirtschaftskrise und wie Sie sich darauf vorbereiten*, Berlin 2008.

Perkins, John: *Bekenntnisse eines Economic Hit Man. Unterwegs im Dienst der Wirtschaftsmafia*, München 2007.

Pfaff, William: *The wrath of nations. Civilization and the furies of nationalism*, New York 1994.

Rasch, Michael/Ferber, Michael: *Die heimliche Enteignung. So schützen Sie Ihr Geld vor Politikern und Bankern*, München 2012.

Raymond, Eric S.: *The cathedral and the bazaar. Musings on Linux and Open Source by an accidental revolutionary*, Sebastopol 1999.

Reed, L. W.: *Rome and the Great Depression*, a.a.O.

Reinhart, Carmen M./Rogoff, Kenneth S.: *Dieses Mal ist es anders. Acht Jahrhunderte Finanzkrisen*, München 2013.

Rich, Bruce: *Die Verpfändung der Erde. Die Weltbank, die ökologische Verarmung und die Entwicklungskrise*, Stuttgart 1998.

Rickards, James: *Currency wars. The making of the next global crisis*, New York 2011.

Rietzschel, Thomas: *Geplünderte Demokratie*, Wien 2014.

Ritholtz, Barry: *Bailout Nation. How Greed and Easy Money Corrupted Wall Street and Shook the World Economy*, Hoboken 2009.

Ritter, Gehard A.: *Der Preis der deutschen Einheit. Die Wiedervereinigung und die Krise des Sozialstaats*, München 2006.

Rodrik, Dani: *Das Globalisierungs-Paradox. Die Demokratie und die Zukunft der Weltwirtschaft*, München 2011.

Ronson, Jon: *Them. Adventures With Extremists*, New York 2002.

Rose, Mathew D.: *Korrupt? Wie unsere Politiker und Parteien sich bereichern - und uns verkaufen*, München 2011.

Ders.: *Die ehrenwerte Gesellschaft. Die Bankgesellschaft Berlin*, Transit 2003.

Rousseau, Jean-Jacques: *Vom Gesellschaftsvertrag*, Stuttgart 2013.

Roy, Ludovic: *Die Finanz- und Wirtschaftspolitik des US-Präsidenten William Jefferson Clinton 1993-2001*, Marburg 2003.

Scott, James C.: *Seeing like a state. How certain schemes to improve the human conditions have failed*, Yale 1998.

Schacht, Hjalmar: *76 Jahre meines Lebens*, München 1953.

Schumacher, Ernst Friedrich: *Small in beautiful. Die Rückkehr zum menschlichen Maß*, München 2013.

Schumpeter, Joseph A.: *Kapitalismus, Sozialismus und Demokratie*, Tübingen 2005.

Smith, Adam: *Wealth of Nations*, London 1776.

Solomon, Steven: *The Confidence Game*, New York 1995.

Sorkin, Andrew Ross: *Too big to fail. The inside story of how Wall Street and Washington fought to save the financial system - and themselves*, New York 2009.

Stadt Ilmenau: *Haushaltssatzung und Haushaltsplan 2013*.

Stelter, Daniel/Etzold, Veit/Berger, Ralf/Schilder, Dirk: *Die Billionen-Schuldenbombe. Wie die Krise begann und warum sie noch lange nicht zu Ende ist*, Weinheim 2013.

Tanzi, Vito: *Government versus Markets. The Changing Economic Role of the State*, New York 2011.

Tomlinson, Lawrence: *Bank's Lending Practices: Treatment of Businesses in distress*, London 2013.

Trepp, Gian: *Bankgeschäfte mit dem Feind. Die Bank für Internationalen Zahlungsausgleich im Zweiten Weltkrieg. Von Hitlers Europabank zum Instrument des Marshallplans*, Zürich 1996.

Trichet, Jean-Claude: *Europas Wege aus der größten Krise seit dem Zweiten Weltkrieg. Jean-Claude Trichet im Gespräch mit Andreas G. Scholz*, Kulmbach 2013.

van Crefeld, Martin: *Aufstieg und Untergang des Staates*, München 1999.

von Hayek, Friedrich A.: »Das moralische Element in der Unternehmerwirtschaft«, in: Ders.: *Grundsätze einer liberalen Gesellschaftsordnung, Aufsätze zur politischen Theorie und Philosophie*, Bd.5, Abt. A der Gesammelten Schriften von F. A. v. Hayek, Tübingen 2002, S. 294–301.

Ders.: *Entnationalisierung des Geldes*, Tübingen 1977.

Ders.: *Der Weg zur Knechtschaft*, München 2011.

von Mises, Ludwig: *Die Bürokratie*, Sank Augustin 2004.

Ders.: *Die Gemeinwirtschaft*, Jena 1932.

von Weizsäcker, Carl Friedrich: *Die Geographie des Menschen. Gespräche mit Peter Handke, Reiner Kunze, Carl Friedrich von Weizsäcker und Leonardo Boff*, Wien 1993.

Ders.: *Der bedrohte Friede*, München-Wien 1981.

Weber, Max: *Wirtschaft und Gesellschaft*, Tübingen 1972.

Weik, Matthias/Friedrich, Marc: *Der größte Raubzug der Geschichte*, Marburg 2012.

Weiss, Hans/Schmiederer, Ernst: *Asoziale Marktwirtschaft. Insider aus Politik und Wirtschaft enthüllen, wie die Konzerne den Staat ausplündern*, Köln 2004.

Zarlenga, Stephen: *The Lost Science of Money. The Mythology of Money - the Story of Power*, Valatie 2002.

STICHWORTVERZEICHNIS

Warum andere auf Ihre Kosten immer reicher werden

Andreas Marquart I Philipp Bagus

Deutschland hat wie alle Länder der Welt ein reines Papiergeldsystem, in dem neues Geld quasi aus dem Nichts entsteht. Andreas Marquart und Philipp Bagus zeigen spannend und für jeden verständlich, wie Geld entsteht und warum unser jetziges Geld schlechtes Geld ist. Der Leser erfährt, wie wichtig gutes Geld für eine Volkswirtschaft ist und welchen Einfluss schlechtes Geld auf jeden Einzelnen in der Gesellschaft hat.

192 Seiten I Broschur I 16,99 € (D) I ISBN 978-3-89879-857-0

Des Bankers neue Kleider

Anat Admati I Martin Hellwig

In den letzten Jahren dominiert ein Thema die Schlagzeilen: die Finanzkrise und die maroden Banken. Und wer bezahlt, wenn mal wieder eine Bank aus dem Ruder läuft ? Die Sparer und die Steuerzahler! Trotzdem schaff en es die Bankmanager immer wieder, sich strengeren Reglements zu entziehen, und tischen dafür die aberwitzigsten Argumente auf. Anat Admati und Martin Hellwig untersuchen diese »modernen Märchen« und kommen eindeutig zu dem Schluss, dass es keineswegs notwendig ist, die Vorzüge des Systems zu opfern, um die Banken gesünder und sicherer zu machen.

528 Seiten I Hardcover I 24,99 € (D) I ISBN 978-3-89879-825-9